民法概説 五訂版

新訂版のはしがき

　この教材は，書記官研修所の教材として長い間親しまれてきた民法概説（研修教材第82号）を，成年後見法の成立を契機として，全面的に書き改めたものです。

　書き改めるに当たり，【基本事例】１から３までをはじめとした事例の解説をふんだんに取り入れ，理解を助けるための参考図を挿入するなどしたほか，＊印で，理解を深めるために欠かせない用語等の解説をするなどの工夫を試みてみました。

　はじめて民法を学ぼうとする人のために，民法の考え方の基本を解説したつもりですが，読み進むうちには，民事実務上欠くことのできない基礎知識と基本の理解が得られるものと思います。特別法，民事訴訟を含んだ民事法分野を学ぶ手掛かりとして活用してください。

平 成 12 年 2 月

新訂版改訂のはしがき

　平成12年２月の刊行以来，新訂民法概説には，予想をはるかに超える多くの反響が寄せられました。その中には，特に民事実務上重要な担保物権法，契約各論の説明の充実を望む声が多くありました。

　そこで，そのような声に応えるとともに，練習問題を追加し，巻末に総合練習問題を新たに設け，詳細な解説を試みるなどしてみました。さらに，初学者に対するアドバイスを増やし，間違った学習法を明示的に指摘するなど，この本をできるだけ一人で自習できるよう工夫したつもりです。

　今回の改定により，民法概説は，より民事実務を意識した内容に生まれ変われたと自負しています。更に多くの読者が，この本を民事実体法の入門書兼応用基礎編（Basic & Step up）として利用し，民事法に興味を持っていただくことを願ってやみません。

平 成 14 年 3 月
裁判所書記官研修所

三訂版のはしがき

　平成14年3月に刊行した新訂版改訂に，その後の法令等の改正に伴い，加筆補正を行ったものである。

　なお，平成16年4月に裁判所書記官研修所と家庭裁判所調査官研修所との統合によって，裁判所職員総合研修所が創設されたことに伴い，新たな研修教材番号を付した。

平 成 17 年 2 月

裁判所職員総合研修所

三訂補訂版のはしがき

　平成18年1月に刊行した三訂版に，その後の法令等の改正に伴い，加筆補正を行ったものである。

平 成 19 年 2 月

裁判所職員総合研修所

四訂版のはしがき

　平成19年2月に刊行した三訂補訂版に，その後の法令等の改正に伴い，加筆補正を行ったものである。

平 成 25 年 2 月

裁判所職員総合研修所

五訂版のはしがき

　平成25年2月に刊行した四訂版に，その後の法令等の改正に伴い，加筆補正を行ったものである。

令 和 2 年 12 月

裁判所職員総合研修所

目　　次

プ ロ ロ ー グ

第 1 編　民 法 総 則

目　　次

第2編　物　権　法

目　　次

第3編　債　権　法

目　　次

＜ * Technical terms＞

【基本事例】

【基本事例１】 ⇒ p2

　Aは，Bとの間で，100万円を１か月後に返済する約束をした上，Bに100万円を渡した。

　ところが，Bは１か月後になってもAに100万円を返さない。Aは，Bに100万円を返してもらうよう求めることができるか。

100万円貸付け

A ──────→ B

【基本事例２】 ⇒ p94

　Aは，A所有の甲土地をCに賃貸し，Cは駐車場として甲土地を使用していた。その後，Aは甲土地をBに売却したが，Bは所有権移転登記を得ていない。

　BC間の法律関係について説明せよ。

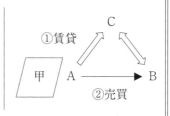

【基本事例３】 ⇒ p144

　Aは，Bとの間で，A所有の甲建物とその敷地乙を代金合計5000万円でBに売るとの合意をした。

　AB間の法律関係について説明せよ。

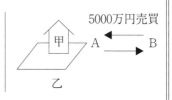

プロローグ

第1　人と民法の関わり

　荒野に一人，持ち物もなく，他に人との関わりもないというのであれば，民法の出る幕ではない。しかし，人が社会の中で生活するのであれば，民法とは切っても切れない関係にある。例えば，マイホームやマイカーというものについて，民法は，人の家や自動車に対する所有権とみる。また，あなたがコンビニでペットボトルを買い求めるという日常的な行動も立派な売買契約であり，社会人として働くというのであれば，たとえ1日のアルバイトであったとしても，勤務先との間で雇用契約が結ばれていることになる。「社会のあるところに法がある。」との格言もあるほどである。

　後に述べるが，民法には13種類の典型契約が規定されている。それでは，あなたは，1日のうちにどんな契約を何回結び，どんな契約関係の中に暮らしているのだろうか。そんなことは意識していないというのが実感であろう。確かに，契約の中には，契約に基づいて発生した権利義務が直ちに履行されることによって消滅してしまうものも多く，我々が権利を取得し，義務を負うということを意識する場面は，日常生活の中では多くないであろう。

　しかし，世の中には，いろいろな紛争が発生し，その紛争が裁判所に民事訴訟として持ち込まれている。民法は，これらの紛争の解決のための基本的な考え方を定めている。皆さんは，これから民法を学んでいくわけだが，できるだけ身近で具体的な例を念頭に置いて考えてもらいたい。それが民法の理解の早道である。この本では，その手がかりとして，【基本事例1〜3】を提供し，簡単な図をできるだけ本文中に掲げることにした。説明を読みながら頭の中で考え，理解する，そして民法が定める解決の基準を表現できるようにするという作業を繰り返してもらいたい。

第2　権利義務把握のシステム

> **【基本事例1】**
>
> Aは，Bとの間で，100万円を1か月後に返済する約束をした上，Bに100万円を渡した。
>
> ところが，Bは1か月後になってもAに100万円を返さない。Aは，Bに100万円を返してもらうよう求めることができるか。

100万円貸付け

A ──────→ B

1　紛争の解決基準

　このような紛争の解決の基準となるのが，民法である。民法は，Aに法律上の権利があるかどうかで（逆に言うと，Bにその義務があるかどうかで），その紛争に対して法律上の決着をつけようとしている。Aが悪徳金融業者であるとか，逆にBが善良な市民であるとかは，取りあえず法律上の権利義務の存否とは関係がない。

　ところで，権利義務の存否は，抽象的観念的なものであり，人の目で見て認識できるものでも，鼻で臭いを嗅いで分かるものでもない。つまり，人間の五感の作用によって，直接権利義務を把握できるものではない。それでは，民法は，どのようにして権利義務の存否を認識しようとしているのだろうか。【基本事例1】で，Aが自分にあると主張している権利を一般に，貸金返還請求権と呼んでいる。貸金返還請求権に関係する条文を民法から探してみると，民法587条が「消費貸借は，当事者の一方が種類，品質及び数量の同じ物をもって返還をすることを約して相手方から金銭その他の物を受け取ることによって，その効力を生ずる」と規定しているのが見つかる。

　つまり，民法は，

①　当事者の一方が種類，品質及び数量が同じ物を返還することを相手方

と合意した

② 相手方から，金銭その他の物を受け取った

という要件に当てはまる事実があった場合，「その効力を生ずる」つまり，消費貸借契約の効力が生じる（その契約の効力として，貸金返還請求権が発生する。）と規定しているのである。

2 権利の消滅

次に，Bがその100万円を支払った場合，AのBに対する100万円の貸金返還請求権はどうなるだろうか。この場合，Aの貸金返還請求権は，満足を受けたのだから，消滅する（473条）。

3 小まとめ

以上をまとめると，民法は，権利義務の発生（【基本事例1】では貸金返還請求権の発生），消滅（その貸金返還請求権の消滅）という効果（法律効果）を，一定の事実（法律要件）にかからせているのが分かる。

民法，商法などの民事実体法が前提としているこのような権利義務把握のシステムを頭の中に入れておくことが，民法理解の早道となろう。

さて，例えば，民法587条は，貸金返還請求権の発生しか規定しておらず，民法473条はその弁済による消滅を規定しているにすぎない。その間，つまり発生した権利が消滅するまでの間について，実は，民法はおろか民事訴訟法にも，全く規定はない。法は，どのように考えているのだろうか。

法は，一旦発生した権利義務は，その後に変更（例えば，債権譲渡は，権利の同一性を維持したまま権利者を変更することである。），消滅しない限り，そのまま存続しているものと考えている。法には原則として，発生とその変更，消滅の規定しかないことから，このような考え方を当然の前提としているものと考えられている。例えば，【基本事例1】で発生した貸金返還請求権は，弁済，免除，相殺，消滅時効などの消滅事由がない限り，そのまま存続しているのである。

第3 法律要件，具体的事実，法律効果

　ところで，法律要件を規定する個々の法規は，現実に起こり得る同じような型の無数の出来事（事実）に当てはまる形式をとっている。つまり，具体的な出来事を離れて，一般的，抽象的に定められている。例えば，【基本事例1】で出てきた民法587条には「金銭その他の物」とある。消費貸借というと，現代人には金銭消費貸借しか思い浮かばないが，金銭に限らず，米でも塩でもよいのである。この一般的，抽象的規定について，どのような場合がその要件に当たるかが，条文を読んだだけでは明確ではない。そこで，民法の解説書は，条文が規定している要件は，どのような意味か，どのような場合がそれに該当するか，そして，どのような効果が発生するかなどを解説している。

　以上のような構造が理解できたとして，初学者が陥りがちな勉強法は，要件，効果の暗記に走り，次第に退屈な作業に集中力をなくし，結局膨大な暗記の分量に耐えきれず，挫折してしまうというパターンである。そもそも，民法の膨大な条文全てを記憶にとどめること自体，神業というほかないし，生産的でもない。まずは，民法の考え方や制度趣旨をしっかりと理解することが必要であろう。そして，必要な都度，六法を開いて条文に当たり，要件，効果に関する問題点の記憶を呼び覚ませる程度になることである。また，具体的な事例では，結論を先に考えず，一つ一つ順序立てて考える思考パターンを身につけることである。これが，すなわち，法律的に物事を考える力を養うことにつながる。

　もし，あなたの近くに民法の手ほどきをしてくれる先生，先輩がいたとして，その方々が教えてくれるものを覚えるだけでは，知識や理解は身に付かない。およそ学問は，自分の頭で考えて消化して初めて身に付くものであるが，特に，法律に関しては強く妥当する。手取り足取りの指導が，あなたが自分の頭で考え，理解しながら吸収していくという主体的な姿勢をかえって奪うとすれば，無益なものになるかもしれない。

＊法的三段論法

　　その法律要件に当てはまる具体的事実（法律事実）があったとしよう。

その結果として，法律上の効果が生じる。つまり，大前提となる法規（法律要件）の次に小前提となる具体的な事実があれば，その結論として法律効果が生じ，法律上の判断が下されるのである。これを法的三段論法という。

大前提…………法　規（法律要件）

↓

小前提…………事　実（法律事実）

↓

結　論…………判　断

第4　法律関係

　例えば，あなたが，友人との待ち合わせの約束を完全にすっぽかしてしまったとしよう。友人関係にひびが入ることはあるにしても，友人からその損害賠償を請求されることはないであろう。また，電車の座席に腰掛けていたあなたが，老人や妊婦に席を譲らなかった場合，その行為は，道徳に反する行為であり，周囲から冷たい視線を浴びせられるものではあるが，その席から立ち退くよう請求されること（妨害排除請求）もないであろう。

　以上の2例は，法律で律せられる分野の問題ではない。逆に，【基本事例1】は，法律上の権利義務の存否で決着が図られるべき場合である。

　このような人をめぐる様々な関わりのうち，法の規律する生活関係のみを抜き出して，法律関係と呼んでいる。我々の生活関係が法によって規律されるというのは，その生活関係から生じる効果が法の力によって保障されるということであり，この法によって保障される効果が法律効果であるから，結局，法律関係は，法律効果を伴う生活関係であると言い換えることもできる。

　ところで，法による保障は，権利を与えるという形で行われる。そして，民法上の法律効果は，権利の変動，つまり権利の発生，変更，消滅という形で現われる。皆さんが民法の勉強を続けるうち，練習問題を与えられて，「ＡＢ間の法律関係を説明せよ。」などと解答を求められることがあると

思う。このような場合,「Aが悪い。」「Bが保護されるべきだ。」というのでは法律関係の説明になっていない。さらには,笑い話のようだが,「Bは,代金を払った上に所有権を取得できなくなってしまう。Bは悲惨である。」などと述べる者もいる。そうではなく,【基本事例1】ならば,AがBに対し,100万円の貸金返還請求権を持っているかどうかを答えなければならない。

さて,その結論を導くためにはどのように考えていけばよいのだろうか。法律効果が発生すべき法律要件,これに該当する具体的事実(法律事実)という具合に遡り,世にあるいろいろな事実の中から法律的に意味のある事実を拾い集めて(逆にいえば,余計なものを捨てて)検討するのである。このように,法律要件,法律事実,法律効果はつながった関係にあることを最初に認識しておく必要がある。

第5 民法という法律

民法は,我々の日常的な社会生活の多くの場面で関係してくる。法律家は,民法を「実体私法の一般法」と呼ぶ。その意味を三つに分けて説明しよう。

まず,実体法とは,訴訟法に対応する言葉で,訴訟法は訴訟手続を規律する法律のことである。つまり,訴訟手続によって明確にされる法律関係を規定しているのが実体法であり,権利の帰属とその前提となる権利の主体,客体,変動,効果などが規定されている。

次に,私法とは,公法に対応する言葉である。公法が,刑法や国家公務員法などのように,国家と個人の関係を規律するものであるのに対し,私法は,民法,商法などのように,個人と個人のいわばヨコの関係を規定するものである。

最後に,一般法(基本法)である。あなたが,友人から中古のパソコンを買ったという売買契約であれば,一般の人同士の売買契約であり民法という一般法が適用されるが,卸売商が小売商に商品を売ったというのであ

れば，商人間の売買契約として商法という特別法が適用されることになる。商法に規定がない部分については，商人間の取引でも民法の原則に戻る関係にある。つまり，民法は，個人の社会生活関係全般に関する一般的なルールを規定している。民法は，私法の基本法として，私法分野に属する多くの法規の基礎，考え方の出発点になっているのである。

第6　私的自治の原則

　民法の基本原則として，一般に，①所有権絶対の原則，②私的自治の原則の二つが挙げられる。このうち，所有権絶対の原則については，後で説明することにし，ここでは，民法という法律の特徴に関わってくる私的自治の原則について説明することにしたい。

　法律といった場合，皆さんはどのようなイメージを持つだろうか。「従わなければならないきまり」という印象を持つのが，通常ではなかろうか。確かに，そのような法律も多い。例えば，建築基準法は，建築物の敷地，構造，設備及び用途に関する最低の基準を定めているから（建築基準法1条），当事者同士で，この建物は建築基準を満たさないがこれでよいことにしようなどと，法律とは違うルールを勝手に作るわけにはいかない。仮に，そのような合意をしたとしても，これに法律上の効力を与えることはできない。このように，当事者の意思で変えることのできない規定を強行規定という。

　しかし，民法は違う。民法の多くの領域では，当事者が民法の規定と違う内容のルールを自分たちの意思で作れば，それが反社会的なものでない限り尊重され，自分たちのルールが優先することになる。このように，民法に規定があっても，当事者の意思でそれと違った内容の取決めをすることができるので，そのような規定を任意規定と呼んでいる。

　どうして民法が任意規定を多く持っているのかと問われれば，その答えを出すには，歴史を遡る必要がある。近代民法が成立した18世紀は，市民が封建社会から解放され，自由と平等が基本理念とされた時代だった。そ

こで，民法も，国家が作った法律で人々の社会生活が規律されるというのでなく，人と人が平等な立場で，お互いの自由意思で権利を取得し，義務を負担すべきであると考えたのである。つまり，個人は，自分の社会生活関係を自治的に作っていくべきものだと考えられた。そこで，これを私的自治の原則と呼んでいるのである。

　ところが，私的自治の原則も，社会の進展と共に修正を余儀なくされている。なぜなら，私的自治の原則は，人間が大体において平等・対等であることを前提としているが，経済的強弱の度合いによって私人間の実質的不平等を生じ，当事者の自由な意思に任せておいたのでは，社会全体の利益に反するような事態も起こってしまうからである。そこで，各種の立法などによって，私的自治の原則も修正を受けているというのが現状である。

＊私的自治の原則の修正例

　　例えば，電気やガスの供給契約を考えてみよう。消費者は，電気代，ガス代が高いと思っても，電気会社，ガス会社が他になければ，我慢して契約を結ぶほかない。このように，社会には現実の問題として，人々に経済的強弱があるので，形式的な自由・平等を保障するだけでは，その実質的な自由・平等を確保できない。そこで，法律によって，電気・ガスの料金その他の供給条件を定めるについては経済産業大臣の認可を必要とするとされている（電気事業法18条，ガス事業法48条）。

　　このような私的自治の原則の修正は，労働法など社会法と呼ばれる分野で著しい。

第7　物権と債権

　民法典は，総則，物権，債権，親族，相続の5編からなっている。本書では，このうち総則，物権，債権の財産法の分野を取り上げて概略の説明をする。

　そこで，まず物権という用語と債権という用語について確認しておく必要があろう。物権とは，人が直接物を支配する権利である。これに対し，

債権とは，人が人に対して特定の行為を要求できる権利である。民法は，我々の持つ権利を，物に対する権利である物権と，人に対する権利である債権とに大きく分けて規定しているのである。

　これを簡単な具体例で考えてみよう。Aは甲土地を持っており，Bは1億円の現金を持っている。Aは，Bとの間で，甲土地を代金1億円で売るとの契約（売買契約）を結んだとする。ここでいうAが甲土地を，Bが1億円を持っているというのが，Aの甲土地に対する，Bの1億円に対する所有権（物権）であり，それを直接的に，つまり，他人の行為を介さずに支配し，その

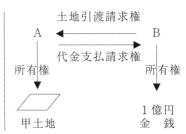

物及びそこから生じる利益を自己に帰属させ得る権利である（206条）。

　この権利は，人の物に対して向けられた権利であり，人を介して実現できる権利とは構成されていないことに注意すべきである。

　他方，AB間の売買契約（555条）に基づいて，AのBに対する1億円の代金支払請求権（債権），BのAに対する甲土地引渡請求権（債権）がそれぞれ発生すると考えられている。こちらの権利は，もちろん1億円及び甲土地という物に関係する権利ではあるが，あくまで請求できる側の人（債権者）が，請求される側の人（債務者）に対して特定の行為（代金1億円の支払，甲土地の引渡し）を要求できる権利でしかない。そして，債務者が任意に履行しない場合にはじめて，裁判所を介して，可能な限りの強制履行が認められるにすぎない。

　民法は，このような理解の下，物権と債権を画然と区別している。

第8　民法典の構成

　民法典は，明治31年に施行されたもので，5編のうち親族，相続編が憲法の基本原理に沿って昭和22年に全面改正された。

　総則，物権，債権編は，長年にわたり，若干の改正と特別法（借地借家

法など）による実質的改正はされたものの施行当初のままであったが（なお，平成16年の法改正により，総則，物権，債権編についても，平仮名表記に改められた。），平成29年5月26日，債権関係の規定について主に契約に関する規定を中心に社会・経済の変化への対応を図るための見直しを行うとともに，判例や通説的見解など実務で通用している基本的ルールを明文化することを内容とする，民法の一部を改正する法律（平成29年法律第44号）が成立し，令和2年4月1日に施行された（以下，この改正を「平成29年改正」という。）。

　民法典は，構成としてはドイツ民法の大きな影響を受けたと言われている。一言で言うと，共通する項目を前に出すという作業を繰り返して編製されている。民法全体の総則（第一編）があり，物権（第二編）や債権（第三編）のなかにも総則（各第一章）があり，さらには，契約（第三編第二章）の中にも，総則（第一節）が置かれているといった具合である。つまり，体系指向の強い構成が採用されているわけである。

＊本書の構成

　　しかし，共通する項目ということはその項目が抽象的ということであるから，初めて民法を学ぼうとする者が，民法総則の条文の最初から学ぼうと努力しても，理解が進みづらい原因になっている。むしろ，民法典の構成から離れ，具体的イメージの湧きやすい契約のところから学びだすというのも，民法に取りかかる一つの方法であろう。例えば，ある法律実務雑誌で，民法関係の判例を紹介する記事の分類は，「契約，担保，不動産，民事責任，家族」の順になっている。

　　本書では，民法典の規定順序に沿って説明するという従来の手法をとったが，具体的な事例で解説できるよう心掛けるとともに，関連する分野を先取りして説明したり，逆に復習をしてみたりと，重複をいとわず説明してある。

第9　判　　例

　現実の法的紛争は千差万別であり，そもそも民法の条文に書かれたものだけではカバーしきれない場合も多い。さらに，民法の条文の解釈上の意味が，裁判の中で問題とされることもある。

　このような場合に，様々な紛争から生じた具体的事件を解決するために下された裁判所の判決が，裁判の先例，すなわち判例となり，条文の隙間を埋めたり，解釈上の疑問点を確定したりする働きをしている。判例がそのような働きをしている場合，「判例法理が確立している」とか，単に「判例となっている」などと説明される。注意すべきは，通常そのように「判例」として評価されるのは，最高裁判所（又はその前身の大審院）の判決によって，裁判所の見解が固まっていると理解される場合に限られることである。本書においても，以上の意味で判例という用語を用いる。

　成文法を中心とする我が国では，判例の拘束力は事実上のものにすぎないが，最高裁判所がその判例を変更する場合には大法廷によらなければならず（裁判所法10条3号），下級裁判所でした判決に最高裁判所の判例と相反する判断がある場合，最高裁判所は，申立てにより上告審として事件を受理できるなど（民訴法318条1項），最高裁判所は，判例統一の役割を持っている。

＊判例と裁判例

　　　判例と裁判例という用語は，使い分けた方がよい。裁判例とは，過去に下された裁判あるいはその集積にすぎず，裁判所の見解が固まった状態，すなわち判例にまでは至っていない場合をいう。例えば，「この点について，下級審の裁判例は分かれている。」などと用いる。

第10　利益衡量

　利益衡量とは，当事者間の相対立する利益を比較衡量し，より大きな利益を有している者に有利な結論を出すことをいう。

　民法の事例問題を与えられた場合，ひととおり民法の教科書を読み終わったレベルの者が陥りやすい誤った思考方法として，この利益衡量を，法

規と無関係に行ってしまうことが挙げられる。前に述べた「Aが悪い。」「B
が保護されるべきだ。」などと論述してしまうのは，その思考の現れといえよう。これを「手放しの利益衡量」「裸の利益衡量」などとも呼ぶ。

　いうまでもなく，法規は，判断の恣意性を排除し，客観性を保障する機能を持つべく制定されたものであり，法規自体が一つの利益衡量に基づく結果の集積ともいえるものである。もちろん，法規の及び得ない領域においても紛争は生じ得るし，法規の本来の意味をもって紛争解決の判断基準とすれば，常識的判断と著しく異なる場合が生じ得る。しかし，そのような場合にも，法規のよって立つ価値判断を前提にして議論，解釈をすることが必要であり，法規を離れた議論は無益である。個別の法規のあてはめと解釈とでは求めるべき答えがでないとき，信義則違反，権利の濫用などの一般条項適用の前提としての利益衡量を行うことは，意味のあることと考えられる。

＊信義則と権利濫用の禁止

　　民法1条2項には信義誠実の原則（信義則）が，3項には権利濫用の禁止が規定されている。この二つの原則は，前記のとおり，個々の具体的な規定で対処しきれない場合に，最後の調整手段として使われ，一般条項とも呼ばれている。一般条項は，これに頼っていては，類似の問題の解決の予測がつかなくなるという難点もあり，あくまで問題解決の最終手段とすべきものである。

第11　法律学を学ぶ意味

　法律学について，中学校や高校で学ぶ機会はほとんどない。もちろん，憲法を学ぶ機会はあるが，それは一般教養としての憲法であって，法律学ではない。大学にしても，法学部以外の学部であれば，法律学について全く触れないままに卒業してしまうことも多い。このように，予備知識がない状態で新たに法律を学ぼうとする者にとって，法律学がどのような学問で，何を目的として行われているかを把握することができないことが，法

律学を学ぶ困難さを増幅させている。法学部の教授の講義を生半可に聞きかじった者の中には，ある論点について学説の対立がある場合，学者の諸説の異同を記憶することが法律学だと誤解している者もいる。

　この本は，民事法律実務を学ぼうとする人を対象とする入門書兼応用基礎編であるから，大上段から法律学を学ぶ意味を論じることはしない。しかし，一点だけは指摘しておきたい。それは，法律学を学ぶことによって，一定の基準を立てて規則的論理的に物事を考える力が養われるという点である。逆に，法律的論理的思考が身についていない人は，残念ながら，とかく情実に捕らわれてしまい，長期間にわたって多数の人を相手に事を行っていく場合には，不都合を生じがちと言われている。

　法律上の紛争に限らず，いろいろな事柄を公平に，規則的に扱うためには，問題となっている事案を処理するための基準となるべき規則があれば，それに従うし，規則がなければ先例を調べる必要がある。そして，前後矛盾のない解決を図らなければならない。また，もし規則にもその事案に当たるものがなく，適当な先例も見当たらないような場合，将来再びこれと同じような事案が出てきたらどうするかを考え，その場合の処理にも困らないような基準を頭の中で考えて現在の事案を処理していく必要がある。このような抽象的な基準（規範）の定立とその適用を想定する（観念する）ことによって初めて，多数の事例を公平に，規則的に取り扱うことができ，関係者にも安心感を与えることができる。このような思考は，法律実務家としてのみならず，企業その他の組織の中で事に当たろうとする場合，心得ておけば，必ず役に立つ思考方法である。

　法律学を学ぶ意味が以上の点にあるとすると，前にも述べたとおり，多くある条文の法律要件や法律効果を暗記すること自体に大きな意味を見いだせないという理由も納得し得るものとなるであろう。

　ところで，法律学を学ぶというと，理論的・体系的学習をすることのみを指しているように誤解されがちだが，決してそうではない。理論的・体系的学習も重要なことではあるが，前に述べた，法律学によって物事を規

則的論理的に考える力が養われるという意味も大きいとすれば，むしろ，様々な具体的事案に当たること，そして，これを通じて法律要件，法律効果を理解することの方が重要である。この場合，要件を充たしてこういう結論になる（法律効果が発生する。），その場合にはこの要件を充たしていないからその法律効果は発生しないなど，できるだけ多くの具体的な事案を念頭に置いて考えていくことは，初学者でもできるはずである。是非，そのような思考を鍛える意気込みでチャレンジしていただきたい。

第1編 民法総則

第1章 権利の主体

第1 権利能力

1 権利能力の意義

権利能力とは，権利義務の主体となり得る一般的資格，地位をいう。民法3条1項は，「私権の享有は，出生に始まる。」と規定し，人は誰でも権利（私権＝私法上の権利）を取得したり，義務を負担したりすることができることを宣言している。昔は，奴隷のように，権利の主体とは認められなかった人があったが，現在では，人は誰でも，権利能力を法律上平等に認められているということである。逆に言うと，動物は，どんなに知的能力が高くても，権利能力を認められない。飼育係と意思疎通ができるようになった知能の高いイルカでも，餌の魚を所有することはできないし，水族館との間で観客のために曲芸をすべき雇用契約上の義務を負っているわけでもない。民法上，動物は，およそ権利義務の主体となる資格が与えられていないのである。

なお，後に述べる法人と区別する意味で，人間のことを自然人と呼ぶ場合がある。

2 権利能力の始期と終期

権利能力の始期とされている民法3条1項の「出生」とはどの時点か。相続との関係で，子が生まれてから親が死んだのか，親が死んでから子が生まれたのかが争われる場合などで，出生の時点が問題となることがある。民法では，「出生」とは，体が母胎から全部露出した時点（全部露出説）と解されている。

他方，権利能力の終期は，死亡である。死亡の時期をどの時点とみるかについては，医学上の見解に従うことになるであろう。脳死を人の死と認

めるかどうかについて医学上の論争があり，臓器移植法では，脳死の状態の者を死者として臓器を摘出することができることとされている。

　人の死亡によって相続が開始する（882条）。死亡，相続に関連して，民法総則には失踪宣告（⇒3），同時死亡の推定（⇒5）の規定があり，胎児の権利能力の関係では，胎児と相続（⇒4）の問題がある。

3　失踪宣告

　父が家出をして生死不明の状態が長く続いたとする。残された財産を管理していた子は，財産を母と自分の分に分けて処理したいと考えた。このような場合，子の請求に基づき，家庭裁判所は，一定の要件のもとで生死不明の父を死亡したものとみなす。このように，人を死亡したとみなして相続を開始させることにより，財産関係の処理などを図ろうとしたのが，失踪宣告の制度（30条〜32条）である。失踪宣告に必要な生死不明の期間は，普通失踪の場合には7年，戦地に臨んだ者，沈没した船舶に乗っていた者などの特別失踪の場合には1年である（30条）。

　失踪宣告によって死亡したとみなされるのは，失踪した者の従前の住所を中心にした法律関係に関してであり，失踪した者が他所で生存していれば，例えば雇用契約を結ぶなどして法律関係を形成することは可能である。つまり，失踪宣告の制度は，失踪者の権利能力自体を奪う制度ではない。

＊認定死亡制度

　　危難にあった人が，死亡したことは確実だが，死亡を確認できなかったというような場合，取調べに当たった役所（海上保安庁，警察署長など）が死亡を認定して，戸籍上一応死亡したものとして扱うという制度である。この制度は，権利能力の存否や相続のような民法上の制度ではなく，戸籍上の取扱いにすぎない。

4　胎児と相続

　人は，出生によって初めて権利能力を取得する（3条1項）。出生前の胎児には権利能力がない。例えば，父が死亡した時点で母の胎内にいた子に権利能力がないとすれば，父の遺産は，その直系尊属と配偶者である母が

共同相続する（889条，890条参照）。しかし，父が死亡した直後に出生した子に相続権がないというのでは不都合である。そこで，民法886条１項は，「胎児は，相続については，既に生まれたものとみなす。」と規定し，出生前の胎児も父の遺産を相続できるものとした。ただし，民法886条１項も，胎児が死体で生まれたときは適用されない（886条２項）。また，胎児は，不法行為に基づく損害賠償請求権については，既に生まれたものとみなされる（721条）。この規定の法的説明については，胎児は生まれたとき，遡って権利能力を取得するとの考え方（停止条件説）と，胎児は権利能力を有するが，生まれる前に死んだときには，最初から権利能力を有していなかったものと扱うとの考え方（解除条件説）がある。この考え方の違いは，胎児の段階でその保護者が胎児の権利（損害賠償請求権）を胎児に代わって行使することができる（解除条件説）か否（停止条件説）かに現れてくる。判例は，停止条件説に立っている。

5　同時死亡の推定

　人の死亡の先後は，相続に大きな影響を及ぼす。例えば，兄弟であるA，Bが同乗する航空機が墜落して共に死亡した。Aには配偶者Cが，Bには配偶者Dがおり，他に親族はいなかっ

C ＝ A　　　B ＝ D

たとしよう。この場合，Aを被相続人とする相続，つまり，Aの財産の相続がどうなるかについて，相続の基礎知識を説明しながら解説する。相続は，被相続人の死亡と同時に開始し，被相続人に属した一切の権利義務が直ちに相続人に移転するので（882条，896条本文），相続開始時点で相続人が権利能力者として生存していなければならない。これを同時存在の原則という。

　ところで，この例でAとBは共に死亡したわけだが，もし，AがBより少しでも早く死亡したとすれば，その時点で生存していたBは，一旦Aの相続人となってAの相続財産の４分の１の相続分を相続し，その後にBが死亡したことによってDがBを相続することになるから，Aの相続財産は

結局，Cが4分の3，Dが4分の1の割合で相続することになる（889条，890条，900条）。これに対し，AがBより少しでも遅く死亡したとすれば，A死亡時点で生存してはいなかったBは，Aの相続財産を相続することはできず，CがAの相続財産を全部相続することになる（890条）。このように，死亡時期が先か後かで権利関係は大きく違ってくるが，特に同一の事故でAB共に死亡した前のような例では，どちらが先に死亡したか証明が困難な場合が多い。

　このような場合，両者は同時に死亡したものと推定される（32条の2）。この規定に基づく推定が覆されない限り，一方が死亡した時点で，他方が生存していたとまではいえないから，死者（前例では，AとB）の間に相続は起こらず，前の例だと，Aの財産はCが全部相続することになる。

* 「みなす」と「推定する」の区別

　　民法20条1項や31条などに用いられている「みなす」と，同32条の2などに用いられている「推定する」という用語は明確に区別して使用する必要がある。両者は，一定の法律関係について，ある事柄を他の事柄と同視して，そのある事柄について生ずる法律効果を他の事柄についても生じさせるという点で共通している。しかし，前者が，法律上一律に決定された場合に用いられ，その決定が事実に合致しているかどうかを問わない（したがって，反対の事実が証明されても，それだけではその効果は覆らない。反証を許さない。）のに対し，後者は，法律がある事柄について，一応の判断をした場合に用いられ，反対の事実が証明されるなどにより，その効果は覆る（反証を許す。）という点で異なっている。

6　法　　人

　権利能力は，自然人ばかりでなく，一定の組織をもった団体や財産で法律が特に法人格を認めたものについても認められている。これを法人という（34条）。法人には，一定の目的のための人間の集団である社団法人と，一定の目的のために提供された財産に管理人を置いて法人とした財団法人がある。

　従前の民法は，公益目的の社団法人及び財団法人について規定していたが，平成18年に「一般社団法人及び一般財団法人に関する法律」（一般法人法）などが成立し（平成20年12月1日施行），民法の法人に関する規定のうち，法人の設立，管理，解散に関する規定は大幅に削除された。また，世にある法人のうち最も数の多い，営利を目的とした社団法人である会社については，会社法に規定があり（会社法2条1号，3条など），民法の適用はない。そこで，ここでは，法人に関する民法の規定の説明はしない。

　ただ，法人について，どうしても理解しておくべき点を指摘しておこう。法人は，法令の規定に従い，定款その他の基本約款で定められた目的の範囲内において，権利を有し，義務を負う（34条）。ただし，法人は，本来自然人にのみ認められるべき権利義務の主体としての地位を，法律によって擬制したものである。例えば，法人自体が売買契約書にサインをして売買契約を結ぶことは，物理的に不可能である。法人の代表者である自然人（又はその代理人）が，代表者として法律行為をすることによって，権利義務が法人に帰属するというのが，大原則である。そこで，実務上も，法人が当事者となる契約書，民事訴訟の訴状には，必ず代表者の記載がされている。

　法人の代表者とは誰かと言えば，例えば，一般社団法人では理事又は代表理事であり（一般法人法77条），会社法が定める株式会社では取締役又は代表取締役などである（会社法349条）。

＊権利能力なき社団，財団

　　同窓会，町内会などの団体は，通常法人格を持たないが，判例や学説上，団体としての組織，代表の方法，総会の運営，財産管理など，社団としての実体があれば，権利能力なき社団として独立の取引主体となることが認められている。また，民事訴訟法29条は，これらの団体に訴訟主体となる能力（当事者能力）を認めている。ただし，不動産登記などについて団体名義ですることは認められていない。

第2　行為能力

1　意思能力と行為能力

　前に述べたように，私的自治の原則は，自分の身の回りの法律関係については，自分の意思で決定して形成していくという考え方に基づいている。自分の意思で法律関係を形成していくためには，自分自身で意思決定できる能力を持っていることが前提として必要である。正常な意思決定能力のことを意思能力といい，認知症，泥酔などにより十分な判断能力を欠いた者（意思能力を欠いた者）が契約を結んでも，法律上の効力がない（無効）とされている（3条の2）。

　ところで，ある人が問題となっている行為（正確には法律行為のこと，後で説明する。）をした当時，意思能力を有していたか否かを個別に確認しなければならないとしたら，大変な手間もかかるし，証明が困難な場合も出てくるだろう。そこで，民法は，十分な判断能力を持っている人とそうでない人を，一定の基準で分類して，意思能力を欠いている人やそれが十分でない人を制限行為能力者とし，これらの人が行為をすることを制限したり，誰かの同意や支援なしに行為をしても取り消せるという規定を置いて，その保護を図っている。

2　制限行為能力者

(1)　未成年者

　20歳（令和4年4月1日以降は18歳）未満の者が未成年者とされ（4条），法律行為をするには，原則として，その法定代理人の同意が必要とされている（5条1項本文）。法定代理人とは，未成年者の場合，通常は親（親権者）であり（818条），親権者がいないときは後見人が選任される（838条1号，840条）。例外的に法定代理人の同意が要らない場合として，単に権利を得又は義務を免れる法律行為（5条1項ただし書），目的を定めて処分を許された財産や目的を定めないで処分を許された財産を処分する場合（例えば，小遣いで取引をするような場合（5条3項）や営業を許された場合（6条））が挙げられる。

　法定代理人の同意が必要なのに同意を得ないで，未成年者が法律行為をした場合の効力はどうなるか。民法は，無効ではなく，本人又は法定代理人が，その法律行為を取り消すことができるとしている（5条2項，120条1項）。他方，未成年者がした法律行為も，結果として未成年者に不利ではなかったという場合，未成年者としては，取り消さずにおけば効力が生じたままであり，一応の不都合もないのだが，浮動的な立場に立たされる相手方にも配慮して，未成年者の側で有効に確定させることもできることにした。これを追認という（122条）。

(2) **後　見**

　精神上の障害により事理を弁識する能力を欠く常況にある者に対して家庭裁判所が後見開始の審判をした場合，その審判を受けた者を成年被後見人として，その者に成年後見人が付される（7条，8条）。成年後見人には全面的な代理権と取消権が与えられるが，本人（成年被後見人）の自己決定尊重の観点から，日常生活に必要な範囲の行為については，本人の自己決定に委ね，取消しの対象からは除外される（9条，859条）。

(3) **保　佐**

　精神上の障害により事理を弁識する能力が著しく不十分である者に対して家庭裁判所が保佐開始の審判をした場合，その審判を受けた者を被保佐人として，その者に保佐人が付される（11条，12条）。同意権の対象となる法律行為について保佐人に取消権が与えられる（13条4項，120条1項）とともに，申立てにより，特定の法律行為について保佐人に代理権を付与することもできる（876条の4第1項）。

(4) **補　助**

　精神上の障害により事理を弁識する能力が不十分である者に対して家庭裁判所が補助開始の審判をした場合，審判を受けた者を被補助人として，その者に補助人が付される（15条，16条）。判断能力が著しく不十分とまではいえないが，不十分だという者を保護の対象としている（15条1項）。どのような法律行為を対象とするか，補助人に付与される権限

を同意権及び取消権にとどめるのか，代理権まで含ませるのかについては，申立権者の申立てに基づいて家庭裁判所が定める（17条，876条の9第1項）。また，本人以外の者の申立てによる場合には，本人の同意が要件となる（15条2項）。

第2章　法律行為

第1　法律行為の意義

1　契約と法律行為

　これからは，法律行為という言葉が度々登場する。初めて民法を学ぶ人は，法律行為という言葉が出てきたら，「契約」と置き換えて考えてみるとよいだろう。契約は，人と人との意思表示の合致によって成立する。例えば，AがBに「このパソコンを10万円で買う。」と言い，BがAに「よし10万円で君に売った。」と言ったとする。先にしたAの意思表示を「申込み」，これに応えてBがした意思表示を「承諾」という。この相対立する意思表示の合致によって，パソコンの売買契約が成立し（555条），Bには，Aに代金10万円を請求できる権利（代金支払請求権）が，Aには，Bにパソコンの引渡しを請求できる権利（目的物引渡請求権）が発生する。

　この契約が法律行為の典型例であるが，これ以外にも，意思表示を（不可欠の）要素として，一定の法律効果を発生させる行為（法律行為）がある。その一つは，取消し（120条），解除（540条），相殺（505条），遺言（960条）のように，一つの意思表示のみで法律上の効果が発生する行為であり，単独行為と呼ばれる。もう一つは，団体を作るというように，多数の者が一定の同じ目的に向けて合意をする場合（契約のように，互いの意思表示の内容が対立するわけではない。）で，合同行為と呼ばれる。

　法律行為といった場合，特殊な形態である単独行為，合同行為を念頭に置くのではなく，原則的な形態である契約を念頭に置いて考えた方が分かりやすい。

2　意思表示，意思の通知，観念の通知

　法律行為の要素となるのが意思表示である。意志表示ではない。辞書によると，意志とはこころざし，意思とは考え，おもいとある。したがって，意思表示とは，考え，おもいの表明ということであって，こころざしまでは必要でないのである。

　ところで，意思表示とよく似ているが，異なるものがある。追認するかどうかの催告（20条）や解除の前提としての催告（541条）は，意思を伝えるものではあるが，意思に対応した法律効果が発生するわけではなく，法が与えた法律効果が生じるにすぎず，意思の通知と呼ばれている。また，債権譲渡の通知（467条）は，一定の事実の通知に対して法律効果が与えられるものであり（意思を通知するものでもないので，意思の通知とも異なる。），観念の通知と呼ばれている。意思の通知と観念の通知を併せて，準法律行為という。

　似た概念と比べてみると，意思表示の特徴が明らかになってきたであろう。意思表示は，表意者が表示した意思のとおりの法律効果が与えられる場合なのである。

第2　法律行為の有効要件

1　法律行為の有効性

　法律行為によって，当事者の意図したとおりの法律効果が生じる。契約であれば，当事者の利害が一致して合意されているのであるから，原則として，そのまま効力があるとみてよいはずである。しかし，法律行為がどのような内容のものであっても，法的な効力を認め得るというわけにはいかない。

2　確定できるものであること

　例えば，AがBに，「君に何か好きなことをしてあげよう。」と言い，Bがこれを承諾したからといって，この合意に基づき法的な債務が発生するわけではない。法律行為の内容が確定できないからである。

3　適法であること

　法律行為の内容が法律に違反する場合，法律行為の効力はどうなるか。この場合，違反する法律の規定の性質によって結論が異なる。まず，違反する法律の規定が公の秩序に関しない規定（任意規定）の場合は，当事者間で，これと異なる合意をしたのならば，その合意は有効である（91条）。

例えば，民法558条は，売買契約に関する費用は当事者双方が平等に負担する旨規定しているが，売買の当事者間で，契約書の作成費用5000円を買主が全額負担するとの合意をしたのならば，その合意は有効である。

では，違反する法律の規定が公の秩序に関する規定（強行規定）の場合はどうか。この場合は，民法91条を反対解釈する。反対解釈とは，甲，乙二つの事実のうち，甲についてだけ規定がある場合，乙について甲と反対の結果を認めるものである。では，反対解釈をしてみると，公の秩序に関する規定と異なる意思表示（法律行為）はその意思に従えない（無効）と解釈することになる。例えば，民法3条1項は，人は出生によって権利能力を取得すると規定しているが，契約で，ある人を権利能力を有しないものと定めても，その契約は無効である。

どの規定が強行規定で，どの規定が任意規定かは，法律や規定の趣旨に遡って考えていくほかないが，例えば，取引上，第三者の利害に重大な影響を与える事項（民法の総則，物権の多くの規定，手形小切手制度，会社の組織に関する規定など），親族的身分に関する事項，経済的弱者の保護を図ることを目的とする事項（借地借家法，利息制限法など）などに関する規定は，主に強行規定と解されている。これに対し，民法では，契約自由の原則（521条）に象徴されるように，債権の分野の多くの規定が任意規定であると解されている。

次に，取締規定という概念がある。行政上の目的によって，私法上の行為を制限する規定である。私法上の効力について特に規定を置いている場合は，もちろんこれに従う（例えば，農地法3条6項は，許可を受けないでした農地の取引は効力を生じない旨規定している。）が，そうでない場合には，その規定の趣旨が，単に行政上の取締りの便宜を目的とするにすぎないか，それとも，その法律行為を私法上無効とするのでなければその規定の趣旨が没却されてしまうかなどを判断して，私法上の効力の有無を決めるべきである。

4　公序良俗に反しないこと

　　公の秩序又は善良の風俗に反する法律行為は，無効である（90条）。社会の秩序を害し，社会道徳に反する事項を内容とする法律行為に法が手助けをしないことを鮮明にした規定である。公序良俗の概念は抽象的なものであるから，その具体的内容は時代によって変化するともいえ，その具体的内容を把握するのはなかなか困難であるが，判例上，公序良俗違反として無効とされた場合として，賭博，不貞関係のように，目的そのものが社会的相当性を欠く場合などがある。

第3　意思の不存在，瑕疵ある意思表示

1　問題点

　　意思表示をしたＡが，制限行為能力者ではなく，自分の意思を的確に表示できる人だとしよう。しかし，ときには，Ａの意思表示がＡの本当の意思を表していなかった場合，例えば，完全な言い間違いだったり，人に強制されてした意思表示だったりしたような場合もあり得るが，その意思表示は有効か。

2　意思表示の成立過程

　　この問題を考える前提として，意思表示の成立過程を心理面も含めて分析し，具体例で考えてみよう。お祭りに出ている露店で，「このわたあめをください」という意思表示の成立過程はどのようなものであろうか。

　　まず，甘くておいしそうだから食べたいと考えるであろう。これがその意思表示をさせた理由のはずである。これを動機という。

↓

　　次に，わたあめを買おうと決心する。一定の権利変動という法律効果を欲する内心の意思を効果意思という。

↓

　　さらに，買おうと言おうと決心する。内心の効果意思を外部に表示しようとする意思を表示意思という。

↓

表示意思に従って，口を動かして，「このわたあめをください。」と言う。この意思を外部に表示する行動が，表示行為である。

平成29年改正前の民法は，表示行為に対応する効果意思を欠く場合を意思の不存在（101条1項参照），表示行為に対応する効果意思はあるものの効果意思の形成過程（動機）に瑕疵（キズの意味）がある場合を瑕疵ある意思表示と考え，各別に法律効果を規定していた。もっとも，意思の不存在も，広い意味では意思表示の瑕疵といい得るものであることから，平成29年改正により，意思の不存在に当たるものが含まれる錯誤も，民法の瑕疵ある意思表示に含まれることとされ（120条2項参照），その効果も無効から取消しに変更された。

したがって，現在の民法において，意思の不存在と瑕疵ある意思表示の区別は，平成29年改正前ほどの意義はないが，概念整理としては依然として有用と考えられるため，この区別も用いながら以下の説明をする。

3　意思の不存在，瑕疵ある意思表示の原則的な効果

意思の不存在の場合について，人の自由意思の尊重という近代法の理想からして，表意者の内心の効果意思を伴わない表示行為は，効力がないもの，つまり無効と考える。しかし，人の内心の意思は，外部から知り得ないものであるから，その意思表示が内心の意思を欠くからといって常に無効としたのでは，意思表示の相手方，第三者の利益が損なわれる。そこで，心裡留保（93条），虚偽表示（94条）の規定は，後に述べるとおり，表意者の利益と相手方及び第三者の利益を調整している。

一方，瑕疵ある意思表示の場合，効果意思を形成する段階に欠陥があるものの，表示行為に対応する効果意思は存在していることから，表示行為に現れた法律効果を発生させて差し支えなく，意思表示は原則として有効であり，取消しができる意思表示として規定しているにすぎない（95条，96条）。

錯誤（95条）については，後に述べるとおり，意思の不存在に当たるもの（同条1項1号）と，これに当たらないもの（同項2号）が含まれてい

るが，民法は，この２つを区別することなく，全体として，瑕疵ある意思表示として取り扱い，取消可能という効果を定めている。

民法93条から96条までの関係をまとめると次のような表になる。

意思の不存在と瑕疵ある意思表示の効果

	意思表示		基本的効果	第三者の保護
意思の不存在	心裡留保		原則として有効 （93条1項本文）	善意 （93条2項）
	虚偽表示		無効 （94条1項）	善意 （94条2項）
瑕疵ある 意思表示 ※120条2項 参照	錯誤	表示の錯誤	原則として取り消すことができる。 （95条1項1号）	善意・無過失 （95条4項）
		動機の錯誤	原則として取り消すことができる。 （95条1項2号）	善意・無過失 （95条4項）
	詐欺		取り消すことができる。 （96条1項）	善意・無過失 （96条3項）
	強迫		取り消すことができる。 （96条1項）	規定なし

4　心裡留保

(1)　意義と効力

人（表意者）が真意でないことを知りながらした意思表示である。すなわち，表意者が表示行為に対応する効果意思がないことを知りながらした意思表示である。例えば，Aが，腕時計を贈与する意思がないのに，冗談で，「この腕時計をあげよう。」とBに言ったような場合である。

民法は，表意者がその真意ではないことを知って意思表示をした場合，その効力を妨げられない旨規定している（93条1項本文）。つまり，真意でないという表意者の内心を考慮しないで，意思表示を有効としている。したがって，前の例で，BがAの冗談を真に受けて「じゃあ，その腕時計をもらおう。」と言ったとすると，相対立する有効な意思表示が合致したことになり，贈与契約が有効に成立する。

しかし，相手方が，表意者の意思表示が真意ではないこと（表示行為に対応する効果意思がないこと）を知っていた場合又は知ることができた場合にまで，意思表示を有効にする必要はない。このような場合，意

思表示は無効となる（93条1項ただし書）。

(2)　善意の第三者

　　もっとも，自ら真意ではないことを知りながら意思表示をした表意者には，責められるべき事情があるといえるから，表意者及び相手方以外の第三者が表示どおりの効力があると信じた場合，その第三者の信頼は保護されるべきと考えられる。そこで，民法93条1項ただし書の規定による意思表示の無効は，善意の第三者に対抗できないこととされている（93条2項）。例えば，前の例で，BがAの言葉を冗談だと知っていながら承諾したとすると，この贈与契約は無効であるが，これを知らないでBからその腕時計を買い受けたCに対しては，Aは，贈与契約が無効であるとはいえないのである。

　　善意とは，法律用語としては，ある事実を信じた（信頼した）という意味と，ある事実を知らないという意味の両者の意味に用いられることがある。ここでは，後者（知らない）の意味で用いられている。善意は，いつの時点で判断するか。これは，第三者が利害関係を持った時点であり，利害関係を持った後に心裡留保の事実を知った場合であっても，民法93条2項の適用を受ける。また，善意の対象も確認しておく必要がある。ここでは，表意者による意思表示が真意でないことである。

　　次に，同条項における第三者とは，当事者及びその包括承継人以外の者で，その法律行為があったことを前提として新たに法律上の利害関係を持つに至った者である。例えば，Bの相続人は，包括承継人，つまり，Bの地位をそのまま承継した者であるから，「B＝相続人」と置き換えることができ，第三者には当たらない。Bの債権者も，AB間の贈与契約を前提として法律上の利害関係を持ったわけではないから，第三者に当たらないと解するのが一般的である。これに対し，前の例のCは，AB間の贈与契約後，Bからその腕時計を買い受けるとの契約（売買契約）を結んでおり，第三者に該当する典型例である。

5　虚偽表示

(1)　**意義と効力**

　　虚偽表示とは，表意者が相手方と通謀して（相図って），故意に内心の効果意思と異なる表示行為をする場合をいう。例えば，債務者Aが，債権者による差押えを避けるため，A所有の甲土地を，Aの弟Bと通謀してBに売却したように見せかけるような場合である。この場合，意思表示は無効である（94条1項）。表意者の意思表示に効果意思がないことを相手方が知っている場合にまで，表示行為どおりの効力を認める必要はないからである。

(2)　**善意の第三者**

　　虚偽表示による意思表示の無効は善意の第三者には対抗できない（94条2項）。当事者間では効果意思がないことを尊重するとしても，これを知らない第三者に対する関係では，第三者の信頼を保護するため，表示行為どおりの意思表示の効力を認めたものである。

　　善意の意義や，善意をいつの時点で判断するかは，心裡留保のところで述べたものと同じであり，善意の対象は，虚偽表示であることである。

　　第三者の意義も心裡留保のところで述べたものと同じである。AB間の虚偽表示による売買契約後，Bとの間で甲土地を買い受けるとの契約（売買契約）を結んだCや，Bとの間で甲土地に抵当権の設定を受けるとの契約（抵当権設定契約）を結んだDなどが，第三者に該当する典型例である。

　　この場合，判例は，第三者として保護されるためには，対抗要件（甲土地という不動産の場合には登記，177条）を具備する必要はないと解している。それでは，虚偽表示の無効を善意の第三者Cに対抗することができない場合，どのような法律関係になるか。先の例で，Bから甲土地を買い受けたCを例にとると，当事者AB間では売買契約は無効だが，善意の第三者Cには，この契約が無効であるといえない，つまり，AB間の売買契約は有効だということである。そうすると，甲土地の所有権は，AB間の売買契約によりAからBに移転し，BC間の売買契約によ

りBからCに移転していることになる。したがって，Aは，甲土地が自
分の所有物だとしてCに返還請求をすることはできないことになる。

6　錯　誤

(1)　意　義

　　錯誤とは，辞書には「間違いがあること」，あるいは「現実に起こって
いる事柄と考えとが一致しないこと」とある。民法95条は，錯誤に基づ
く意思表示を表意者が取り消すことができる場合を定めており，民法95
条の錯誤には2種類のものがある。

ア　表示の錯誤

　　1つ目は，意思表示に対応する意思を欠く錯誤（95条1項1号）で
ある。従来，表示の錯誤といわれている。

　　心裡留保及び虚偽表示は，表意者が，いずれも真意と表示が食い違っ
ていることを知りながら意思表示をした場合である。これに対し，
真意と表示が食い違っていることに気付かずに意思表示をすることが
ある。これが表示の錯誤である。

　　例えば，ある物を1万円で買おうと思い，1万円で買うと言おうと
思ったのに，うっかりして1万ドルで買うと言ってしまったような場
合がこれに当たる。また，表示そのものの誤りのほかに，表示の意味
について誤りがあった場合もこれに当たる。例えば，円とドルを同価
値だと考えて，円のつもりでドルと書いた場合である。

　　表示の錯誤は，心裡留保及び虚偽表示と同様，意思の不存在に分類
されるが，平成29年改正により，その効果は，無効ではなく，取消し
とされた。

イ　動機の錯誤

　　2つ目は，表意者が法律行為の基礎とした事情についての錯誤であ
る（95条1項2号）。従来，動機の錯誤といわれている。

　　例えば，近くに新しい駅ができると聞いて時価より高く土地を買っ
たものの，新しい駅ができる計画など存在しなかったという場合がこ

れに当たる。この場合，買おうとした土地に高い価値があると考え，その考えに見合った値段で買っていることから，表示行為に対応する効果意思は存在している。しかし，その値段で買おうと思った基礎となる事情が真実と異なっているものであって，効果意思の形成過程に瑕疵があるため，詐欺や強迫と同様，瑕疵ある意思表示として，意思表示を取り消すことができることとされている。

　動機の錯誤の場合，その事情が法律行為の基礎とされていることを表示されていたことが，取消しの要件として必要とされている（95条2項）。意思表示の相手方からは，表意者の動機は必ずしも明らかでないケースも多いと考えられ，また，動機の錯誤の場合には，表示の錯誤と異なり，表意者自身が意思表示の内容を正確に理解していることも踏まえれば，表示の錯誤と同様の要件で意思表示の効力を否定したのでは，取引の安全を著しく害するおそれがある。そこで，判例は，動機の錯誤を理由として意思表示の効力を否定するためには，その動機が意思表示の内容として相手方に表示されなければならないなどとしてきており，平成29年改正により，こうした判例の趣旨を踏まえ，民法95条2項が設けられた。

(2)　主観的な因果関係と客観的な重要性

　錯誤による取消しが認められるためには，錯誤に基づき意思表示がされていたこと（主観的な因果関係の存在），錯誤が法律行為の目的及び取引上の社会通念に照らして重要なものであること（客観的な重要性の存在）が必要とされている（95条1項本文）。

　単に意思表示に錯誤があったというだけで取り消し得るとするのではなく，その錯誤がなければ表意者が意思表示をしなかったであろうという主観的な因果関係と，その錯誤がなければ通常人であっても意思表示をしなかったであろうという客観的な重要性がいずれも認められる場合に限って取消しを可能とし，表意者と相手方の保護のバランスを図っている。

(3)　効　果

　錯誤による意思表示は，表意者が取り消すことができる（95条1項）。取消しというのは，意思表示を取り消すまでは有効であるが，取り消されると，意思表示をした時に遡って無効となるというものである（121条）。意思表示の法律効果がなくなるというだけであり，意思表示をした事実がなくなるわけではない。取消しの意思表示をすることができるのは，瑕疵ある意思表示をした表意者，その法定代理人，承継人のみである（120条2項）。

(4)　表意者に重過失がある場合

　表意者に重大な過失がある場合，原則として，表意者は，その意思表示を取り消すことができない（95条3項本文）。ここでいう重大な過失とは，普通の人なら注意義務を尽くして錯誤に陥ることはなかったのに，著しく不注意であったために錯誤に陥った場合をいう。民法95条は，表意者の保護を趣旨とするものであるが，これは反面，意思表示の相手方や第三者の利益を害することになりやすい。そこで，表意者に重過失がある場合については，その意思表示の取消しを制限したものである。

　もっとも，表意者に重過失がある場合であっても，相手方が表意者に錯誤があることにつき悪意又は重過失であったとき（95条3項1号）や，相手方が表意者と同一の錯誤に陥っていたとき（同項2号）には，意思表示を取り消すことができる（同項柱書）。このような場合には，相手方を保護する必要性に乏しいことから，表意者に重大な過失があっても，例外的に意思表示を取り消すことができることとされたものである。

(5)　善意無過失の第三者

　錯誤による意思表示の取消しは，善意無過失の第三者に対抗することができない（95条4項）。善意の意義や，いつの時点で判断するかは，心裡留保のところで述べたものと同じであり，善意の対象は，表意者の錯誤である。

　錯誤と後に述べる詐欺の場合，第三者が保護されるための主観的要件

としては，心裡留保や虚偽表示の場合のように善意であるというのみでは足りず，過失がないことが必要とされる（95条4項，96条3項）。心裡留保と虚偽表示の場合の表意者は，自ら率先して効果意思に対応しない意思表示をしているのに対し，錯誤と詐欺の場合の表意者は，錯誤を自覚していないか，あるいは他人の詐欺行為により意思表示をしたものであって，心裡留保と虚偽表示の場合の表意者よりも責められるべきでないと考えられることから，第三者を保護するための要件が加重されている。

7　意思の不合致と錯誤

　意思の不合致と錯誤の区別は，一見すると分かりにくい。例えば，AがBに対し，「A所有のこの腕時計を20万円で売ろう。」と言ったのに対し，BがAに対し，「A所有のその腕時計を2万円で買おう。」と言っても，二つの意思表示は，代金額の点で客観的には合致していない。したがって，この場面では，意思の不合致であり，もちろん，売買契約は成立していない（契約の成立要件の問題）。仮に，A，Bいずれかの意思表示（表示行為）に，効果意思との間で食い違いがあったとしても，錯誤の問題とするまでもない。これに対し，Bの答えが，「よし，分かった。買おう。」というものであったとすれば，たとえBが，Aの売ろうという申出（申込み）を，2万円で売ろうという申出と誤信した場合でも，Bの買おうという応答（承諾）は20万円で買うという意味に解釈されるから，意思表示は合致し，売買契約は成立する。ただ，Bの意思表示について錯誤の問題を生じるだけである。

　つまり，意思表示が合致しているか否かという場面では，意思表示を客観的に解釈し，その内容に食い違いがあれば，意思表示は合致しておらず，契約は成立していないと考える。契約が成立するかどうかは，表意者の内心の効果意思とは無関係に，あくまでも表示行為の客観的な意味によって判断されるのである。そして，次に，成立した契約の内容と表意者の内心の効果意思に食い違いがある場合には，これを錯誤の問題として考えてい

くのである。このように，契約の成立と成立した契約の効力（有効性）と
は，別々に考えた方が，着実な思考方法に適合して望ましい。錯誤に関連
してこのことを述べたが，実は，心裡留保でも虚偽表示でも，同様のこと
が当てはまる。

8　詐　欺

(1)　総　説

　詐欺は，何らかの方法（欺罔行為）により表意者を錯誤に陥れ，それ
によって意思表示をさせることをいう。欺罔行為といえるためには，違
法と評価されるようなものでなければならない。取引には多少の駆け引
きや誇張も許容されるので，取引行為として許される範囲を超えたもの
である必要がある。

(2)　効　果

　詐欺による意思表示は，取り消すことができる（96条1項）。取消し
の意義などは錯誤のところで述べたのと同じである。

(3)　善意無過失の第三者

　Bは，Aを欺罔してA所有の甲土地を安く買い受け，これを事情を知
らないCに転売した。その後Bからだまされたことに気が付いたAは，
Cから甲土地を取り戻したい。Aは，どのような場合にCから甲土地を
取り戻すことができるか。

　民法は，Aが詐欺を理由に意思表示を取り消した場合，その取消しの
効果は，善意無過失の第三者に対抗することができないと規定する（96
条3項）。まず，ここにいう第三者とは，虚偽表示などの場合と同様，当
事者及びその包括承継人以外の者で，その法律行為があったことを前提
として新たに法律上の利害関係を持つに至った者をいう。Cは，当事者
でも包括承継人でもなく，AB間の売買契約という法律行為を前提とし
て新たに甲土地を買い受けた者であるから，法律上の利害関係があり，
第三者に当たる。善意の意義も同様で，第三者Cが利害関係を持った時
点で詐欺の事実を知らなかったことをいい，過失がないとは，相当の調

査をすれば詐欺の事実を知ることができたとはいえないことをいう。

　それでは，取消しの効果と第三者との関係について，そのシステムを考えてみよう。Aが，ＡＢ間の売買契約を取り消した（正確にはAのBに対する意思表示を取り消すのであるが，契約を取り消すという表現を用いるのが通例である。）場合，ＡＢ間の売買契約は遡って無効となる（121条）。そうすると，売買契約の効力として，取消し前にはA→B→Cと順次移転していた甲土地の所有権が，取消しによって，AからBへは移転しなかったことになるし，Cも甲土地の所有権をBから承継し得なくなってしまう（取消しの結果，Aは，売買契約の後も甲土地の所有者であり続けたことになる。）。そこで，民法96条3項は，取消前に利害関係に入った善意無過失の第三者Cに対する関係で，取消しの遡及効を制限することにしたのである。こうすれば，善意無過失のCに対する関係では，取消しの効果が及ばないことになり，Cは，甲土地の所有権をBから有効に承継取得するということになる。

　さて，民法96条3項の第三者であるといえるためには，第三者Cに対抗要件が備わっている必要があるか。必要だという見解，不要だという見解の両方の学説があるが，判例は，不要と考えているようである。

　これに対し，右の図のように，Aが取り消した後にCがBから甲土地を買い受けた場合，AC間の関係は，どのようになるか。

　判例は，甲土地をめぐるAとCの関係は，民法177条が適用されるものであって，対抗要件の有無によって決せられ，A，Cのいずれか先に登記を取得した者が甲土地の所有権を取得するとしている。一旦AからBに移転した甲土地の所有権が，取消しによって，BからAに復帰する物権変動（復帰的物権変動）を観念でき，これとBからCへの所有権の移転を併せると，Bを起点とした二重譲渡と同じような関係にあると考えられるからである。一旦取消しが

された以上，Bは，甲土地の所有者ではなくなっていることになり，A
は，無権利者Cに登記なくして対抗できることになりそうだが，そのよ
うには考えないのである。

(4)　詐欺取消しがされた後の法律関係

　さて，詐欺による取消しがされた場合，どのような法律関係になるか。
例えば，土地の売買契約が取り消された場合にも，土地が引き渡されて
おらず，代金も支払われていないという場合には，通常はなんらの清算
の必要はないが，売買契約に基づき買主に対して土地の引渡しがされて
いる場合，売主は，引き渡した土地を取り戻さなければ，売買契約を取
り消した意味がない。

　このような場合，売買契約が初めから無効となるため（121条），結局，
土地の所有権は移転していないこととなるから，所有者である売主は，
土地の占有者である買主に対し，後に述べる所有権に基づく返還請求権
を行使することができる。また，買主から代金が支払われている場合，
売主は，買主にその代金を返還する義務を負うことになる（121条の2
第1項）。

　なお，以上の法律関係は，詐欺取消しの項で述べたが，無効な法律行
為に基づき目的物が引き渡されていたり，代金が支払われている場合で
も（この場合については，再度，無効の説明部分で述べる。），錯誤や強
迫による取消しがされた場合でも，基本的には同じである。

(5)　第三者が詐欺を行った場合

　例えば，債務者から，真実としては他に担保のあてもないのに，確実
な担保を入れるから安心だと虚偽の事実を言われ，他に確実な担保があ
ると信じて保証契約を結んだ保証人（446条）は，債権者に対し，詐欺
を理由に保証契約（正確には意思表示）を取り消せるか。保証契約の当事
者は，債権者と保証人であるから，契約当事者ではない第三者（債務者）
が欺罔行為を行った場合として，第三者の詐欺に当たる。このような場
合，表意者（本件では保証人）は，保証契約を結んだ際，相手方（本件

では債権者）が詐欺の事実を知り（悪意），又は知ることができたときに限り，意思表示を取り消すことができる（96条2項）。

＊悪意の意義

　　悪意とは，辞書には「他人や物事に対して抱く悪い感情又は見方」とある。法律用語では，これと異なり，ある事実を信じなかったという意味や，ある事実を知っているという意味で用いられる。悪意にしろ，善意にしろ，一般の用語例と異なる意味で用いられているので，特に注意が必要である。

9　強　　迫

(1)　総　説

　他人に畏怖を与え，その畏怖によって意思表示をさせることを強迫という。強迫といえるためには，強迫行為に違法性があることが必要である。違法性の有無は，強迫の手段とそれによって達しようとする目的を比較して決めることになる。

(2)　効　果

　表意者は，強迫による意思表示を取り消すことができる（96条1項）。詐欺取消しについては，善意無過失の第三者に対抗することができないとの規定があるが（同条3項），強迫についてはそのような第三者保護規定がないので，強迫による取消しは，善意無過失の第三者にも対抗し得ることになる（同項の反対解釈）。第三者がした強迫についても，詐欺についての民法96条2項のような規定がないので，制限なしに取消しをすることができる（同項の反対解釈）。強迫は，意思形成への外部からの干渉がより強いことから，詐欺の場合より表意者を強く保護したものである。

10　詐欺，強迫と刑事処分との関係

　以上のとおり，詐欺，強迫により意思表示をした者は，その意思表示を取り消して財産の返還を求めることが民法上可能である。民法は，当事者の意思による自治を基本としているので，逆に，自由な意思に基づかない

場合には，法律行為の効力を制限しようと考え，法律関係の処理を考えたものである。

　民法で詐欺，強迫に当たる行為が，刑法の詐欺罪，恐喝罪に当たる場合には，もちろん処罰を受けることもあるが，犯罪の処罰による社会の秩序維持を目的とする刑法と，個人と個人の法律関係を規定する民法とは，そもそも要件，手続が違う。一般には，刑法の詐欺罪，恐喝罪に当たる場合は，民法により詐欺，強迫による取消しが認められる場合より狭い。

第4　意思表示の伝達方法

1　意思表示の効力発生時期

(1)　問題点

　意思表示の効力は，いつ生じるのか。もちろん，内心で意思を固めても，それが表示されなければ外部から知り得ないから，表示をすることが必要である。しかし，意思表示が発信されたが，到達しなかった場合，意思表示をあったものと取り扱うか，到達しなかった以上なかったと考えるかが問題となり得る。

(2)　到達主義

　民法は，意思表示は，その通知が相手方に到達した時からその効力が生じる旨規定している（97条1項）。相手方が意思表示を受けてその内容を知る（了知）段階ではなく，相手方に配達などがされた段階，すなわち到達時点で意思表示の効力が発生するものとした。この段階で，相手方が意思表示を了知し得べき状態となるので，表意者の利益と相手方の利益をよく調和させる時点として適切と考えたためであろう。

　そうすると，意思表示が到達したといえるか否かが重要になるが，反面，相手方が不当に意思表示を到達しないようにすることも可能である。そこで，相手方が正当な理由なく意思表示の通知が到達することを妨げたときは，その通知は，通常到達すべきであった時に到達したものとみなし（97条2項），表意者と相手方との公平を確保している。

＊内容証明郵便，配達証明書

　　　取消し，解除などの意思表示は，法律実務上，内容証明郵便によって
　されることが一般である。内容証明郵便とは，①どんな内容の書面を，
　②いつ相手に出したかということを，郵便局（正確には日本郵便株式会
　社）で証明してくれる郵便のことをいう。

　　　内容証明郵便のシステムは，同じ内容の書面を3通作って郵便局に差
　し出すと，郵便局では，1通を相手方（郵便の受取人）に送り，1通を郵
　便局に保存し，1通を差出人に返すというものである。このようなシス
　テムになっているから，どういう書面をいつ送付したかということを，
　簡単に証明できるわけである。巻末の資料1は，貸金などの支払催告書
　を内容証明郵便とした場合の例である。

　　　さらに，配達証明扱いとすれば，配達された日時が表示された配達証
　明書が差出人に送付される。民法上，保証契約（446条2項）など一部の
　例外を除いて，意思表示などは書面によることが必ず要求されているわ
　けではないし，書面による場合であっても，通常の葉書や封書を利用す
　ることも可能であるが，意思表示などの内容と到達日時を証明するため
　の比較的安価で確実な方法として，配達証明付き内容証明郵便が多く利
　用されている。

(3)　**表意者の死亡，能力喪失**

　　表意者が意思表示を発信した後に死亡し，意思能力を喪失し，又は行
　為能力の制限を受けたときであっても，意思表示の効力は存続する（97
　条3項）。

2　公示の方法による意思表示

　　例えば，AがBに土地を売ったが，その後，Bが死亡し，Bの相続人が
　誰だか分からないとしよう。Aは，Bとの契約を解除して，別の人に土地
　を売りたいという場合，どのような手続で意思表示をすべきかが問題とな
　る。

　　このように，表意者が，意思表示を受ける相手方を知ることができない

場合や，相手方の所在を知ることができない場合には，公示の方法によって意思表示をすることができる（98条1項）。公示は，裁判所の掲示場に掲示するなど，民法98条2項の方法により行い，掲示を始めた日から2週間経過時に，公示による意思表示が相手方に到達したものとみなされる（98条3項）。

＊民事訴訟法上の公示送達

　　　民事訴訟手続の中で，相手方の所在が知れないため公示送達の手続によって，訴状などの書類が送達される場合もある。この場合にも民法同様，2週間経過時に意思表示が相手方に到達したものとみなされる（民事訴訟法113条）。

第5　代　　理

1　総　　説

　民法99条1項は，代理人がその権限内で本人のためにすることを示してした意思表示は，直接本人に対して効力を生じる旨規定する。

　このような代理制度が認められる理由として，二つの方面から理解することができる。第1は，私的自治の補充である。個人は，自分の社会生活関係を自治的に作っていくべきものとするのが私的自治の原則であることは，前に述べたが，未成年者，成年被後見人，不在者など，権利能力はあっても自己の行為により完全に有効な法律関係を形成することができない者については，代理が不可欠である。第2は，私的自治の拡張である。自ら有効に法律行為をすることができる者にとっても，人が一人でできることには限界があるから，代理人を用いて初めて，多忙を緩和し，代理人の経験や専門的知識を活用し，十分な社会的活動をすることができるようになるのである。

　なお，代理は，意思表示（法律行為）についてのみ認められる。占有（物を自己の実力支配内に置くこと）のような事実行為について，代理は認められない（181条，204条の代理占有における代理関係は，ここでいう代理

ではない。）。同様に，不法行為についても，代理は認められない。

　代理と類似の概念として使者がある。代理は，代理人自らが効果意思を決定し，意思表示をするのに対し，使者は，本人がした意思表示を相手方に伝える（表示し又は伝達する）だけであり，意思決定の自由がない。つまり，使者は，命じられたことを命じられたとおりにすべきものであって，本人の手足ともいえる。

2　効　　果

　有効な代理による法律行為は，直接本人に対して効力を生じる（99条1項）。右図のとおり，代理人のした法律行為の効果が本人に帰属するわけである。具体的には，Aが，代理人Bによって建物所有者Cから甲建物を買い受けた場合，売買契

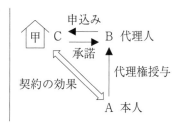

約はBC間で結ばれているが，契約の効果は，売主であるCと買主であるAの間で発生し，この売買契約によって発生した代金債務は，代理人Bではなく，本人Aが直接売主Cに対して負担する。

　これは，代理人として意思表示をする場合（能動代理という。99条1項）と代理人として意思表示を受領する場合（受動代理という。99条2項）とで異なることはない。

　代理人が代理行為をしたことにより，本人から報酬を受領したり，あるいは代理人が，代理行為の結果，本人に損害を被らせたために，本人に損害を賠償することもある。しかし，これらの法律関係は，代理の効果ではなく，本人と代理人の間の内部関係（例えば，本人と代理人の間に委任契約があるとか，雇用契約がある場合のその契約上の効果）の問題であり，代理による法律効果ではない。

3　代理の要件

(1)　総　　説

　ある法律行為が，有効な代理行為として本人に対して直接の効果を生

じるための要件は，次のとおりである。

① 代理人が法律行為をしたこと（法律行為⇒(2)）

② その法律行為の際，代理人が本人のためにすることを示したこと（顕名⇒(3)）

③ その法律行為の際，代理人がその法律行為をする代理権を有していたこと（代理権⇒4，5）

(2) **法律行為**

代理人が本人所有の不動産を売る代理権を与えられた場合を考えてみると，代理人が相手方に売ろうという申込みの意思表示をするのが能動代理（99条1項），相手方からの買おうという承諾の意思表示を受領するのが受動代理（同条2項）ということになる。しかし，通常は，ここまで分析的に考えず，単に売買契約の代理がされたと表現することで足りよう。

代理人は，制限行為能力者であってもよく，制限行為能力者が代理人としてした行為は，行為能力の制限によっては取り消すことはできない（102条本文）。代理行為の効果は，直接本人に帰属し，代理人に帰属するのではないから，代理人である制限行為能力者を保護する必要がないからである（制限行為能力者制度は，制限行為能力者自身を保護する点に存在理由の一つがある。）。したがって，制限行為能力者が代理人としてした法律行為は，代理人に意思能力がある限り本人に効力が生じ，取り消し得べき法律行為となるのではない。ただし，制限行為能力者が他の制限行為能力者の法定代理人としてした行為については，本人を保護する必要があることから，行為能力の制限の規定によって取り消すことができることとされている（102条ただし書）。

なお，代理行為が意思の不存在，錯誤，詐欺，強迫などによる影響を受ける場合，その事実の有無は，原則として代理人を基準にして判断する（101条1項，2項）。

(3) **顕　名**

　顕名は，代理人が，法律行為の際，その法律行為の効果が本人に帰属することを表示することである（顕名を要求する建前を，顕名主義という。）。このことからも分かるように，「本人のためにする」（99条1項）とは，「本人に効果を帰属させる」という意味であって，本人が経済的に得をするか損をするかの問題ではない。

　顕名は，代理人が「A代理人B」などのように，自己の名と本人の名を示す場合が多いが，代理人が直接本人の名だけを示す場合も，顕名として認められている（これを，署名代理という。）。

　顕名がない場合には，どのような法律関係になるか。代理人が，本人のためにすることを示さないでした意思表示は，本人に対しては，何らの効果を生じない。たとえ代理人が，本人のためにする意思（本人に法律上の効果を帰属させる意思＝代理意思）を有していた場合でも，顕名がない以上，代理人と相手方の間においてのみ効果を生じるにすぎない（100条本文）。この規定は，代理人の内心の意思によって，法律上の効力が本人に帰属したり，しなかったりするのを防止し，相手方の法律上の地位を安定させようとする趣旨である。したがって，相手方が，代理人が本人のためにすることを知っていた場合や，相当の注意をすれば代理人が本人のためにするものであるということを知り得た場合には，もはやその相手方を保護する必要がないとして，適法な代理と同様に，直接本人に対して効力を生じるものとした（100条ただし書）。

4　法定代理と任意代理

　代理は，法定代理と任意代理に分けられる。その基準には，いろいろな考え方があるが，本人の意思に基づいて代理人となるのが任意代理であり，そうでないのが法定代理であるとするのが一般である。例えば，未成年者Aの父母BCが，Aのために弁護士Dを代理人として選び，DがEと売買契約を締結する場合，AとBCの関係は法定代理であり，BCとDの関係は任意代理である。

　代理権は，法定代理の場合，法律の規定そのもの又は規定により定めら

れた機関や人が選任されることによって発生し，法定代理権の範囲も法律
の規定による。そこで，法定代理についての個々的な説明はせず，任意代
理権の発生原因について説明する。

5　任意代理権の発生原因（授権行為）

　民法は，任意代理を「委任による代理」と呼んでいる（104条，111条2
項参照）が，任意代理権の発生原因を委任契約に限る趣旨ではない。

　任意代理権は，本人の代理権授与行為（授権行為）によって生じる。代
理権授与行為は，実際上は，本人と代理人の間の内部関係としての委任契
約や雇用契約と同時にされることが多い。例えば，AがBに，ある建物を
Cから買い受けてもらうように頼み，成功したらいくらの報酬を支払うと
いうような委任契約を結ぶとともに，BがAの代理人として売買契約を締
結する代理権を授与することがされる。この場合，理論上は，内部関係で
ある委任契約と代理権発生原因としての授権行為は，別個のものとして区
別することができる。

＊実印，印鑑登録証明書

　　任意代理権の授権行為は，非要式行為であり，口頭ですることももちろ
　ん可能なのだが，委任状という書類を代理人に授けるのが一般的である。
　そして，委任状には，本人の実印が押され，それが実印であることを証明
　するために印鑑登録証明書が添付されることが多い。

　　印章（ハンコと呼ばれる動産）は，実印と認印に取引上区分される。実印
　とは，その印影（印章によって押された判の形）があらかじめ本人のもの
　として官庁に届け出られているもので，その印影が印鑑である（日常的に
　は，動産たる印章を意味するものとして，印鑑という用語が用いられるこ
　とが多い。）。印鑑の登録は，自然人の場合，その人の住民登録のある住所
　地の市町村役場又は特別区の区役所に届け出ることによってされる。会社
　などの法人の場合には，商業登記の申請書に押印すべき者が，あらかじめ
　登記所に届け出なければならない（商業登記法20条1項）。届け出られた
　印鑑（実印の印影のこと）を官庁が証明する文書が，印鑑登録証明書であ

る。なお，印鑑登録証明書と印鑑登録証は，呼び名が似ているので間違われやすいが，別個のものである。印鑑登録証は，印鑑登録を受けた者に発行される証明書で，現在はカード化されているものが多い（印鑑登録カード）。これを所持していれば，印鑑登録証明書の交付が容易に受けられるようになっている。

　　認印は，実印以外の印章であり，銀行に届けられたものを銀行印と呼ぶこともある。

　　不動産の登記手続，自動車の登録手続などでは，印鑑登録証明書の添付が法律上要求されているが，一般の取引では，実印であろうと認印であろうと，本人の意思確認の手段として法律上の差異は設けられていない。しかし，印鑑登録証明制度はかなり厳格な手続によっているため，印鑑登録証明書は本人の意思確認手段として確実性のある証拠となっている。そこで，取引社会では，契約書を交わす際には，実印による押印と印鑑登録証明書の添付が求められることが多い。

6　代理権の消滅

　代理権は，①本人の死亡，②代理人の死亡又は代理人が破産手続開始決定若しくは後見開始の審判を受けたことによって消滅する（111条1項）。任意代理の場合，このほか，内部関係（委任契約，雇用契約など）の消滅によって，代理権授与行為も効力を失い，したがって，代理権も消滅する（111条2項）。なお，代理権授与行為そのものも，本人の破産（653条2号）と授権行為の解除（651条）によって効力を失う。

7　自己契約，双方代理，その他の利益相反行為

　自己契約とは，Aの代理人Bが，一面Aの代理人という資格で，他面B自身として，AB間に効力が及ぶ契約をすることをいう。双方代理とは，Aの代理人Bが，Cの代理人をも兼ね，B一人で，AC間に効力が及ぶ法律行為をすることをいう。このような場合には，Bの意のままに，契約の内容が定められることになるから，本人の利益が害されるおそれがある。そこで，民法108条1項本文は，これを禁止した。

この禁止に違反した行為も，全く無効なのではなく，無権代理行為として取り扱われるにすぎないから（108条1項本文），本人の追認によって，有効な代理行為となり，本人にその効果が帰属する（113条）。

なお，民法108条1項本文は，本人の利益を保護するためのものであるから，①本人が自己契約や双方代理をすることを許諾しているとき，②債務の履行については，その適用がない（108条1項ただし書）。

また，自己契約や双方代理に当たらない利益相反行為についても，同様の取扱いがされることになる（108条2項）。例えば，親が，借金をするに際して，子を代理して子が所有する不動産を担保に供するような場合である。利益相反行為に当たるかは客観的・形式的に判断され，たとえ親の借金が子の教育のためにするものであったとしても，親による担保提供行為は利益相反行為に当たることになる。

8 復 代 理

復代理とは，代理人が自分の権限内の行為を行わせるため，自分の名でさらに代理人を選任して，本人を代理させることである。代理人によって選任された代理人を復代理人という。復代理人は，本人の代理人である（106条1項）。したがって，復代理人が代理行為をするには，本人のためにすることを表示することが必要であり，復代理人のした法律行為の効果は，直接本人に及ぶのである。

代理人が，復代理人を選任する権限を復任権という。その範囲は，任意代理と法定代理で違っている。任意代理の場合，本人の許諾を得た場合と，代理人にやむを得ない事由があるときでなければ，復代理人を選任することができない（104条）。任意代理人は，本人の信任に基づくものであり，いつでも辞任することができる反面，復任権は制限されているのである。

他方，法定代理人は，いつでも自由に自己の責任で復代理人を選任することができる（105条前段）。法定代理人の権限が広範囲にわたり，その辞任が容易でなく，しかも，本人の信任に基づいて代理人となったわけではないことなどが，復任権が制限されていない理由である。なお，法定代理

人については，復任をするについてやむを得ない事由があった場合，復代
理人の選任又は監督についてのみ責任を負うこととされ（同条後段），責任
が軽減されている。

9　代理権の濫用

　　例えば，Bが，Aから与えられていた売買の代理権を悪用し，Aの代理
人と称してCとの間で，Cから品物を買い入れる契約を結んだ上で，買い
入れた品物をDに転売して代金をBが着服したような場合，Bの行為に基
づいてAは売買代金債務を負担するだろうか。

　　事案を分析してみよう。Bの行為は，有効な代理行為として必要な要件
である，法律行為，顕名，代理権の3要件を備えている。顕名又は代理権
がないとする理解もないではないが，顕名における本人のためにすること
の表示とは，前に述べたとおり，本人の利益を図ることの表示ではなく，
本人に効果を帰属させることの表示であるから，顕名の要件をみたすと解
されるし，客観的には代理権の範囲内の行為であるから，代理権の要件も
みたしている。

　　しかし，CがBの背任，横領の意思を知っているような場合にまで全く
有効な代理行為と考えるのは適切ではなかろう。

　　そこで，民法107条は，Bが自己又は第三者の利益を図る目的で代理権
の範囲内の行為をしたとき，相手方Cが，Bの目的を知り又は知ることが
できた場合，Bの行為を無権代理行為とみなすと規定しており，この結果，
次に述べるとおり，本人は，代理行為に基づく責任を負わないことになる。
法定代理の場合も同様に扱われる。

10　無権代理

(1)　無権代理行為の効果

　　無権代理とは，代理人として法律行為をした者にその法律行為をする
代理権がない場合のことである（後に述べる表見代理と区別するために，
狭義の無権代理と呼ぶ場合もある。）。代理権がない場合なので，原則と
して，本人に対して法律効果を帰属させることができない。このことを

表現するために，無権代理は無効であると言われるが，正確には，本人に対して効力が生じない，本人に対して法律効果が帰属しないということである。

　しかし，これでは，代理権がないことを知らないで取引をした相手方の保護として十分ではない。そこで，民法は，無権代理の効果を本人に帰属させるのが適切と認められる特別の場合には，これを認めることとした（表見代理⇒11）。また，無権代理一般について，本人の追認によって代理の効果を本人に帰属させることとした（⇒(2)）。さらに，無権代理人は，本人に効果を帰属させる意思を表示しているのだから，代理人に対して効力を生じることはないものの，追認がない場合には，無権代理として一定の要件のもとに代理人に特別の責任を負わせることとした（⇒(3)）。

(2)　追認，追認拒絶

　無権代理の場合にも，本人がその効果を受けることを希望する場合には，そのとおりの効果を認めてよいはずである。したがって，このような意思表示（追認）があった場合には，その無権代理行為は，初めから代理権のある代理行為として取り扱われる（113条1項，116条）。追認の意思表示は，本人から相手方ばかりでなく，無権代理人に対してすることもできるとされるが，無権代理人に対してされた場合には，相手方が追認の事実を知った後でなければ，本人から相手方に対して，追認の効果を主張することはできない（113条2項）。

　なお，本人は，追認拒絶の意思表示を相手方にすることによって，代理の効果が生じないように確定させることができる。この意思表示の方法も追認と同様である（113条2項）。

　無権代理行為は，本人の意思（追認又は追認拒絶）によって，本人に効果が帰属するか否かが確定するが，相手方は，その本人の意思が確定するまで，不安定な法律上の地位に立たされる。そこで，相手方には催告権（114条）と取消権（115条）が認められ，不安定な地位を解消する

ことができるようになっている。

(3) 無権代理人の責任

前に述べたとおり，無権代理人が相手方に対してした意思表示（無権代理行為）は，その効果が無権代理人に帰属するものではないが，民法117条は，相手方の地位を保護するため，一定の要件で，無権代理人が履行又は損害賠償の責任を負うことを規定した。したがって，この責任は，法定の特別の責任であり，無過失責任（つまり，無権代理人に過失がなくとも，その責任を問われる。）と解される。ただし，相手方が無権代理人に代理権がないことを知っていた場合若しくは過失によって知らなかった場合（無権代理人自身が無権代理であることを知っていた場合を除く。）又は無権代理人が制限行為能力者の場合には，上記の責任を追及することはできない（117条2項）。

11 表見代理

(1) 意 義

民法は，代理人にその法律行為をする代理権がない場合でも，外観上相手方が代理権の存在を信じるだけの特別な事情がある場合，本人に直接法律効果が帰属する旨定める。109条，110条，112条の三つの場合がこれに当たり，これを表見代理という。相手方が，外観上代理権ある代理人であると誤信するのがもっともだという事情がある場合で，かつ，本人にその外観作出について何らかの帰責性がある場合に，その相手方を保護し，取引の安全（動的安全）の保護を図ろうとする制度である。

(2) 代理権授与の表示による表見代理

民法109条1項は，第三者に対して他人に代理権を与えた旨を表示した者は，その代理権の範囲内でその他人が第三者とした法律行為につき，その責任を負うと規定する。例えば，A（本人）がC（相手方）に対し，「売買の件をまとめるため，Bを代理人として近日中に伺わせるからよろしく頼む。」と言ったが，Aは結局，Bに代理権を与えなかった。それにもかかわらず，BがAの代理人として，Cと売買契約を結んだという

場合である。この場合，表見代理が成立するためには，次の要件が必要と解されている。

① 本人が，相手方に対して，ある者（無権代理人）に代理権を与えた旨を表示したこと（代理権授与表示）

② 無権代理人が，本人のためにすることを示して相手方と法律行為をしたこと（法律行為と顕名）

③ 相手方が，法律行為をした際，無権代理人に代理権があると信じ，かつ信じることに過失がなかったこと（善意・無過失）

　善意は，ここでは，単に知らない（不知）というのではなく，積極的に信じるという意味で用いられている。

(3) 権限外の行為の表見代理

　民法110条は，代理人がその権限外の法律行為をした場合，相手方が代理人にその権限があると信じる正当な理由があるときは，民法109条1項本文を準用する旨規定する。例えば，A（本人）がB（代理人）に，10万円の借金をする代理権を与えたところ，BがAの代理人として，C（相手方）から100万円を借金した場合である。この場合，表見代理が成立するためには，次の要件が必要である。

① 本人が，代理人に代理権を与えたこと（基本代理権）

② 代理人が，本人のためにすることを示して，代理権の範囲外の法律行為をしたこと（法律行為と顕名）

③ 相手方が，法律行為をした際，代理人にその法律行為の代理権があると信じ，かつ信じることに過失がなかったこと（善意・無過失）

　①の要件について，全く基本代理権がない場合には，たとえ相手方が，代理権があると信じ，かつ信じることにつき過失がなかったとしても，この表見代理は成立しない。本人の財産の保護のため（静的安全）の最小限の要件として，本人が代理人に基本代理権を与えたことが必要であると解されている。

　②の要件については，基本代理権と同種の権限外の法律行為を行った

場合（例えば，10万円の借金の代理権を与えられていたところ，100万円借金した場合）に限らず，異なる種類の法律行為を行った場合（例えば，借金の代理権を与えられていたが，不動産を売却した場合）でもよい。

③の要件は，条文上は「正当な理由」とされているが，無過失と同じ意味である。

(4) 代理権消滅後の表見代理

民法112条１項は，代理権を与えた者は，代理権の消滅後に代理人であった者が消滅前の代理権の範囲内でした行為について，代理権の消滅につき善意の相手方に対して責任を負うが，相手方が過失によって消滅の事実を知らなかったときは，この限りではない旨規定する。例えば，Ａ（本人）が，Ｂ（代理人）に不動産の買受けを委任し，代理権を与えたが，それを解除した後に，ＢがＡのために，Ｃ（相手方）から不動産を買い受けた場合である。

この場合も，表見代理が成立するためには，次の要件が必要である。

① 本人が代理人に与えていた代理権が消滅したこと（代理権の消滅）

② 代理人が，本人のためにすることを示して，消滅した代理権の範囲内の行為をしたこと（法律行為と顕名）

③ 相手方が，法律行為をした際，代理権が消滅したことを知らず，かつ知らなかったことにつき過失がなかったこと

(5) 表見代理規定の重畳適用の明文化

以上の３種類のほか，これらが重なり合う場合，例えば，代理人と称する者が，代理権授与表示の範囲外の法律行為の代理をした場合（109条２項），かつて存在した代理権の範囲外の法律行為の代理をした場合（112条２項）についても，表見代理が認められる。平成29年改正前は，これらの場合について直接定めた規定はなく，前者については同改正前の民法109条と110条を，後者については同改正前の民法110条と112条を，それぞれ重畳適用し表見代理を認めるのが判例であったところ，

同改正により，これらが民法109条2項及び112条2項で明文化された。

(6)　効　果

　どの表見代理の場合も，本人は，法律行為の効果が自分に及ぶことを拒絶できない。しかし，完全な代理行為と異なり，狭義の無権代理としての効果を生じるから，相手方は，取消権を持っているし（115条），本人は追認によって相手方の取消権を消滅させることもできる（113条，115条）。

　なお，相手方は，表見代理が成立し，したがって，本人にその法律行為に基づく履行請求などができる場合であっても，無権代理人の責任（117条）を追及することができると解されている（判例）。

第6　無効，取消し

1　無　効

　無効とは，法律行為の目的とする本来の効果（法律効果）が生じないことである。事例で考えてみよう。例えば，AがBにある物を売ったが，その売買契約が無効なら，買主Bが物の引渡しを受けていたとしても，その物の所有権を取得することができないし，売主Aは代金支払請求権を取得しない。

　契約が無効となったということは，契約に基づいて権利義務が発生し又は移転するという法律効果が得られなくなったということに止まらない。このような場合，Bは，占有する権原がないのに物を占有していることになり，Aは，Bに対し，所有権に基づく返還請求権として物の引渡しを請求することができるのが通常である。以上の事例の解説で分かるように，契約の無効という場合，民法総則だけでなく，物権や契約といった他の分野についても考えなければならないということになる。

　さて，本来の無効の説明に戻ることにしよう。無効な法律行為については，追認をすることが可能である。追認とは，効力の不完全な法律行為を

完全にする意思表示（単独行為）である。無効行為については，「無から有は生じない」という例えのように，初めから有効な法律行為に変えることはできないが（119条本文），当事者が無効なことを知ってこれを追認したときは，その法律行為は，追認の時から効力を生じる（119条ただし書）。条文で，「新たな行為をしたものとみなす」とあるのは，追認により，前にされた無効な法律行為と同じ内容の行為を，追認の時に有効にしたものとして取り扱うという意味であって，つまり，実際には前にされた行為が追認の時から有効になるのと同じことである。また，行為というのは，法律行為のことである。

　ただし，追認によって有効となるためには，新たな行為としての要件を備える必要がある。例えば，公序良俗に違反する行為は，追認があっても有効とはならない。

2　取消し

(1)　総説

　以上に述べた無効に対し，取消しは，一旦は有効な法律行為として効力が発生したものを，その後から，一定の者（取消権者）が，一定の期間内に取消しの意思表示をすることによって，初めから無効であったものとしようという制度である。つまり，取り消すことができる法律行為は，取消しの意思表示があるまでは有効であるし，追認がされれば確定的に有効となるものである。

　民法では，法律行為の取消しのほか，無権代理行為の取消し（115条），詐害行為の取消し（424条）など，取消しという用語が多数用いられている。しかし，これから述べる法律行為の取消し（120条以下）は，行為能力の制限又は錯誤・詐欺・強迫による法律行為の取消しにのみ適用される。

(2)　取消権者

　民法120条は，取消権者について，次の者を挙げている。

ア　制限行為能力者

　制限行為能力者は，能力回復前であっても，単独で有効に取消しの意思表示をすることができる。その取消しの意思表示が，取り消し得べき意思表示になるのではない。

イ　**代理人**

　代理人には，法定代理人と任意代理人が含まれる。

ウ　**承継人**

　承継人とは，取消権者の特定承継人又は包括承継人であって，その取消権を承継した者をいう。

　＊特定承継人と包括承継人

　　承継人は，特定承継人と包括承継人に分けられる。特定承継人とは，前主の特定の財産（権）のみを承継した者をいい，包括承継人（一般承継人ともいう。）とは，相続，合併のように，前主の地位をそのまま包括的に承継した者をいう。

エ　**同意をすることができる者**

　例えば，被保佐人に付された保佐人である（12条，13条）。

オ　**錯誤，詐欺又は強迫により意思表示をした場合**

　錯誤，詐欺又は強迫によって取り消し得べき法律行為については，その意思表示をした者，その代理人，承継人に限って取消しをすることができる（120条2項）。

(3)　**取消しの方法**

　相手方に対する意思表示によってする（123条）。

(4)　**取消しの効果**

　法律行為が取り消されると，法律行為は初めから無効であったものとされる（121条）。

　債務の履行がないうちに契約が取り消された場合，契約の効力が発生せず，債務が発生しなかったことになるだけであり，後始末の問題は生じない。しかし，契約に基づき債務が履行がされた後に（例えば，代金が支払われ，物の引渡しが済んだ後に）法律行為が取り消された場合に

は，その返還が問題となる。

そこで，民法121条の2は，無効な行為（取り消されて無効とみなされた行為を含む。）に基づく債務の履行として給付を受けた者は，相手方に対して原状回復義務を負う旨規定している。無効原因又は取消原因について善意であるか悪意であるかにかかわらず，原状に復する義務を負うことになる。不当利得（703条，704条）のように，善意か悪意かにより返還義務の範囲を異ならせると不公平な結果を招来することがあるので，これを防ぐ趣旨である。

もっとも，贈与などの無償行為により給付を受けた者は，相手方との公平を欠くということはないから，給付を受けた当時その行為が無効であることなどについて善意であったときは，利益が残っている範囲で返還義務を負う（121条の2第2項）。不当利得についての判例によれば，交付を受けた金を生活費に消費したときは，消費を免れた分の利益が残っているから，これを返還すべきであるという。

また，意思無能力者や制限行為能力者は，これらの者を保護する観点から，その善意・悪意を区別することなく，利益が残っている範囲で返還すべきことになる（121条の2第3項）。

(5) 取り消すことができる法律行為の追認

取り消すことができる法律行為の追認とは，取り消すことができる法律行為の不確定な効力を有効に確定する意思表示（単独行為）である。逆にいえば，追認とは，取消権の放棄を目的とする意思表示ともいえる。取消権者が追認権者でもある（122条）。追認の方法は，取消しの場合と同様で，相手方に対する意思表示によって行う（123条）。

＊追認という用語

ここで，追認という用語が使われている場合の意味を整理してみよう。

無権代理行為の追認（113条，116条）は，本来本人に効果が帰属しない無権代理行為につき本人に効果を帰属させる意思表示である。いわば，無から有（新たな法律効果）を生じる場合である。無効行為の追認（119

条）は，追認をしてももともとの無効行為は効力を生じず（新たな法律
行為をしたものとして取り扱われる場合があるだけだから。），無から有
は生じない場合である。取り消すことができる行為の追認（122条〜124
条）は，もともと効力を生じている有効な行為を取り消し得ない状態に
確定させるだけである。つまり，取消権を放棄する意思表示である。以
上のように，同じ追認という用語が用いられていても，それぞれの意味
は全く異なることをしっかりと理解してもらいたい。

(6)　法定追認

　民法125条は，一定の場合に，取り消すことができる法律行為につい
て，追認があったのと同一の効果が生じる旨規定している。これを法定
追認という。意思表示の効果によって有効な法律行為と確定させるので
はなく，一定の事実に民法が追認と同じ法律効果を与えた（擬制した）
ものである。

(7)　取消権の消滅時効

　取り消すことができる法律行為は，取り消されるまでは有効であるが，
取り消されると初めから無効になるという不確定な法律行為である。相
手方及び第三者は，不安定な法律上の地位に立たされていることになる。
そこで，民法126条は，取消権者が持っている取消権は時効によって消
滅することを定めている。

第7　条件，期限

1　総　説

　我々が法律行為をするときには，通常，法律行為と同時にその効果が発
生する。例えば，書店と本の売買契約をすれば，買主は，契約と同時に代
金債務を負担し，書店は，契約と同時に本の引渡義務を負担する。しかし，
場合によっては，その本が発行されたならばとか，自分が学校に入学でき
たならばとか，ある一定の事実が発生したときに，その効果が生じるよう
な法律行為をすることもある。

　本来，法律行為は，その内容を当事者が自由に定めることができる（法律行為自由の原則，契約自由の原則（521条））のであるから，ある一定の事実が発生したときに効果を生じ，又は効果を失うというように定めて，法律行為をすることができる。同様に，ある一定の時期が来た（到来した）時に，効果を生じ，効果を失う，あるいは履行期が到来するというように定めて法律行為をすることができる。このように，法律行為の効力の発生又は消滅を，将来の不確定な事実に係らせるものを条件といい，法律行為の効力の発生，消滅又は履行期を，将来到来することが確実な一定の時期に係らせるものを期限という。

　また，条件及び期限は，法律行為の本体に付加された付随的事項という意味で，付款（ふかん）とも呼ばれる。

2　条　件

(1)　意　義

　条件とは，法律行為の効力の発生又は消滅を，将来の不確定な事実に係らせるものである。例えば，試験に合格すればこの時計を贈与するという契約の場合，贈与契約の効力の発生は，試験合格という将来の不確定な事実に係っている。奨学金を支給するが，試験に落第すれば支給を止めるという契約であれば，奨学金支給契約の効力の消滅が，試験落第という将来の不確定な事実に係っている。このように，条件は，ある一定の事実が将来不確定であるという点で，期限と異なる。

(2)　停止条件と解除条件

　条件の分類で，停止条件と解除条件は重要である。停止条件付法律行為は，条件成就の時から効力を生じる（127条1項）。例に挙げた，試験に合格すればこの時計を贈与するというのが，その典型例である。これに対し，解除条件付法律行為は，条件成就の時から効力を失う（127条2項）。例に挙げた，試験に落第すれば奨学金の支給を止めるというのが，その典型例である。停止条件付きの場合，条件の成否未定の間は，その法律行為の効力が発生していないのに対し，解除条件付きの場合，条件

の成否未定の間でも既にその法律行為の効力は発生している（試験に落第するまでの間は，奨学金支給義務が生じている。）点で，異なる。

(3)　条件成就の故意の妨害等

　民法130条1項は，条件の成就によって不利益を受ける当事者が，故意に条件の成就を妨害したとき，相手方は，その条件を成就したものとみなすことができる旨規定している。例えば，試験に合格すればこの時計を贈与するという契約の場合，贈与者の側で，妨害をして受験できないようにした場合，受贈者は，条件が成就した（試験に合格した）ものとして，贈与契約に基づく時計の引渡請求をすることができる。

　また，民法130条2項は，条件が成就することによって利益を受ける当事者が不正にその条件を成就させたときは，相手方は，その条件が成就しなかったものとみなすことができる旨規定している。例えば，試験に落第すれば奨学金の支給を止めるという契約の場合，奨学金支給義務を負っている者の側で，妨害をして受験できないようにした場合，奨学金の支給を受けている者は，条件が成就しなかった（試験に落第しなかった）ものとして，上記契約に基づく奨学金の支給請求をすることができる。

3　期　限

(1)　意　義

　期限とは，法律行為の効力の発生，消滅又は履行をすべき時を，将来到来することが確実な一定の時期に係らせるものをいう。条件のように，将来発生することが不確定な事実に係らせるものではなく，将来確実に到来する時期に係らせる点に特色がある。

(2)　始期と終期

　年末に履行するというように，債務を履行すべき時を定める場合がある。この期限を始期といい，債権者は，期限が到来するまで，履行を請求することができない（135条1項）。条文上，始期については，この種の履行期限のみが規定されているが，この建物を翌年1月1日から賃貸

するというように，法律行為の効力の発生を期限の到来に係らせる場合もある。この期限のことを停止期限というが，これも始期の一種である。これに対し，翌年1月1日まで賃貸するというように，期限の到来によって効力を失う場合，その期限を終期という（135条2項）。

(3) 確定期限と不確定期限

例えば，来年1月1日というように，到来する時期が確実なものを確定期限といい，自分が死んだ時というように，到来することだけは確実だが（そうでないと，条件になる。），その時期が不確実なものを不確定期限という。

条件と不確定期限は，抽象的には，その事実が確実に生じるかどうかを基準にして，一応区別することができる。例えば，今度雨が降った時といえば，その事実の発生は確実であるから，不確定期限である。明日雨が降ったならばといえば，明日雨が降るかも知れないし降らないかも知れないから，その事実の発生は不確実であり，条件である。しかし，実際問題としては，その区別が困難な場合がある。例えば，成功した時に支払う（出世払い）とか，今度上京した時に支払うとかいう場合である。このような場合は，条件と見るべきでなく，むしろ，成功・不成功の確定した時，又は，通常上京が予想される時期まで履行期が猶予されているものと見るべきであろう。

4 期限の利益

期限の利益とは，期限があること，つまり始期又は終期の到来しないことにより当事者が受ける利益である。履行期で問題となることが多い。

民法は，特約又は契約の性質によって反対の趣旨が現れない限り，期限は，債務者の利益のためにあると推定した（136条1項）。無利息の借金（正確には，金銭消費貸借契約）の場合，貸主は，履行期が到来しないことによって，何らの利益を受けるものではないが，借主は履行期が到来しない間は，貸金返還債務の履行を求められないという点で，その期限の利益は，債務者のためにある。しかし，業者間の利息付きの消費貸借では，貸主も

利息の支払を受け得るという意味で，履行期は，債務者のみならず，債権者にとっても利益をもたらす。このように，特約又は契約の性質によって，民法136条1項の推定を受けない場合も少なくない。

　期限の利益は，相手方の利益を害さない限り，放棄することができる（136条2項）。無利息の消費貸借であれば，債務者は，いつでも期限の利益を放棄して，借金の返済をすることができる。利息付きの消費貸借であれば，履行期までの利息を付して，履行期前に返済することができる。

　民法137条は，債務者に信用を害するような一定の事実が起こった場合には，期限の利益が失われて（期限の利益の喪失），直ちに履行期が到来する旨を定めた。

＊期限の利益喪失約款

　　当事者間の特約で，法定の事由以外の事由によっても期限の利益を失う旨定めることが，取引の実際において頻繁に行われている。例えば，債務者が他の債権者から強制執行を受けたときは，期限の利益を喪失すると定めるのが，その例である。このような特約を，期限の利益喪失約款という。

　　裁判実務においては，和解や調停を成立させる際に，貸金，立替金などの分割弁済を約するとともに，分割金の支払を怠った場合，債務者は期限の利益を失い，残金を直ちに返済すべき旨を定めることがよく行われている。例えば，貸金120万円を10万円ずつ12回に分割して各月末までに支払うと定め，ただし，債務者がその分割金の支払を怠り，遅滞金額が20万円に達したときは，期限の利益を失い，債務者は，債権者に対し，直ちに残金を支払うことを約する場合である。なお，直ちに支払うべき残金に，残金に対する約定の遅延損害金を付加して支払うべきことを約する場合も多い。

第3章　期　　間

第1　期間の意義

期間とは，特定の時期を起点として，他の時期まで継続する時の区分である。

第2　期間の計算方法

1　総　　説

法律行為の内容として，例えば，3年間家を借りるとか，1週間後に100万円を返すというような期間の約定が含まれることが多い。その法律行為の中で期間の計算方法が定められているときはそれに従うが，定めがない場合には，民法の期間の計算方法の定めによる（138条）。

2　時，分，秒を単位とする期間の計算法

瞬間から瞬間までを計算する計算方法による（139条）。人為的な加減をしないので，自然的計算法と呼ばれている。

3　日，週，月，年を単位とする期間の計算法

これらの場合，暦に従って計算する。この方法を暦法的計算法といい，多少不確実ではあるが，実生活上便利であるから，民法は，比較的長い期間についてこの方法を採用した。

起算点としては，原則として初日を算入しない（140条本文）。つまり，1月1日中に，「今から10日間」といったときは1月1日当日は端数になるから，計算に入れず，1月2日を起算日とするわけである。ただし，前年の12月中に，来年の1月1日から10日間というときは，1月1日は端数とはならないから，計算に加えることになる（140条ただし書）。満了点としては，末日の終了で期間の満了とする（141条）。月，年は，その間の月の大小，年がうるう年かどうかにかかわらず，暦に従って定められた期間を計算し（143条1項），期間の最後の月又は年の起算日に応当する日の前日の終了で，期間の満了点とする（143条2項本文）。その場合，期間の

最後の月又は年に起算日に応当する日のないことがある。例えば，4月31日に当たったり，平年の2月29日に当たったりする場合である。そのときは，その月の末日の終了が，その期間の満了である（143条2項ただし書）。

　なお，期間の末日が，日曜日，国民の祝日に関する法律に規定する休日その他の休日に当たり，かつ，その日に取引をしない慣習があるときは，その翌日の終了をもって期間の満了とする（142条）。

> **【練習問題】**
> 　あなたは，5月18日午後2時に，3か月間の約束で100万円を借りたとしよう。いつまでに返済すればよいだろうか。

　まず，期間が月を単位として定められているから，民法140条本文が適用され，その起算日は初日が算入されず，5月19日が起算日となる。次に，民法143条1，2項が適用され，ここから3か月が計算され，3か月先の応当日である8月19日の前日つまり8月18日の終了で3か月の期間が満了となる。したがって，この事案では，8月18日までに100万円を返済すべきことになる。

第4章　時　　効

第1　時効制度の存在理由

1　時効の意義

　　時効とは，一定の事実状態が永続した場合に，その状態が真実の権利関係に合致するかどうかを問わず，その事実状態をそのまま尊重し，それを権利関係と認めようという制度である。

　　時効には，消滅時効と取得時効がある。例えば，貸金を弁済期後も長く放置しておいたために，貸金債権を失うことになるのが，消滅時効であり，他人の土地を自己の所有地として長年にわたり占有していたため，その土地の所有権を取得することになるのが，取得時効である。このように時効は，本来の権利関係と違っても，長年にわたり続いた事実状態を，そのまま権利関係として認めようとするものである。

　　ところで，法は，元来，正当な権利関係と異なる事実状態が存在するときは，その事実状態を正当な権利関係に合うように引き戻そうと作用するはずである。例えば，貸金の弁済期が来ていながら，借金を返さない者に対しては，借金を返すようにさせるし，他人の所有地を勝手に占有している者に対しては，その土地を所有者に返すようにさせるのである。時効制度は，このような法の本来的な作用と異なり，永続した事実状態をそのまま権利関係として認めようとするものであるから，その背景には何か特別の理由がなければならないはずである。その特別の理由として，古くから，次の三つが挙げられてきた。

2　時効制度の存在理由

(1)　社会の法律関係の安定のため

　　ある事実状態が永続すると，その事実状態の上に積み上げられる法律関係が非常に多くなってくる。例えば，Aが他人の所有地を自分の所有地と誤信して，Bに賃貸し，Bがその土地の上に家を建てて，BがCに家を賃貸するというように，Aの土地に対する占有を前提として，その

上にB，Cの権利が積み上げられてくる。この場合，その基礎となる事実状態をあるべき権利関係に引き戻してしまうと，積み重ねられた法律関係は，全て覆されてしまうことになる。そこで，法は，基礎となった事実状態を，他の人たち，言い換えれば社会のために，そのまま権利関係として認めることとしたのである。時効によって利益を受ける者を保護することを目的とするものではなく，社会の法律関係の安定を図るという，いわば公の利益のために，時効制度は存在するのである。

(2)　**証拠保全の困難を救済するため**

長い年月が経過すると，証拠が散逸してしまう。何十年も前の借金を請求された場合，借主の側としては，確かに支払った記憶はあるが，領収証を紛失してしまったということも少なくないであろう。このように，証拠の散逸による法律関係の不明確を救済し，永続した事実状態をそのまま正当な権利関係として認めてしまうのも，一つの合理的な解決方法といえるであろう。

(3)　**権利の上に眠る者を保護しないため**

権利を有しながら，これを行使しない者に対しては，法はこれを保護する必要がない。したがって，消滅時効であれば，権利の上に眠る者の権利を失わせ，取得時効であれば，他人に権利を取得させて，その反射的効果として，権利の上に眠る者の権利を失わせることにするのである。

第2　取得時効

1　意　義

取得時効とは，時効の効果として権利を取得する時効をいう。時効取得する権利としては，所有権その他の財産権があるが，実例の大部分は，所有権である。

2　所有権の取得時効

(1)　要　件

所有権の取得時効の要件は，一定の要件を備えた占有が一定の期間継

続することである（162条）。条文上は，他人の物であることが要件であるように見えるが，判例・学説によれば，他人の物である必要はないと解されている。

(2)　**占有の態様**

　所有の意思をもってする占有（自主占有）を必要とする（162条）。自主占有であるかどうかは，占有を取得するに至った原因によって客観的に定められ，占有者の内心の意思で決定されるものではない。例えば，買主，贈与を受けた者（受贈者），盗人などには所有の意思があるが，賃借人や受寄者（寄託を受けた者。例えば，荷物の預り主）には，所有の意思は認められない。したがって，賃借人や受寄者は，何十年間占有を継続しても，所有権を時効取得することはない。

　占有は平穏かつ公然とされる必要がある。平穏は，強暴に対する語で，暴力によらないこと，公然は，隠秘に対する語で，ひそかに隠したりしないことという意味である（占有の態様に関する推定についてはp126参照）。この要件の存否が実際上問題になることは，ほとんどない。

(3)　**時効期間**

　ア　**占有開始時に善意かつ無過失の場合**

　　占有を継続すべき期間は10年である（162条2項）。ここで，善意とは，自己の所有物であると信じるという意味である（他人の所有物であることを知らなかったという意味ではない。）。他人の物を自己の所有物と信じ，かつ，そのように信じるについて過失がなかったときは，10年間占有を継続すれば，その物の所有権を取得することができることになる。

　イ　**占有開始時に悪意又は有過失の場合**

　　この場合，時効取得をするために占有を継続すべき期間は，20年である（162条1項）。

　ウ　**占有の承継**

　　占有は，目的物の売買（特定承継）や相続（包括承継）によって承

継されるが，占有者は，自己の占有のみを主張してもよいし，前占有者，前々占有者の占有をも併せて主張してもよい（187条1項）。ただし，前主などの占有も併せて主張する場合には，前主などの占有の瑕疵（悪意，過失）も承継する（187条2項，p124参照）。

(4)　時効の起算点

占有の開始時が取得時効の起算点である（ただし，140条により，初日は算入されないのが原則である。）。判例は，不動産の取得時効と登記が問題となった事案において，時効援用権者が，任意に起算点を選択して時効の完成を早めたり遅らせたりすることはできないとしている（取得時効と登記の問題については，不動産物権変動の箇所で述べる。）。

(5)　取得時効の中断

占有を失うと，時効は中断する（164条）。占有継続の客観的状態が失われることにより，それまで経過してきた時効期間が意味を失うことになるのである。改めて占有を開始したときは，その時から新たな時効期間が進行を開始することになる。

3　所有権以外の財産権の取得時効

地上権，永小作権などについても，時効取得することができる（163条）。また，判例によれば，賃借権についても取得時効が認められる。

第3　消滅時効

1　意　　義

消滅時効とは，一定の期間権利を行使しないことを原因として，権利が消滅する時効をいう。取得時効の反射的効果として，本来の権利者が権利を失うことがあるが，これは，消滅時効ではない。例えば，Aの所有地を，Bが取得時効により所有権を取得すると，その反射的効果として，Aの所有権が失われることになるが，これは消滅時効による消滅ではない。

2　債権の消滅時効の要件

(1)　総　　説

　　債権は，①債権者が権利を行使することができることを知った時から
5年間行使しないとき，②権利を行使することができる時から10年間
行使しないときのいずれかの要件が充たされれば，時効により消滅する
（166条）。

(2)　**時効期間**

　ア　**客観的起算点からの時効期間（166条1項2号）**

　　権利を行使することができる時（権利の行使につき法律上の障害が
なくなった時）から，10年間の消滅時効期間が進行する。確定期限・
不確定期限付きの債権は，期限が到来した時から，停止条件付債権は，
停止条件が成就した時から，それぞれ時効期間の進行が始まる。期限
の定めのない債権について，債権者は，債権が成立した時から債務の
履行を求めることができる（権利の行使ができる）から，債権成立時
が時効の客観的起算点である。

　イ　**主観的起算点からの時効期間（166条1項1号）**

　　権利行使が可能であり，それを債権者が知ったときには，債権者が
その権利を実際に行使すべきことを期待できるから，5年間という短
期の消滅時効期間が進行することとし（166条1項1号），権利関係の
早期安定が図られている。

　　債権者が権利を行使することができることを知ったといえることと，
権利を行使することができることの双方が満たされた時点が，消滅時
効の主観的起算点である。

　　客観的に権利行使が可能であれば，10年間の時効期間が進行するも
のの，権利行使が可能であることを債権者が知らなければ，5年間の
時効期間は進行しない。例えば，一定の条件が成就したときに権利を
行使できるとの合意があり，その条件が成就しているものの，それを
債権者が知らない場合などには，5年間の時効期間は進行しない。

(3)　**人の生命又は身体の侵害による損害賠償請求権に係る特例**

　　損害賠償請求権は債務不履行又は不法行為に基づいて生ずるが，債務

不履行に基づく損害賠償請求権に関して消滅時効の特例が定められている。すなわち，人の生命又は身体の侵害による損害賠償請求権の消滅時効について，客観的起算点から進行する消滅時効期間は，20年間とされている（167条）。これらの損害賠償請求権については，他の債権よりも権利行使の機会を確保する必要性が高く，また，生命や身体について深刻な被害が生じたときには，債権者が時効完成の阻止に向けた措置を速やかにとることを期待することができないことも少なくないことから，長期の消滅時効期間が定められているのである。

　これに対し，主観的起算点からの消滅時効期間は原則どおり5年間である。

　なお，不法行為に基づく損害賠償請求権の消滅時効期間については，特則が置かれているが（724条），このうち，人の生命又は身体の侵害による損害賠償請求権について，主観的起算点から5年間（724条の2），客観的起算点から20年間（724条2号）という消滅時効期間が定められており，債務不履行に基づく場合と不法行為に基づく場合とで，消滅時効に関して違いはないこととされている。

3　債権以外の財産権の消滅時効

　債権以外の財産権は，原則として，権利を行使することができる時から20年間行使しないときは消滅する（166条2項）。地上権，永小作権などがその例である。

　しかし，所有権は消滅時効にかからないと解されている（166条の反対解釈）。占有権も消滅時効にかからない。占有権は，占有という事実状態によって発生する権利であり，占有を失えば（権利不行使の状態になれば），直ちに権利を失ってしまうからである。

　また，担保物権は，被担保債権が存続する限り，担保物権だけが時効で消滅することはない（ただし，例外として，396条は，一定の者に対する関係では，抵当権だけが消滅する場合を認めている。）。

第 4　時効の効力

1　時効の遡及効

　　時効の効力は，その起算日に遡る（144条）。時効が，時効期間中継続した事実状態の上に積み上げられた各種の権利関係を保護することを狙っている以上，時効による権利の発生・消滅が，時効期間の起算日まで遡るのが適切であると考えられたものである。

2　時効の援用

(1)　時効の援用の法的性質

　　時効は，当事者がこれを援用することが必要である（145条）。時効の援用の法的性質については，時効制度との関係で，古くから多数の学説が主張されてきた。しかし，近時では，時効の完成によって不確定的に生じている権利の変動が，時効の援用によって確定的に効力が生じる旨の判例により，援用とは，不確定的に生じている権利の得喪につき，確定的に効力を生じさせる実体法上の意思表示（単独行為）であり，訴訟外でも行使することができると解されるようになっている。

(2)　援用権者

　　援用権者は「当事者」である。この「当事者」には，時効によって直接権利を取得し，又は義務を免れる者が該当し，消滅時効については，権利の消滅について正当な利益を有する者も該当する（145条）。保証人，物上保証人（意義については，保証債務のところで説明する。）及び第三取得者（例えば，抵当権が設定された不動産の所有権を取得した者）は，異論なく権利の消滅について正当な利益を有する者に該当するものとして，条文上例示されている。

(3)　援用の効果の相対性

　　時効の援用は，援用した者のみが，時効の効果を受けるのであって，他の者には（それが援用権を有する者であっても），効果が及ばない。

3　時効利益の放棄

(1)　総　　説

　民法146条は，時効利益は，あらかじめこれを放棄することができない旨規定している。これを反対解釈すれば，時効完成後であれば，時効利益の放棄ができるということになる。時効利益の放棄とは，時効による利益を受けない旨の意思表示（単独行為）である。時効制度は，前に述べたように，社会の法律関係の安定を図るという公益的な面もあるが，時効による利益を受けることを好まない個人の立場をも尊重しようとしたものである。

　時効利益をあらかじめ放棄することができないのは，公益的制度でもある時効制度が，個人の意思であらかじめ排除されることは不当であるし，また，債権者が債務者の窮状につけ込み，放棄を事実上強制するような弊害を避けようとするためである。

(2)　**放棄の方法，効果**

　裁判上，裁判外の一方的意思表示によって，放棄することができる。また，時効利益の放棄の効果は，時効の援用と同様に，相対的である。

(3)　**時効完成後の弁済，債務の承認**

　時効完成後，債務者が時効が完成しているとは知らずにした弁済や延期証の差入れは，時効利益の放棄といえるか。時効利益の放棄を意思表示と解する以上，時効が完成していることを知らずに放棄がされることなどあり得ないから（法律効果に対応する意思がない。），これを時効利益の放棄とは認め得ない。そこで，かつての判例は，時効完成後に債務の承認などをした場合，後の時効の援用を封じるために，時効の完成を知っていたものと推定し，この推定に対する反証を容易に認めないという手法をとった。その後，判例は，時効完成の事実を知らないで債務を承認した場合，債務者は，信義則（1条2項）に照らして，消滅時効を援用することができなくなると判断している。学説は，判例がかつての判例を変更し，時効援用権の喪失を認めたものと評価している。

第5　時効の完成猶予及び更新

第4章 時　　効

1　総　　説

　時効の完成を障害するものとして，時効の完成猶予と時効の更新という
2つの制度が定められている。時効の完成猶予とは，従来進行してきた時
効期間の進行自体は止まらないが，本来の時効期間の満了時期を過ぎても，
所定の時期を経過するまでは時効が完成しないというものである。時効の
更新とは，従来進行してきた時効期間が全く効力を失い，新たな時効期間
が進行するというものである。

　裁判上の請求などの事由に応じて，時効の完成猶予又は更新の効果が生
じることになる。時効の更新は，①裁判上の請求等の事由がある場合にお
いて，確定判決又はそれと同一の効力を有するものによって権利が確定し
たとき（147条2項），②強制執行などの事由が取下げなどによらず終了し
たとき（148条2項），③権利の承認があったとき（152条）にのみ，その
効果が生じる。

2　裁判上の請求等による時効の完成猶予及び更新（147条）

(1)　総　　説

　権利を有する者が，裁判手続を利用して，権利の有無や内容の確定に
向けて具体的な行動をした場合には，当該裁判手続が続いている間は，
時効の完成が猶予され（147条1項），さらに，確定判決又は確定判決と
同一の効力を有するものによって権利が確定したときは，時効が更新さ
れ，新たな時効期間が進行を開始する（同条2項）。その新たな時効期間
は10年間である（169条1項）。

　もっとも，確定判決又は確定判決と同一の効力を有するものによって
権利が確定することなく，裁判手続が終了したときは，その手続終了の
時から6か月を経過するまでの間，時効の完成が猶予されるという効果
があるにとどまる（147条1項）。

(2)　裁判上の請求（147条1項1号）

　訴えを提起することが典型例であるが，これに限られない。すなわち，
債務者に対して金銭の支払を求める訴えを起こしたり，所有物を占有し

ている者に対して所有権確認の訴えを起こしたりすることが普通の方法であるものの，相手方が提起した債務不存在確認請求訴訟において，被告として応訴して権利主張することも，裁判上の請求に当たると解される。

　なお，訴えの提起により時効の完成猶予の効力を生じる時期は，訴え提起の時すなわち裁判所に訴状を提出した時であって，訴状が相手方に送達された時ではない（民事訴訟法147条）。

(3)　**支払督促，訴え提起前の和解，民事調停，破産手続参加など（147条1項2号～4号）**

　　訴えの提起ではないものの，これと同様に，権利の有無や内容を確定させる目的でとられる裁判手続について，裁判上の請求と同様の効果が認められている。

3　強制執行などによる時効の完成猶予及び更新（148条）

　強制執行（例えば，金銭債権の実現のために債務者の不動産を差し押さえることはこれに該当する。），担保権の実行（例えば，抵当権を設定した不動産を競売することはこれに該当する。）などの事由がある場合には，それらが終了するまでの間，時効の完成が猶予され（148条1項），さらに，その事由が終了したときは，時効が更新され，新たな時効期間が進行を開始する（同条2項）。

　もっとも，申立ての取下げなどにより強制執行などが終了した場合には，その終了の時から6か月を経過するまでの間，時効の完成が猶予されるにとどまり，新たな時効期間が進行を開始することはない（同条1項，2項ただし書）。

4　仮差押えなどによる時効の完成猶予（149条）

　仮差押え又は仮処分がある場合，その事由が終了した時から6か月を経過するまでの間，時効の完成が猶予される（149条）。

　他方で，仮差押え及び仮処分があっても，時効は更新されない。仮差押え及び仮処分は，債権者が債務名義を取得し，強制執行によって満足を受

けるまでの間，債務者の財産を確保するための手続であり，後に裁判上の請求によって権利関係が確定することが予定されているものであって，その権利の確定に至るまで債務者の財産などを保全する暫定的なものに過ぎないからである。仮差押え又は仮処分に引き続いて，訴えが提起されれば，裁判上の請求による時効の完成猶予や更新の効果が生ずることになる。

5　催告による時効の完成猶予（150条）

催告があったときは，その時から6か月を経過するまでの間，時効の完成が猶予される（150条1項）。催告とは，債務者に対して履行を請求する債権者の意思の通知である。書面でも口頭でもよく，何らの方式も必要としないが，証拠を残す意味で，配達証明付き内容証明郵便によるのが通常である。一度催告をした後6か月内に再び催告をし，その後6か月内に更に催告するというように催告を続けても，時効の完成猶予の効力はない（同条2項）。

6　協議を行う旨の合意による時効の完成猶予（151条）

権利についての協議を行う旨の合意が書面又は電磁的記録によりされたときは，所定の期間，時効の完成が猶予される（151条）。

7　承認による時効の更新（152条）

承認とは，時効の利益を受ける当事者が，時効の進行中に，権利者に対して，その債務の存在を知っている旨表示する観念の通知である。つまり，時効を更新しようとする効果意思は必要とされていない。

承認には，特別の方式は必要としない。例えば，借用書の書換え，利息の支払，支払猶予の申込みなどは，いずれも承認となる。一部の弁済も，債務の一部としての弁済であるときは，承認となる。

8　その他の事由による時効の完成猶予（158条〜161条）

天災その他避けることのできない事変のため裁判上の請求などができないときは，その障害が消滅した時から3か月を経過するまでの間は，時効の完成が猶予される（161条）。このほか，民法158条から160条までに時効の完成猶予事由が定められている。

第6　時効と除斥期間

民法193条は，動産の即時取得（192条）の例外として，盗品又は遺失物の場合には，2年間に限り被害者又は遺失者に回復請求を認めている。この2年間の期間は，請求などの更新措置が取られれば期間が振り出しに戻って進行をはじめる時効期間ではなく，回復請求権行使の期間が2年間に固定的に制限された除斥期間と解されている。

除斥期間は，時効のように，一定の事実状態の継続に法律上の効力を与えるものではない。したがって，時効のように完成猶予・更新されることがなく，当事者の援用を必要としない。

民法では，時効と除斥期間が文言上区別されていないものがある一方で（193条など），時効であると明記されているものもある（166条1項，724条など）。

第2編　物　権　法

第1章　物権の意義

第1　物に対する支配性，排他性

1　支　配　性

　前に述べたとおり，物権は，物を直接支配する権利である。つまり，人の物に対して直接に向けられた権利であり，債権のように人を介して実現できる権利とは構成されていない。

　このような物に対する直接の支配性について，債権と比較して説明しよう。例えば，ある本の所有者は，その本を自分の好きなように読むこともできるし，積んでおいてもよいし，破いてもよい。このように，物権を有する者は，権利の満足を得るについて，他人の行為を必要としない。これに対し，例えば，あなたが，ある学校で裁判所の紹介をする内容の講演を引き受けたとしよう。その学校は，あなたに対し，講演をしてもらう債権を取得する。ところが，その債権の満足を得るためには，必ずあなたの講演を行うという行為を必要とするのであって，その行為なしに権利の満足は，得られない。このように，債権は，権利の満足を得るについて，他人の行為を必要とするのである。

　次に，物権である地上権と債権である賃借権を比較してみよう。土地所有者が地上権を設定すると，地上権者は，直接に，つまり地主の，土地を利用させる義務の履行という行為を介在することなしに，土地を利用することができる。これに対し，土地賃借人の賃借地の利用は，賃貸人の使用収益をさせる義務の履行という行為が介在してはじめて，その土地を利用できるにすぎない。両者は，土地の利用という点では似た権利ではあるが，法律的な構成にはこのような大きな差がある。

2　排　他　性

　物権は，物を直接支配する権利であるから，同一の物の上に同一の物権が同時に複数成立し得ない。これを排他性（又は一物一権主義）という。

　これに対し，債権は，排他性がないので，たとえ事実上両立することができないものでも，複数成立し得る。例えば，歌舞伎役者Aが同一時間帯に，Bに対しては東京の歌舞伎座で，Cに対しては京都の南座で出演するという約束をすれば，BもCも，Aに対して演技をさせる債権を取得し，両者の効力の間に法律上の優劣はない。

第2　物権法定主義

　以上のように，排他性を持つ権利である物権は，原則として誰に対しても主張することができるから，他の人々にも大きな影響を及ぼすものである。したがって，当事者間の契約で，法律と違う種類の物権を勝手に作ったり，物権の内容を法律で定められたものとは違ったものにされたりしては困る。そこで，民法175条は，物権は，民法その他の法律に定めるほかに創設することができない旨定めた。これを物権法定主義という。

　債権については，契約自由の原則（521条）によって権利義務を自由に創設することができるものの，基本的には当事者間でのみ効力を有するものにすぎないのと比較して理解してほしい。

第3　物権の種類

1　種類と権利内容

　民法は，10種類の物権について規定を置いている。占有権，所有権，入会権，地上権，永小作権，地役権，留置権，先取特権，質権，抵当権である。特別法では，さらに多くの物権が定められているが，ここでは，民法上の物権について説明する。

2　所有権，占有権

　我々に最もなじみが深いのが所有権である。所有権は，物を全面的に使用・収益・処分することができる権利（206条）である。例えば，ある本の

所有者は，その本をいつ読もうが（使用），誰に貸して賃料を得ようが（収益），第三者に売却しようが（処分），全くの自由である。いわば，オールマイティーの権利といえよう。

次に，占有権は，物を現に事実上支配している状態を，そのまま物権として保護するものである（180条）。

3　制限物権，用益物権，担保物権

民法上の10種類の物権のうち，占有権と所有権を除く他の物権を，制限物権と呼んでいる。所有権が物を全面的に支配する権利であるのに対して，その権能が所有権の権能の一部に制限された物権だから，このように呼ばれる。制限物権は，用益物権と担保物権に分けられる。用益物権は，地上権，永小作権，地役権，入会権である。物の使用収益（利用）を内容とする物権であるから，この名がある。地上権，永小作権，地役権，入会権は，その権利内容に相違があるが，全て他人の土地を使用収益することのできる権利である。地上権は，建物その他の工作物又は竹木を所有するため（265条），永小作権は，耕作又は牧畜のため（270条），地役権は，近接する土地所有者相互間の利用を調節するため（280条），入会権は，山林原野に対する村落住民の共同収益を保護するため（263条，294条），それぞれ他人の土地を利用することを権利の内容とする。

担保物権は，留置権，先取特権，質権，抵当権である。いずれも債権担保のため，物（又は権利）を支配することを内容とする物権である。

第4　物権の客体

1　物

物権の客体は物である。物に関する規定は，民法全体の通則である民法総則に位置している（85条〜89条）が，実は物権との関係で意味のある規定である。

物とは有体物をいう（85条）。有体物とは，空間の一部を占めるもの，すなわち，気体，液体，固体のいずれかに属するものである。電気，熱，

光などのエネルギーが物であるかが問題とされていることもあるが，有体物の定義からみれば，物ではないことが明らかである。しかし，電気，熱，光などのエネルギーは，法律上の排他的支配が可能であるし，それを支配することを権利として保護する必要性もある。そういう意味では，物に準じて考えてよい。

＊知的財産権

　　民法上の物権に近い性質が与えられており，有体物ではなく精神的創造物を客体とする権利の総称である（そのため，無体財産権と呼ばれていた時代もあった。）。著作権，産業財産権（特許権，実用新案権，意匠権，商標権）がその例であり，その内容は，著作権法，特許法，実用新案法，意匠法などの特別法に規定されている。

2　動産と不動産

　物は，動産と不動産に大きく分けられる。不動産とは，土地及びその定着物である（86条１項）。定着物とは，継続的に土地に密着したまま使用される性質の物であって，建物，樹木，橋，石垣などがその例である。石灯ろうや自動車のように，地上に単に置かれている物は，定着物ではない。

　定着物のうち建物は，土地と別個に登記記録が作成されることになっている（不動産登記法２条５号）から，土地とは別個の不動産と考えられていることが分かる。また，立木法によって登記した樹木の集団，明認方法を施した樹木（集団の場合もあるし，独立した樹木の場合もある。なお，明認方法とは，樹皮を削って所有者の氏名を刻したり，標木を立てて所有者の氏名を記したりする方法により，第三者から所有者が分かるように公示することをいう。）も，土地とは別個の不動産になる。それ以外の不動産，例えば，橋や石垣などは，不動産である土地の一部分として取り扱われるにすぎない。

　不動産以外の物が動産である（86条２項）。

3　不動産の付合

(1)　意　義

　　民法は，付合を所有権の取得原因として規定している。このうち，実務上重要な不動産の付合について説明する。

　　民法242条は，不動産の所有者は，その不動産の従としてこれに付合した物の所有権を取得するが，他人が権原に基づいてその物を附属させた場合には他人の権利のままであると規定する。例えば，Aが甲土地に植栽した樹木が根を張った場合，原則としてその所有権は土地の所有者に帰属するが，Aが甲土地の地上権者であった場合のように樹木を植栽する権原がある場合には，樹木は甲土地に付合せず，両者は別個の物となる。なお，建物は土地とは別個の不動産であるから，建物が土地に付合することはない。

(2)　付合と従物

　　付合した物の所有権は，不動産の所有権に吸収されるので，不動産の単一の所有権となる。後に述べる従物は，主物とは独立性を持ち，別個の所有権の客体となる点で，付合物とは異なる。

(3)　要件，効果

　　付合する場合，不動産の所有権に吸収されることになるから，不動産の所有者がその所有権を取得する。どのような状態になれば付合したといえるかだが，社会経済上分離が著しく不利な状態が一応の基準といえよう。

4　主物と従物

　　物の所有者が，ある物（主物）の常用に供するために自己の所有物を附属させた場合，附属させた物を従物といい（87条1項），従物は主物の処分に従う（87条2項）。例えば，建物の所有者が建物を売却したとき，その建物に備え付けられている畳は，原則として，買主に所有権が移転するのである。この制度の存在理由は，第1に，物の社会経済的な効用を十分に発揮させるためであり，第2に，ある物の権利を移転する意思表示をした者は，それに付随する物についても権利移転の意思があることが多いと推測できるからである。このような存在理由からすると，所有者が，従物

だけは自分の手元に保留しておくとか，従物だけを譲渡するというように，特別の意思表示をした場合，従物は，主物とその法律的運命を共にしないと解すべきである。

　従物の要件を一つ一つ検討していこう。主物の常用に供するというのは，通常，主物の効用を助ける働きをする関係にあることをいう。また，従物であるためには，主物に附属していることを必要とする。この附属というのは，場所的関係において，附属すると認められる程度に近接していることが必要である。さらに，主物と従物は，それぞれ独立の物でなければならない。雨戸のように，建物の一部（構成部分）と認められるもの（雨戸は，建物の内外を遮断する障壁であるから，建物の構成部分である。）は，従物ではない。主物・従物の所有者は，同一人でなければならない。以上のように，主物の常用に供されること，主物に附属していること，独立の物であること，主物の所有者が所有することの四つが従物の要件である。

　主物・従物の規定は，主たる権利と従たる権利のように，権利の結合の場合にも類推適用される。例えば，貸金の元本債権と利息債権，建物の所有権とその敷地賃借権の関係がそれである。

5　元物と果実

　ある物から生じる収益を果実といい，その元となる物を元物という。果実には，天然果実と法定果実の2種がある。天然果実とは，元物の経済的用法に従って収取された産出物をいう（88条1項）。例えば，りんごの木から産出されたりんごは，天然果実である。法定果実とは，物の使用の対価として受ける金銭その他の物をいう（88条2項）。例えば，家賃，地代，利息などがこれに当たる。

　民法が果実の規定を設けたのは，果実を誰が取得できるかを決めるためである。例えば，母馬の所有権がAからBへ移転した翌日に子馬が生まれたときに，子馬の所有権は，AにあるかBにあるかを決めるためである。天然果実は，元物から分離する時にこれを収取する権利を持っている者に帰属する（89条1項）。前の例では，子馬が生まれた時の母馬の所有者

Ｂが，生まれたその子馬の所有者になる。

　法定果実については，収取する権利の存続期間について，日割で取得することになる（89条2項）。収取権者が誰であるかは，具体的法律関係に応じ，債権，物権などの規定で定まる。本項は，使用期間中にこの収取権者が代わった場合において，これら当事者間における果実の終局的分配をどうするかを定めたものである。

　なお，当事者間の合意でこれと異なる定めをした場合には，その合意内容に従って果実の取得者が決まる。

第2章 物権の一般的効力

第1 総 説

ここでは，各種の物権に共通の効力（一般的効力）について，解説しよう。物権の一般的効力は，物権的請求権と優先的効力である。

第2 物権的請求権

物権は，物を他人の行為を介することなく，直接支配することを内容とする権利であるから，もし，物権の円満な支配状態が阻まれている場合には，物権の権利者自身で，その円満な状態を回復できなければならない。物権の権利者に与えられる円満な状態を回復し得る権利が，物権的請求権である。

例えば，自分の所有物を他人が勝手に占有しているとか，自分の所有地内に他人の樹木が倒れてきたとか，自分の所有建物が他人の土地のがけ崩れでつぶれてしまう危険があるとかいう場合，物権を有する者に，その妨害の除去，禁止を請求する権利が与えられなければならないのである。

所有権については，物権的請求権を認める明文の規定がない。しかし，以上で述べた物権の支配権としての性質，所有権よりも効力の弱い占有権について占有訴権が認められていること（197条〜202条）などから，解釈上当然に物権的請求権が認められるものと考えられている。

第3 優先的効力

1 物権相互間の優先的効力

物権には排他性があるので，両立し得ない物権相互間では，時間的に先に成立した物権が優先するという原則がある。これが，物権相互間の優先的効力である。

2 物権の債権に対する優先的効力

特定の物に関して，物権と債権が成立するとき，物権は債権に優先する

という原則がある。これが，物権の債権に対する優先的効力の原則である。物権は，物を直接に支配するのに対し，債権は，債務者の行為を介して物を支配するという構成を採るため，物権の方が強力な支配として考えられているからである。

　例えば，AがBに賃料を取って本を貸した後に，AがCにその本を売却したとしよう。この場合，Bは，その本の賃借権（債権）をCに主張できず，Cは，賃借権の付かない所有権を取得する。このように，所有権が賃借権に優先するため，賃借権が先に成立したものであっても，賃借人が，新所有者（買主）に対し，その賃借権を主張できなくなるという現象が起こる。この事態を「売買は賃貸借を破る。」と表現してきた。もっとも，現在では，不動産賃借権の効力が強化され，不動産の賃借人が対抗力を備えた場合には，賃貸借成立後の物権取得者に対しても，賃借権を対抗できること―売買は賃貸借を破らず―が認められている。

第3章　物権の変動

第1　総　説

1　物権変動の意義

　　これからは，物権変動という言葉がたびたび出てくる。変動とは，発生，
変更，消滅の全てを含んだ表現であるから，物権変動とは，物権が発生，
変更，消滅する場合の総称ということになる。

2　公示の原則と公信の原則

(1)　公示の原則

　　公示の原則は，権利変動はこれに対応する公示を伴うべきであるとす
る原則である。物権には排他性があるから，一度物権が成立すると，こ
れと両立しない物権の成立を認めることができない。したがって，取引
の安全を保護しようとすれば，誰がどのような物権を有しているかを外
部から知ることができるようにしておくことが必要である。この意味か
ら，物権変動について公示の原則が必要とされるのである。

　　不動産の物権変動については登記が（177条），動産の譲渡には引渡し
が（178条），それぞれ公示の役割を果たしている。このほか，登録自動
車，登録航空機などについては，登録が物権変動の公示方法とされてい
る（道路運送車両法5条，自動車抵当法5条，航空法3条の3）。

(2)　公信の原則

　　公信の原則は，物権の存在が推測される公示（例えば，物の占有）を
信頼して取引をした者は，公示に対応する物権（例えば，所有権）が存
在しなかったとしても，物権が存在していたのと同様の効力を受けると
いう原則である。例えば，ある本を占有するAから，Aの所有する本と
信じて買い受けたBは，たとえAが無権利者であったとしても，本の所
有権を取得するというものである。「何人も自分の持っている以上の権
利を他人に移転することができない」というローマ法以来の原則がある
が，公信の原則は，その例外である。民法は，動産の権利移転について，

公信の原則の適用を認め（192条），手形，小切手などについても，更に徹底した公信の原則を採用している（手形法16条，77条1項1号，小切手法21条）。

　物権変動における公信の原則は，取引の安全の保護と迅速性の確保にその理由を求めることができる。流通性に富む物については，真実の権利の存否を十分調査しなくても，権利の外形を信頼して取引をした者がその権利を取得できるようにする必要があるからである。

(3) **両者の違い**

　公示の原則は，公信の原則のように，無権利者と取引をした相手方に権利取得の効果を認めるものではない。取引の相手方を保護し，取引の安全を徹底して確保するためには，公信の原則の適用を必要とするが，このことは，他面では，真実の権利者の権利を奪う結果となる。例えば，無権利者Aからある物を買い受けたBが，公信の原則によりその物の所有権を取得することを認めれば，他面では，真実の権利者Cが，所有権を失う結果を認めることになる。不動産，動産，手形，小切手など権利の客体ごとに，取引の相手方の保護の程度が違うのは当然ともいえる。民法が，不動産の物権変動について，公示の原則を認めて公信の原則を認めないのは，不動産が人々の社会生活の基礎となっている場合が多く，真実の権利者の保護を図る必要があると考えたためであろう。

　公示の原則も，公信の原則も，取引の相手方の公示に対する信頼を保護するものではあるが，その信頼の態様は，この両者の間で異なっている。公示の原則は，物権変動の公示がなければ，取引の相手方は，物権変動がないものと信頼するから，その信頼を保護するため，公示のない物権変動の主張を認めないことになる。例えば，ある不動産が，登記記録上Aの所有名義になっていれば，仮にAからBへ所有権の移転があったとしても，Aと取引をするCは，Aがなお所有者であり，他の人へは移転していないと信じて取引をするのが通常であろう。このCの信頼を保護しようとするのが，公示の原則である。これに対して，公信の原則は，

物権変動の公示があれば，取引の相手方は，物権変動があると信頼するから，その信頼どおりの権利変動の効果を認めることになる。公示の原則によって保護される信頼は，いわば消極的な信頼であり，公信の原則によって保護される信頼は，いわば積極的な信頼である。

(4) 不動産についての民法94条2項類推適用理論

　例えば，Cが，甲土地のB名義の登記を見て，所有者をBと信じ，Bから甲土地を買うとの売買契約を結んだとしよう。Cは代金を支払って所有権移転登記も得た。ところが，B名義の登記は，Bが甲土地の所有者であるAの印鑑を盗用して必要書類を偽造した上登記申請

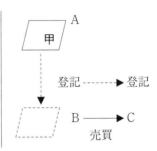

をしてされた登記であり，AからBへの譲渡は存在しなかった。Cは，甲土地の所有権を取得することができるだろうか。

　前にも述べたように，「何人も自分の持っている以上の権利を他人に移転することができない」から，AからBへの譲渡がなかった以上，甲土地の所有権がAからBへ移転することはない。B名義の登記も，後に述べるが，実体的な権利関係に符合せず，無効な登記である。いかに，CがB名義の登記を信頼し，仮にそう信じることにつき過失がなかったとしても，動産と異なり，不動産の物権変動について公信の原則を認める規定もない以上，Cは，所有権を取得することはないということになりそうである。

　以上のような例であれば，このような解決を図ることにはほぼ異論はないのだが，例えば，Aが，債権者からの追及を免れるため，B名義の登記にすることを承諾していたという場合はどうであろうか。また，Aが積極的には関与していなくとも，Bが偽造の登記をしたことを知りながら，B名義の登記にしておいた方が好都合であるとして放置していた場合はどうだろうか。

　判例は，このような場合，民法94条2項の類推適用によって，Cが甲土地の所有権を取得する場合があることを認める。民法94条2項は，虚偽表示をした者より，虚偽の外観を信頼して取引に入った善意の第三者が保護されるべきであり，自ら虚偽の外観を作った権利者は，権利を失ってもやむを得ないという趣旨の規定であり，この趣旨は，信頼の対象が意思表示ではなく登記であっても，かつ，通謀まではなかったとしても，同じく妥当し，類推することができるというのである。判例のこのような考え方は，Aの虚偽の外観作出への何らかの関与を前提として，外観を信頼したCを保護しようとするものであるから，不動産物権変動に公信の原則を認めたものとまではいえないが，Aの帰責性を前提にしてCの保護を図るもので，学説上もこの理論が定着している。

＊取引の安全

　民法の勉強を少しかじると，次第に答案には「取引の安全を図るため，虚偽の外観を信頼して取引に入った第三者Cを保護すべきだ。」と書くようになりがちである。しかし，94条2項類推適用理論は，虚偽の外観作出へのAの関与（権利者の帰責性）を要件としており，取引の安全のみを考えた理論ではない。取引の安全という一言で結論を出そうとするのは，第三者保護の一面のみに光を当てたもので，適切ではない。

　表見代理についても同様であり，相手方が善意無過失であれば，それだけで相手方が保護されるのではなく，本人が責任を負ってもやむを得ない最小限の要件（基本代理権の存在など）が要求されている。取引の安全の保護（動的安全）と真実の権利者の保護（静的安全）のバランスがとれるような解決を図ることが肝要である。

＊94条2項の適用か，類推適用か

　以上に述べた例で，CがAB間の取引契約書を見て，その契約があったものと信じたというのであれば，まさに94条2項適用の場面となる。しかし，Cは，B名義の登記を信頼したというのが通常であり，そのような場合には，94条2項の類推適用の問題となる。

第2 法律行為による物権変動

1 意思主義と形式主義

物権変動は，売買，贈与などの法律行為の効果として生じることが多い。

物権変動を生じる法律行為が，当事者の意思表示のほかに，一定の形式を必要とするかについて，立法例が分かれている。一定の形式を必要とする立場を形式主義といい，例えば，ドイツ民法では，当事者の意思表示（合意）のほかに，動産については引渡し，不動産については登記がなければ，物権変動を目的とする法律行為（物権行為）としては効力を生じない。これに対し，物権変動を生じる法律行為も，一般の法律行為と同様に，特に形式を必要とせず，当事者の意思表示だけで成立するとする立場を意思主義という。フランス民法は，この立場を採り，売買の合意がされれば，それのみで所有権は移転するとしている。

我が民法は，物権の設定及び移転は当事者の意思表示のみによって効力を生じる旨規定しており（176条），意思主義を採用している。したがって，例えば登記を移転しなくとも所有権移転の効果は生じるし，所有権移転についての特別の証書を作成するなどの形式をそろえる必要もない。そして，以上のとおり，当事者間では物権は当事者の意思表示のみで移転するが，それを当事者以外の第三者に主張（対抗）するためには，法律が定めた対抗のための手続，すなわち対抗要件を備えなければならない，としたものである（対抗要件主義，177条，178条）。

2 物権変動の時期

法律行為によって当事者間に物権変動を生じる時期がいつかについては，学説が分かれているが，判例・実務上は，原則として，法律行為が成立した時という考え方を基本にしている。

ただし，次の例外がある。まず，法律行為に特別の取決め（特約）があれば，それによる。例えば，甲土地の売買（特定物売買）でも，代金を割賦払いとし，代金完済まで所有権は移転しないという特約があるときは，

売買契約の成立により直ちに所有権が移転するものではない。

　また，種類売買（不特定物売買）のように給付すべき目的物が特定されていない場合，目的物が特定した時に物権変動が生じる。例えば，新品のテレビを，種類数量だけを定めて買い受けたときには，どのテレビが引き渡されるか定まった時（特定された時）に，そのテレビの所有権が移転する（401条2項参照）。

　さらに，当事者が目的物について処分権を有しないときには，後日その処分権を取得した時に物権変動が生じる。例えば，AがC所有の物をBに売却する意思表示をし，Bがこれを承諾しても，直ちに所有権がBに移転することはない。後日AがCから所有権を取得した場合，その時にBに所有権が移転する（561条参照）。

第3　不動産物権変動と公示

1　不動産登記

　不動産の物権変動は，登記によって公示される（177条）。登記事務は，不動産所在地を管轄する法務局，地方法務局若しくはこれらのその支局又はこれらの出張所が管轄登記所として，これをつかさどる（不動産登記法6条1項）。

　不動産登記法における不動産登記の概略は以下のとおりである。

　登記所には，不動産登記記録が備え付けられ，その不動産の地図及び建物所在図が備え付けられている（同法14条1項参照）。

　登記記録は，電磁的記録として調製され（同法2条5号），表題部と権利部に区別して作成され（同法12条），さらに，権利部は，甲区及び乙区に区別されている（不動産登記規則4条4項）。

　表題部には，不動産の表示に関する登記の登記事項が記録され，甲区には，所有権に関する登記の登記事項が，乙区には，所有権以外の権利に関する登記の登記事項が記録される（同規則4条）。

　権利に関する登記の登記事項には，順位事項が記録されるが（同法59条

8号，同規則147条，148条)，これは登記の先後を決める標準となる。

　そして，誰でも，登記官に対して，登記記録に記載されている事項の全部又は一部を証明した書面（登記事項証明書）の交付を請求することができる（同法119条)。巻末に，登記全部事項証明書（資料2，3）の見本を付けているので，表題部，甲区，乙区はどの部分なのか，登記の記載内容は具体的にどのようになっているかなどを，確認してもらいたい。

＊登記所と法務局

　　　登記所は，登記事務を行う機関で，法務局，地方法務局又はこれらの支局，出張所がこれに当たる（不動産登記法6条)。法務局は，法務省の地方機関であり，登記のほかに，国籍，戸籍，供託（p190)，人権擁護などの所掌事務がある。法務局は全国8か所に，地方法務局は全国42か所にある。

2　登記の対抗力

　不動産の物権変動は，登記をしなければ，第三者に対抗することができない（177条)。そこで，登記がなければ対抗できないという意味をまずここで検討し，続いて，登記がなければ対抗できない第三者の意義と範囲（⇒3)，登記がなければ第三者に対抗できない物権変動とは何か（⇒4）の順に検討しよう。

　第三者に対抗できないというのは，通常，当事者間で生じた法律効果を，第三者に対して主張することはできないが，第三者の側からその法律的効力を認めることはできるという意味に解されている（94条2項，96条3項など)。民法177条の場合も，これと同じである。例えば，Aがその所有建物をBに売り，Bへの移転登記をしないうちに，AがCに二重に売却したといういわゆる二重譲渡の事案で考えてみよう。AB間の売買で，所有権はBに移転したのであるが，Bは，登記をしていないから，第三者Cに対して，所有権取得を主張することができないが，CがBの所有権取得を認めることはできる。また，Cが移転登記を済ませていれば，Cは，第三者Bに対して，Cの所有権の取得を主張することができるのである。

　なお，二重譲渡という場合の譲渡とは，所有権移転に着目した表現であ

り，売買，贈与，交換などはその移転原因という違いがある。

＊二重譲渡の理論構成

　　二重譲渡の場合，Ａは，第一譲受人Ｂに所有権を移転してしまい無権利者であるはずなのに，なぜ第二譲受人Ｃに対して所有権を移転することができるのかについて，学説は種々理論構成を試みてきた。代表的な見解の一つは，登記がなければ，物権変動は当事者間及び第三者に対する関係で不完全な物権変動を生じるにすぎない，つまり，権利の帰属は本来は排他的なはずだが，対抗要件制度が採用されている限り，登記を備えないときは完全に排他性ある権利変動までは生じておらず，Ａも完全な無権利者にはならないと説明する。

3　第三者の意義と範囲

(1)　第三者の意義

　　通常，第三者とは，当事者及びその包括承継人以外の者を指す。しかし，民法177条にいう第三者からは，一定の範囲の者を除外すべきと解されている（制限説）。判例も，当事者及びその包括承継人以外の者で，登記の欠缺（けんけつ）を主張する正当の利益を有する者に限って，民法177条の第三者に当たるとして，絞りを掛けている。「当事者及びその包括承継人以外の者で」という部分については，既に虚偽表示の第三者について述べたところと同じである。更に「登記の欠缺を主張する正当の利益を有する」との絞りを掛ける根拠は，次の点にある。

　　まず，我が国では，物権変動があっても手数や費用がかかるとして登記をしない人が少なくなく，権利者でない者が実体を伴わない登記を有することがしばしばある。登記制度の理想は，不動産に関する一切の法律関係を，登記によって明らかにすることにあり，このようにすれば，少なくとも第三者に対する関係では，登記によって法律関係を画一的に定めることができるという便宜がある。しかし，このような我が国の実情の下で，登記制度の理想を貫くとすれば，真実の権利者が，登記がないために第三者に対して全く権利の主張ができないことになり，真実の

権利者の保護に欠けることになる。そこで，第三者のうち，一定の範囲の者を民法177条の第三者から除外し，この者に対しては，真実の権利者が登記がなくても権利を主張できるようにして，真実の権利者と第三者との利益の調和を図る必要がある。

　例えば，Aが建築したものの保存登記がされていなかった建物（未登記建物）に，Bが放火して全焼させたような場合，Aは登記がなくてもBに対し，焼失建物が自己の所有であったことを主張し，損害賠償の請求をすることができるようにしておく必要があろう。もし，第三者の範囲を制限せずに，不法行為者も民法177条の第三者に含まれると解するとすれば，所有者Aは，不法行為者Bに損害賠償請求をすることができないという不合理が生じることになる。

　判例のいう「登記の欠缺を主張する正当の利益を有する者」とは，具体的にどのような者を指すかについて，次に検討しよう。

(2)　**登記がなければ対抗できない第三者**

　ア　**物権を取得した者**

　　物権を取得した者は，民法177条の第三者に当たる。例えば，問題となっている不動産を甲土地とした場合の，甲土地所有権の譲受人，甲土地につき地上権の設定を受けた者，甲土地につき抵当権の設定を受けた者などである。

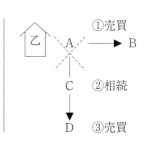

　　二重譲渡の間に相続が介在するときはどのように扱われるだろうか。例えば，被相続人Aが，その生前に，所有していた乙建物をBに売却し，A死亡後Aの唯一の相続人Cが乙建物をDに売却した場合を想定してみよう。この場合，相続人Cは，被相続人の権利義務を包括的に承継するとされており（896条），AB間の売買契約によって発生した目的物引渡義務などの義務者がそのままCになる。

　　とすると，CとBの関係は，当事者の関係に立つことになる。これ

に対し，ＡＢ間の物権変動（ＡからＢへの乙建物の所有権の移転）に
関して，Ｄは民法177条の第三者に当たる。「Ａ＝Ｃ」と考えて，これ
を基点としたＢ，Ｄに対する二重譲渡と考えられるのである。言い換
えれば，Ｂは登記なくして所有権取得をＤに対抗できない。

イ　賃借人

【基本事例２】

　Ａは，Ａ所有の甲土地をＣに賃貸し，
Ｃは駐車場として甲土地を使用してい
た。その後，Ａは甲土地をＢに売却した
が，Ｂは所有権移転登記を得ていない。
ＢＣ間の法律関係について説明せよ。

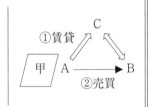

　まず，Ｂは，甲土地の所有権に基づき，Ｃに対して甲土地の明渡請
求をすることが考えられる。ＢがＣに明渡しを求める根拠となる権利
は，所有権に基づく物権的請求権である。甲土地の所有権の円満な状
態が侵害されているのであるから，これを回復する物権的請求権が所
有権者に与えられるのである。後に述べるが，この事案では，物権的
請求権の中でも，物の占有を奪われた場合にその返還を求める権利が
主張されることとなり，これは返還請求権と呼ばれている。

　ところで，Ｂが，所有権に基づく返還請求権が自分にあるとしてＣ
に甲土地の返還請求をするには，もちろんＢに所有権があり，これを
Ｃに主張し得るものでなければならない。もし，Ｃが民法177条の第
三者に当たるのであれば，Ｂは，物権変動（本件では，甲土地所有権
のＡからＢへの移転）の対抗要件である登記なくして，所有権取得を
Ｃに対抗できないことになる。判例・学説上，不動産の賃借人である
Ｃは，第三者に当たると解されているので，本件において，Ｂは，甲
土地の所有権移転登記を得ておらず，Ｃに対して甲土地の明渡しを求
めることはできない。

　次に，ＢがＣに対し，Ｃの賃借権の存在を前提にした上で，賃料の

支払請求をする場合はどうか。このような場合，結論を先に考えては
いけない。一つ一つ着実に考えていくことが大切である。BがCに賃
料の支払請求をする場合，その根拠とする権利は，所有権に基づく物
権的請求権ではない。所有権から賃料請求権が出てくるわけではなく，
賃料請求の基本となるのは賃貸借契約である。つまり，Bは，Aの賃
貸人の地位を承継したとして，Cに対し，賃貸借契約に基づいて発生
する賃料請求権を行使しようとしているのである。以上のように，甲
土地の明渡請求をする場合と，賃料請求をする場合とでは，全く法的
構成が異なっていることが理解できよう。

　さて，Bが賃料請求をしようとする場合，甲土地の所有権移転登記
がなければならないとする見解（登記必要説）と登記がなくともよい
とする見解（登記不要説）があったが，平成29年の民法改正により，
登記を必要とすることとされた（605条の2第3項，605条の3後段）。

　以上は，賃貸人の地位の移転がからむ問題なので，賃貸借契約の法
律関係の理解が前提となり，直ちに理解するのは困難かもしれないが，
賃借権とその目的物の譲渡については，このような問題があることを
記憶に留めておこう。

ウ　差押え又は配当要求をした債権者

　Aがその所有の乙建物をBに譲渡
し，Bがその所有権移転登記を得ない
間に，Aの債権者Cが，A登記名義の
乙建物を差し押さえた。債権者Cは，
通常，Aの一般財産を債権の引当てに

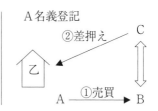

しているにすぎず，Aの特定の財産である乙建物についての支配を争
う立場にはない。しかし，差押えにより，乙建物の処分が禁止され，
乙建物を換価し得る立場に立つことになるから（民事執行法45条以
下参照），不動産（乙建物）の物権変動（所有権の移転）につき，登記
の欠缺を主張する正当な利益を有する第三者に当たることになる。

　この例では，Bは所有権移転登記を得ていないから，乙建物の所有
権の取得をCに対抗することができないのである。

　Cが乙建物について申し立てた強制執行手続に，Aの債権者Dが配
当要求をした場合（民事執行法87条1項2号），Bにとって，Cのみ
ならずDも第三者に当たる。

＊配当要求（配当加入）

　　前に説明したとおり，差押えは，強制執行の最初の段階として，債
　　務者の財産の処分を禁止することである。その次に，強制執行の手続
　　は，財産の換価，配当へと移る。配当要求とは，ある債権者が申立て
　　をして開始した金銭債権についての強制執行の手続に，他の債権者が
　　加わり，自己の債権の満足のために配当を要求する行為をいう。

　以上，民法177条の第三者に当たる代表例としてア～ウを挙げた。
このうち，アが典型例であり，実務上もアが多いと思われるかも知れ
ないが，実際の裁判例で最も問題となる事例は，ウの類型の事件であ
る。ウの類型の事件の理解のためには，民事訴訟法，民事執行法の知
識が断片的にしろ要求されるので，初学者にとっつきにくいところで
あるが，実務上は，ウの理解が重要である。

(3)　登記がなくても対抗できる第三者

ア　実質的無権利者

　実質的に権利を有しない者は，正当な利益がないので，第三者には
当たらない。実質的無権利者が，登記名義人となっている場合，真実
の権利者は，登記がなくとも物権変動を対抗し得る。実質的無権利者
とは，例えば，無効の売買によって所有権移転登記を得た者，偽造文
書によって抵当権設定登記を得た者，不動産を権原なく占有している
者などであり，真実の権利者は登記なくして，抹消登記請求，明渡請
求，損害賠償請求などをすることができる。

イ　一般債権者

　一般債権者は，物権変動のあった特定の不動産に関しては，直接の

利害関係を有しないから第三者には当たらない。前記(2)ウのように，差押え，配当要求などの手続をとることによって，初めて特定の物の支配を争うことになり，直接の利害関係を取得する。

ウ　転々移転の前主又は後主

不動産の物権が，A⇒B⇒Cと順次移転した場合，CはAに対し，登記がなくとも自己が所有権を有していることを対抗できる。Cにとって前主Bは当事者であるが，その当事者にとってAは更に前主であり，当事者と同じ関係に立つからである。同様に，AもCに対し，登記なくしてCの物権取得を対抗することができる。

エ　不動産登記法5条所定の者

詐欺又は強迫によって登記の申請を妨げた者，他人のために登記を申請する義務がある者（不動産登記法5条）は，登記の欠缺を主張できないと規定されている。

オ　背信的悪意者

民法177条は，第三者の善意・悪意について何も触れていない。しかし，判例は，第三者が単なる悪意者（単純悪意）というだけでは第三者性を失わないが，物権変動があった事実を知っていて，その物権変動について登記の欠缺を主張することが信義に反すると認められる者は，登記の欠缺を主張する正当な利益を有しないとして，第三者に該当しないと考えている。例えば，Aがその所有不動産をBに売却するについて，仲介人となったCが，Aから二重にその不動産を買い受けた場合には，Cは背信的悪意者として，Bから登記なくして所有権取得を対抗されることになる。

このように背信的悪意者を第三者から除外する見解に対しては，民法が，不動産の物権変動について登記という形式的な基準で優劣を決めようとした趣旨に反するという批判もある。しかしながら，前記のとおり，不動産登記法自体が，詐欺又は強迫によって登記の申請を妨げた者，他人のために登記を申請する義務がある者を，登記がなけれ

ば対抗できない第三者から除外しているから，この批判は当たらない
といえるであろう。

4　登記がなければ対抗できない物権変動

(1)　法律行為による物権変動

　　法律行為による物権変動については，登記がなければ第三者に対抗す
ることができない。ただし，法律行為の取消し又は契約の解除による物
権復帰については，取消し又は解除前に権利を取得した第三者に対して
は，原則として，登記なくして対抗できる（第三者の権利取得前に取消
し又は解除による物権復帰を登記することは不可能だからである。）が，
取消し又は解除後に権利を取得した第三者に対しては，登記なくして対
抗することができない（取消しと第三者については，p33〜p38）。

　　なお，解除と第三者については，後に解除の効果のところで詳しく説
明する（p231〜p233）。

(2)　相続に関する物権変動

　　相続人は，相続により被相続人の財産を包括的に承継するから（896
条），相続による不動産の取得を登記しなくとも，第三者に対抗できる。

　　相続による物権変動自体ではないが，相続をめぐって問題となるのは，
例えば，相続人A，Bの共同相続の場合に，Aが相続財産であった甲土
地について，単独の相続登記をした上，第三者Cに甲土地を譲渡し，C
が甲土地の登記も得た場合のBとCの関係である。もちろん，Aの法定
相続分に相当する甲土地の持分については，AからCに有効に所有権
（共有持分権）が移転しているから，問題は，Bの法定相続分に相当す
る部分についてである。判例は，Bは，自己の相続分について，登記な
くしてCに主張し得るとする。Bの法定相続分の部分については，Aは
無権利者で，Cは，Aの法定相続分を超えた部分については，権利を承
継取得していない，つまりCは実質的無権利者である。とすると，Bは，
登記なくして実質的無権利者であるCに対抗できることになる。

　　ただし，相続をめぐる事案で，全く登記が不要ということではない。

例えば，ＡＢ間で遺産分割協議が行われ（907条），その結果，甲土地について B が単独で所有権を取得した場合，前の例の C との間で，B の法定相続分を超える部分については，登記がなければ対抗できない（899条の 2 第 1 項）。

(3)　**取得時効による物権変動**

所有権の取得時効に関する判例の考え方は，次のとおりである。

ア　まず，取得時効完成時の所有者に対しては，取得時効による所有権の取得を登記なくして対抗できる。取得時効による所有権の取得は承継取得ではなく原始取得であるが，時効完成時の所有者から時効による所有権取得者に所有権が移転したものと考えられ，承継取得の場合の当事者の関係と同様に捉えられるからである。

＊原始取得と承継取得

原始取得とは，ある権利を他人の権利に基づかずに取得することをいい，時効取得のほか，即時取得（192条），無主物先占（239条 1 項）がその典型例である。これに対して他人の権利を伝来的に取得するのが承継取得である。承継取得は前主の負担を承継するが，原始取得は新しい権利の取得であるから，前主の下でついていた制限や負担を承継しないという点で異なる。

イ　時効完成後，その不動産について所有権を取得した者に対しては，取得時効による所有権取得を登記なくして対抗することはできない。時効完成後の所有権取得者と時効による所有権取得者の関係を，あたかも，かつての所有者から二重譲渡があったのと同様に考えるからである。

次の図は，甲土地のもと所有者を A とし，B が甲土地を20年間占有したとして，A からの譲受人 C との関係を図式化したものである。

そして，時効を援用しようとする場合，B は，時効の起算点を任意にずらして主張することはできない。もし，これを許すと，イの事例をアの事例に持ち込むことができ，取得時効による所有権取得は，常

に，登記なくして対抗することができることになってしまうからである。

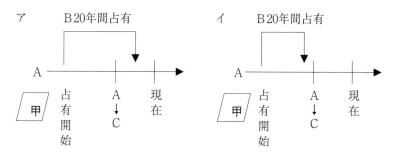

取得時効の前後で登記の要否を区別する判例理論に対しては，批判もある。この問題は，取得時効の要件としての占有と不動産物権変動の公示としての登記との関係で，占有と登記のいずれをどの程度重視するかという問題，時効取得者をどの程度保護すべきかという問題と結び付いている。

(4) 建物の新築

建物が土地とは別個の不動産となった時を標準とし，新築建物の所有権取得者は，登記なくしてその取得を対抗することができる。この場合には，他に原権利者を考えることができず，その建物について権利を取得する者は，全て物権変動の当事者か，転々移転の後主であって，民法177条の第三者を生じる余地がないからである。

建物の建築請負では，注文者が，主要な建築材料（又は建築材料相当の代金）を建物として独立の不動産となるまでに請負人に提供する場合と，そうでない場合がある。注文者と請負人の間に特約がなければ，前者の場合には，建物の所有権は，初めから注文者に帰属するのに対し，後者の場合には，建物の所有権は，一旦請負人に帰属し，建物完成後，注文者にその建物が引き渡された時に，注文者に移転する。したがって，後者の場合，注文者は，請負人から権利の移転を受けた者，又は請負人の所有物として差押えをした者などの第三者に対しては，登記なくして

所有権の取得を対抗することができない。この場合，注文者は，原始的に新築建物の所有権を取得するものではないからである。

5　対抗力を生じる時期

対抗力は，登記の時から生じるのを原則とする。物権変動の時点に登記の効力が遡るわけではない（登記の効力の不遡及）。

6　登記の有効要件

(1)　意　義

例えば，甲土地につきA名義の所有権移転登記があるとしよう。この登記は有効か。このA名義の登記に効力がある（対抗力を有する）ためには，一定の要件を具備する必要がある。これを登記の有効要件といい，形式的要件（手続上の要件）と実質的要件（実質的な権利関係具備の要件）がある。

(2)　形式的要件

登記手続は，当事者の登記申請手続を前提として，登記官が登記記録に記録することによって行われるのを原則とする。例外的には，官庁・公署の嘱託により（不動産登記法16条1項，115条など），又は登記官の職権によってされる場合（同法28条，71条など）がある。当事者の登記申請手続は，登記権利者（その登記によって登記記録上直接に利益を受ける者）と登記義務者（その登記によって登記記録上直接に不利益を受ける登記名義人）の共同申請によって行われるのを原則とし（共同申請主義，同法60条），例外的に，単独で申請できる場合として，登記手続をすべき旨の判決が確定した場合（同法63条），新築建物を所有者が最初に登記する保存登記の場合（同法74条）などがある。

登記申請が，申請者の意思に基づかず，偽造の登記申請書や委任状に基づいてされた場合，登記は有効か。実体的権利関係に符合する限りは，原則として有効であるとする見解が有力である。他方，登記義務者の登記申請意思が欠けるときは，その登記は，無効とすべきであるとする見解もある。

　　　登記官の過誤で登記が抹消された場合でも，元の登記は対抗力を有する。この場合には，登記の抹消，誤記などによる不利益を，真実の権利者に負担させるのは適当でないからである。

(3)　実質的要件

ア　総　説

　　　登記が有効であるためには，その登記が実体的な権利関係に符合するものでなければならない。例えば，無効の売買契約による所有権移転登記は，形式的要件を備えていたとしても，無効である。

　　　登記は，物権変動の過程（誰から誰へ物権変動があったということ），態様（売買による物権変動か，贈与による物権変動かなど）が，登記記録上にありのままに示されることが望ましい。しかし，我が国の登記制度利用の実情は，手数や費用などの点から，必ずしもその理想どおりに行われているとはいえない。このような実情に立って考えると，登記が不動産に関する現在の真実の権利状態を公示する限りは，物権変動の過程，態様と異なるものであっても，現在の権利状態の公示という限りで，一応登記制度の目的は達成できているから，その登記を無効とするまでのことはない。このような登記も有効であり，対抗力を有すると扱われる。

イ　物権変動の過程に符合しない登記

　　　物権変動の過程に符合しない登記でも，現在の権利状態と符合する限り，原則として有効である。例えば，A⇒B⇒Cと順次所有権が移転した場合，中間者Bの登記を省略してAからCに直接された所有権移転登記は，有効である。ただし，判例は，中間者Bの同意なしにされた中間省略登記により，Bの利益が害される場合には（例えば，CがBに売買代金を支払わないままにCが中間省略登記を得た場合，この登記を有効とすると，Bは代金の支払があるまで移転登記手続に協力することを拒絶する同時履行の抗弁権（533条）を失うことになる。），BからCに対し，Cの登記の抹消登記手続を請求することを認める。

もっとも，この場合であっても，B以外の第三者は，抹消登記手続を請求することができないとする。

ウ　物権変動の態様に符合しない登記

真実は，売買によって所有権が移転したのに，登記原因を贈与とする登記がされた場合のように，真実に反する登記原因が表示された登記も，現在の権利状態を公示する役割は果たすから，有効である。契約の解除，登記原因の無効などが理由で，一旦された所有権移転登記につき抹消登記をすべき場合に，登記名義人から真実の権利者に対する所有権移転登記が求められる場合が，実務上ある。これを真正な登記名義の回復を原因とする所有権移転登記と呼んでおり，判例と登記実務で認められているものである。

7　登記請求権

(1)　意　義

登記は，登記権利者及び登記義務者の共同申請によってされるのが原則であるが，一方が登記手続に協力しないとき，登記ができないというのでは，公示の役割を十分に果たせない。このような場合，民法上これを認める明文の規定はないが，一方から他方に登記手続に協力することを請求する権利を認める必要がある。これを登記請求権という。登記をするのはあくまで登記官であるから，登記手続請求権と呼ぶ方が正確なのだが，登記請求権と呼ぶのが慣例になっている。

登記手続は，登記官に対して登記申請という意思表示をすることによって行われるから，登記請求権は，登記権利者が登記義務者に対し，登記官に対する登記申請という公法上の意思表示をすべきことを求める権利ということができる。

(2)　登記請求権の種類

登記請求権がどのような場合に認められるかについては争いのあるところである。一元的に説明する見解もあるが，判例は，次の3種類の登記請求権を認めていると考えられている（多元説と呼ばれている。）。

ア　物権的登記請求権

現在の権利関係と登記が一致しない場合には，物権の円満な行使が妨げられているといえる。そこで，その不一致を除去するため，物権的請求権（妨害排除請求権）として登記請求権が発生すると解されている。A所有の不動産について，Bが不実の所有権移転登記を得ている場合がその典型である。A所有の不動産について，ＡＢ間の売買が解除されたり，取り消されたにもかかわらず，買主Bに登記がある場合も，Aは，物権的登記請求権として，Bの所有権移転登記の抹消登記請求権を有すると解される。

イ　債権的登記請求権

契約の効力として登記請求権が発生する場合である。例えば，不動産の売買契約の効果として，買主は，売主に対し，目的物引渡請求権を取得するばかりでなく，その不動産の所有権移転登記請求権も取得すると解されている。

ウ　物権変動的登記請求権

不動産登記制度は，物権変動の過程を正確に登記記録上に表示することを一つの目的としているから，物権変動があったのにそれに相応する登記がない場合，物権変動の一方当事者は，他方当事者に対して物権変動に相応する登記を請求する権利を有する。例えば，A所有の不動産についてＡＢ間に売買があったが，登記が売主Aにある場合，Bは，Aに対し，物権変動的登記請求権として，所有権移転登記請求権を有すると考えられている。

(3)　順次売買の場合を例とした登記請求権

A⇒B⇒Cと，順次有効に甲土地の所有権の売買がされたが，登記名義人がAである場合を例にとって，具体的にどのような登記請求権が認められるかについて，3種類の登記請求権の順に考えてみよう。

ア　物権的登記請求権

順次売買によって，甲土地の所有権は，Cに移ったわけだから，所

有者Cは，登記名義人Aに対して所有権移転登記請求をすることがで
きるとも考えられる。しかし，このような中間者Bを経由しない登記
請求，つまり中間省略登記請求は，許されないとするのが判例である。
なぜなら，物権変動の過程を忠実に登記記録に反映させようとする不
動産登記法の原則に反するからである。なお，このような場合，実質
的に，中間者Bの利益を害するおそれもある（例えば，Bは，Cに対
する移転登記手続に応じるのと引換えに，Cから代金を受け取るのが
通常である。）。

イ　債権的登記請求権

　BはAに対し，CはBに対し，各当事者間で結ばれた売買契約に基
づき，債権的登記請求としての所有権移転登記請求をすることができ
る。

　CがAに対して中間省略登記請求をすることができるかについて，
判例は，ABC三者間の合意又はAC間の合意とBの同意があれば，
CはAに対し，所有権移転登記請求をすることができると解している。
この場合の登記請求権の性質は，債権的登記請求権と考えてよかろう。

　また，CはBに代位して，Aに対し，BのAに対する所有権移転登
記請求権を行使することが可能である（423条の7）。後に述べるが，
いわゆる債権者代位権の転用と言われている場合であり，この場合，
Bの無資力は要件とされていない。

ウ　物権変動的登記請求権

　甲土地の所有権移転の過程に相応して，BはAに対し，CはBに対
し，それぞれ所有権移転登記請求をすることができる。Bは，既にC
への譲渡により所有権者ではなくなっているわけだが，物権変動的登
記請求権自体は，なお有していると解されている。ちなみに，債権的
登記請求権は，契約に基づく債権であるから，原則として5年ないし
10年の消滅時効にかかるが（166条1項），物権変動的登記請求権は消
滅時効にかからないと解されているから，債権的登記請求権のほかに

物権変動的登記請求権を認める実益があると言われている。

(4)　抹消に代わる移転登記請求

　A所有の不動産について，A⇒B⇒Cと順次所有権移転登記がされたが，実は所有権移転原因は無効であったという場合，Aは，所有権に基づく物権的登記請求権として，BとCに対してそれぞれの所有権移転登記の抹消登記請求をすることができる。それのみならず，Aは，Cに対し，抹消に代わる所有権移転登記請求（CからAへの移転登記）をすることができるとするのが，判例である。この場合，登記原因は，真正な登記名義の回復とするのが登記実務である。

8　仮 登 記

(1)　意　義

　仮登記は，後にされる本登記の順位を保全するために認められる登記である（不動産登記法105条，106条）。不動産物権変動の優劣は，登記の先後によって決められるが（同法4条），物権変動があっても，登記申請手続ができない状態にあったり（例えば，登記義務者の非協力，書類の不備），まだ物権変動はないが，将来物権変動が生じたときに備えて，優先順位を確保する必要がある場合がある（例えば，売買予約）。これらの場合に，あらかじめ将来の本登記の順位を保全するための登記が仮登記である。

(2)　種類と効力

　仮登記には，物権保全の仮登記，請求権保全の仮登記の2種類がある。物権保全の仮登記は，物権変動はあったが，登記の申請に必要な手続上の条件が具備しないときにされる仮登記である（不動産登記法105条1号）。登記申請書類の不備などの場合にされるのがこれである。

　請求権保全の仮登記は，物権変動がない間に物権変動を目的とする請求権を保全するときにされる仮登記である（同条2号）。代物弁済の予約，売買予約などに基づき，所有権移転請求権を保全する必要がある場合，この仮登記が利用されている。

いずれの仮登記も，仮登記に基づき本登記がされた場合，本登記の順位は，仮登記の順位による（同法106条）。つまり，仮登記に基づいて本登記がされると，仮登記後本登記前にされた中間処分（例えば，仮登記を有する者以外の者に対してされた所有権の移転，抵当権の設定など）は，本登記によって表示される権利に抵触する範囲で効力を失う。このような仮登記の効力を順位保全の効力という。

第4　動産物権変動と公示

1　引　渡　し

動産物権の譲渡は，引渡しを対抗要件としている（178条）。引渡しとは，占有の移転のことである。引渡しの種類には，次の4種類がある。

(1)　**現実の引渡し（182条1項）**

物に対する現実，直接の支配を移転することである。物を手渡しする，自動車について鍵を交付するなどが，その例である。

(2)　**簡易の引渡し（182条2項）**

例えば，Aからその所有物を賃借して占有しているBが，これを買い受けたときは，AB間の占有を移転する合意で，Aの占有（代理占有，間接占有）をBに引き渡すことができる。これが簡易の引渡しである。

(3)　**占有改定（183条）**

例えば，Aがその所有物をBに売り，引き続きこれをBから賃借して占有する場合には，Aが，以後はBのために占有代理人として占有する旨の意思表示をするという方法で，引き渡すことができる。これが占有改定である。

(4)　**指図による占有移転（184条）**

例えば，AがBに預けている物を預けたままでCに売るときには，AがBに対し，以後Cのためにその物を占有するように命じ，Cがこれを承諾することによって，引き渡すことができる。これが指図による占有移転である。条文では分かりにくいが，条文にいう代理人が直接占有者

であるBに相当する。指図による占有移転のためには，Bの承諾は要件ではなく，承諾を要するのは，条文でいう第三者，つまりCである。

2　引渡しの対抗力

(1)　総　説

動産物権の譲渡は，その動産の引渡しがなければ，第三者に対抗することができない（178条）。引渡しがなければ，対抗できないということの意味及び第三者の範囲は，不動産物権変動について述べたところとほぼ同じである。

(2)　178条の適用を受ける動産の範囲

全ての動産について，引渡しが対抗要件であるわけではない。まず，動産の中でも，特別法によって他の公示方法が認められる動産は除外される。商法上登記を必要とする船舶（商法684条，686条，687条），登録自動車，登録航空機などは，民法178条が適用されない。また，平成16年に新たに動産及び債権の譲渡の対抗要件に関する民法の特例等に関する法律による動産譲渡登記制度が創設された。

次に，金銭は，一般に個性がなく，強い代替性を持っているから，金銭の譲渡は，その引渡しを効力発生要件とし（所有と占有が基本的に一致する。），引渡しを対抗要件とするものではないと解されている。

＊動産物権変動における178条の適用場面

動産物権変動の対抗要件は引渡しであるが，前記のとおり，占有の現実の移転を伴わない占有改定，指図による占有移転も引渡しとして認められている。例えば，BがAから動産を買ったとして，その後もAが動産を占有しているとすると，Aは，動産の売却後は，Bの占有代理人として保管し始めたとみるのが通常であり，Bは，占有改定によってその動産の引渡しを受けたことになる。

こうしてみると，動産を譲渡により取得したBは，通常，直ちに占有改定によって対抗要件を取得するので，Aは反射的に完全な無権利者となり，その後のAからの譲受人Cは無権利者からの譲受人にすぎず，民

法178条の第三者には当たらないことになる。つまり，一見するとこの
事例は，Aを起点とするBとCに対する二重譲渡のように見えるが，そ
うではないのである。結局，動産については，民法178条の具体的な適
用場面は，ほとんどないことになり，次に述べるとおり，Aの占有をC
が信頼したとして，Cが公信の原則（即時取得）によってその動産の所
有権を取得するかだけが問題となるのが通常である。

3　即時取得（占有の公信力）

(1)　総　説

　民法192条は，取引行為によって，平穏かつ公然に動産の占有を始め
た者が，善意でかつ過失がないときは，動産の上に行使する権利を取得
する旨規定する。この規定は，動産の占有に公信力を認め，無権利者と
の取引でも，その占有を信頼して取引をした者を保護するものであると
解されている。これを即時取得又は善意取得という。例えば，無権利者
Aがある本を占有している場合，Bが，その本をAの所有であると信じ，
かつ，そう信じることに過失がなかった場合，Aからその本を買い受け
て，平穏公然にその引渡しを受けたとき，Bは，その書物の所有権を取
得するというものである。つまり，Aの所有権の存在を推測させる外形
としてのAの占有に，公信力（Aの占有を信頼する者に物権を取得させ
る効力）を認めた制度である。

(2)　要　件

ア　動産であること

　前記2(2)で，概略述べたとおりである。登記を対抗要件とする船舶，
登録を対抗要件とする自動車，航空機などは，占有を信頼した取引を
保護する必要がないから，即時取得の目的とならない。金銭は，一般
に個性がなく，強い代替性を有するから，占有と所有とが，基本的に
一致すると解されており，即時取得の問題にはならない。

イ　前主が占有していること

　即時取得は，前の占有者の占有に公信力を与える制度だからである。

ウ　前主が無権利者であること

エ　善意取得者が前主と有効な取引行為をすること

　　即時取得は，取引の安全を保護する制度であるから，有効な取引行為があることが要件となる。例えば，他人の山林を自分の山林と誤信して伐採し，動産である伐木について占有を始めた場合，たとえ自分の山林と誤信するについて善意無過失であっても，所有権を取得するものではない。相続による取得の場合も，同様にこの要件を充足することがないから，即時取得の適用がない。

　　また，取引行為は有効でなければならないから，取引行為が，前主の制限行為能力，錯誤，詐欺，強迫などの理由により取り消された場合，無権代理などの理由により効力を生じない場合には，即時取得の適用がないと解するのが一般的である。つまり，即時取得によってその瑕疵が補われるのは，前主の無権利についてだけであり，取引行為の瑕疵にまでは及ばないと考えるのである。

オ　占有を取得すること

　　前に述べたように，引渡しには，民法上4種類の態様がある。現実の引渡しが即時取得の占有取得に当たることにつき，判例学説上争いがない。占有改定によって占有を取得した場合，判例は，外観上従来の占有状態に変更がないことを理由に，即時取得の成立を否定する。例えば，Aがその所有動産をBに賃貸し，Bが現実に占有していたところ，Bが勝手にCにこれを売却し，占有改定の方法で引渡しをしたとする。この場合，Bが現実の占有をしていることには変わりがなく，従来の占有状態に変更がない。即時取得の制度は，取引の相手方を保護する制度ではあるが，他面において，真実の権利者の権利を奪うという効果を生じる制度である。占有状態に外観上の変化がないときにまで，真実の権利者（前例のA）の権利を奪うことは，真実の権利者にとって酷であるというのであろう。

　　この見解を推し進めれば，指図による占有移転や簡易の引渡しの場

合にも，外観上の占有状態に変化がないとして，即時取得の成立を否
定すべきことになろう。しかし，このような考え方に対しては，反対
する学説も強い。

カ　平穏，公然，善意，無過失に占有を取得すること

　平穏，公然の要件は，実際上問題となることはまずない。善意，無
過失とは，動産の占有を始めた者において，前主がその動産の権利者
であると信じ（事実の不知ではなく，積極的な信頼を必要とする。），
かつ，そう信じるについて過失がないことをいう。この要件は，占有
を取得した当時で判断され，その後に悪意になってもかまわない。

　なお，民法186条1項は，占有者は，平穏，公然，善意に占有する
と推定しているから，占有取得者がこれらの事実が存在することを主
張立証する必要はない。また，無過失についても，民法188条で占有
者が占有物の上に行使する権利は適法であることが推定されるから，
前の占有者の占有を信頼した以上，無過失も推定されるとするのが判
例である。

(3)　効　果

　取引行為によって，その動産について行使する権利を取得する（192
条）。その権利は，所有権と質権に限られる。動産の上に成立し得べき物
権のうち，留置権と先取特権は，取引行為によって生じる権利ではなく，
占有権は，占有のみを要件とする権利であるからである。

　即時取得は原始取得であり，動産の上に存在していた制限（例えば，
先取特権その他の負担）は，真実の権利者の権利とともに消滅する。

(4)　盗品及び遺失物に関する特則

　民法193条は，盗品，遺失物について（詐取された物，横領された物
を含まない。），盗難の被害者又は遺失者に（所有者に限らず，受寄者・
賃借人を含む。），盗難又は遺失の時から2年間，回復請求権を認めた。
例えば，A所有の動産をBが盗み出してCに売却し，Cが民法192条の
要件を満たしてその引渡しを受けた場合，Cは，その動産を即時取得す

るはずである。しかし，民法193条の規定が適用されるので，Aは，盗まれた時から2年以内であれば，Cに対してその物の返還を請求することができるのである。この返還請求は，無償でできるのが原則であるが，民法194条の場合には，回復請求権者が，占有者（前例のC）が支払った代価を弁償しなければならない。

　回復請求の相手方が古物商，質屋である場合には，盗難又は遺失の時から1年内に限って，無償で回復請求をすることが認められている（古物営業法20条，質屋営業法22条参照）。

【練習問題】

　Aは，自己所有のある物をBに賃貸して引き渡した後，同じ物をCに売却した。そのある物が本の場合と土地の場合に分けて，BC間の法律関係を説明せよ。

※本の場合について　p84，94，107，258参照

　　土地の場合について　p94参照

【練習問題】

　民法に規定されている第三者の意義について比較して説明せよ。

1　96条3項と112条

2　96条3項と177条

※「第三者」について，96条3項→ p35，112条→ p52，177条→ p92　参照

第４章　所　有　権

第１　所有権の性質

1　全面的支配権性

　　所有権は，所有者の意思に基づいて，物を全面的に支配（使用，収益，処分）することを内容とする権利である（206条。これを所有権の普遍性ともいう。）。制限物権のように，物を一定の範囲において，一面的に支配する権利ではない。

　　しかし，物を所有者の自由な意思に委ねることは，必ずしもその物の社会的効用を十分に発揮させるとは限らない。そこで，一定の場合に，所有権には制約が加えられている。例えば，道路法による道路についての私権行使の禁止（道路法４条）のように，所有者の利用を制限するという方法による場合がある。

2　恒　久　性

　　所有権は，その存続期間が，初めから予定されることがなく，また，消滅時効にかからない（166条２項）という性質を有する。これを所有権の恒久性ともいう。

第２　所有権の内容

1　使用，収益，処分の自由

　　所有権の内容は，法令の制限内で，所有物の使用，収益，処分を自由にすることができることである（206条）。所有者は，所有物を自己の自由な意思に基づいて，どのように取り扱ってもよいというものであり，これを所有権絶対の原則という。

　　使用とは，物を物質的に使用すること，収益とは，目的物から果実を取得することをいう。処分には，物を物質的に変形，破壊するなどの事実行為（事実的処分），譲渡，質入れなどの法律行為（法律的処分）の両者を含む。

　　しかし，所有権の内容には一定の制限がある。この制限は，法令による
制限（⇒2），土地所有権の上下の限界（⇒3），相隣関係（⇒4）の3方
面から論じられている。

2　法令による制限

　　民法以外の法律による所有権の制限は，非常に多い。その理由も，警察，
公益といったもの（麻薬取締法，覚醒剤取締法，銃砲刀剣類所持等取締
法，道路法など）から，文化，厚生などの目的によるもの（文化財保護法
など），農林政策，水産政策，鉱業政策の遂行を目的とするもの（農地法，
森林法，漁業法，鉱業法など）など，多岐にわたる。

3　土地所有権の上下の限界

　　所有者が，所有土地を十分に利用することができるために，空中，地上，
地下に所有権の効力が及ぶとされている（207条）。しかし，空中，地下に
はおのずと限界があるであろう。航空機が飛ぶ上空，トンネルが掘られた
地中までは，直ちに，土地所有権が及ぶとは言い難い。所有権の範囲は，
所有権の行使について利益の存する限度においてのみ，空中及び地中に及
ぶにとどまると解されている。

4　相隣関係

　　民法は，209条〜238条で，隣接不動産の所有者相互の利用関係の調整を
図るための詳しい規定を置いた。また，分譲マンションのように，1棟の
建物を区分し，各部分の所有者が異なる場合の相隣関係については，建物
の区分所有等に関する法律に規定がある。隣接不動産の所有者相互の譲歩
によって，社会生活の円滑を図ろうとしたものである。

　　相隣関係の規定は，隣接不動産の利用の調節を目的とするものであるか
ら，不動産の利用を目的とする地上権について準用されている（267条）。

5　所有権の取得

　　民法は，239条以下に，所有権の取得原因を規定している。無主物先占
（239条），遺失物拾得（240条），埋蔵物発見（241条），不動産の付合（242
条），動産の付合（243条，244条）などである。ここで，注意しなければ

ならないのは，所有権の取得の仕方としては，契約による移転や相続による承継のように，前の所有者から権利を引き継ぐ承継取得が一般的であり，民法に規定されている例は，むしろ，例外的な場合であるということである。民法に規定がある場合のうち，全体としては例外的ながらも，最も重要な制度が不動産の付合であり，既に「物権の客体」のところで説明した。

第3　所有権に基づく物権的請求権

1　総　説

　まず，事例で考えてみよう。A所有の甲土地にBが勝手に入り込んで建物を建てたとしよう。Aは，甲土地を無断使用しているBに対し，賃料相当の金額について，不法行為に基づく損害賠償請求（709条以下），不当利得返還請求（703条，704条）ができることはもちろんである。しかし，もっと直接に，建物を撤去して甲土地から退去せよということがいえなければ，所有権が物を全面的に支配する権利だといっている意味がない。

　ここで登場するのが，物権的請求権である。典型的な物権である所有権では，物権的請求権も，最も完全な形で現れる。占有訴権の場合の占有回収の訴え（200条）に対応して返還請求権，占有保持の訴え（198条）に対応して妨害排除請求権，占有保全の訴え（199条）に対応して妨害予防請求権の3種類の物権的請求権が認められると考えられている。

　物権的請求権が認められるためには，相手方に故意又は過失があることは要件ではない。前の例で，仮にBが，建物を建てた甲土地の利用権がBにあると信じ，かつ信じることに過失がなかったとしても，建物を収去して土地から退去する義務を負うことになる。

＊所有権と所有権に基づく物権的請求権

　　　所有権と所有権に基づく物権的請求権は，別個の権利である。例えば，ある物の所有者は，どんな占有者に対しても所有権に基づく返還請求ができるわけではなく，対抗できる賃借権を持っている占有者に対しては所有権に基づく返還請求をすることができない。このことからしても，両者は，

別個の権利であることが分かるであろう。

2　返還請求権

所有者が，物の占有を奪われた場合にその物の返還を求める権利である。所有権の存在と相手方の占有権原のない占有が要件である。

所有権の存在の要件について，例えば，相手方が不法占拠者であれば，対抗要件を具備しなくても返還請求をすることができるが，相手方が，二重譲渡の譲受人の一人のように，民法177条の第三者に当たる場合には，対抗要件を具備する必要がある。また，相手方の占有は，正当な権原に基づかない場合であることを要する。例えば，相手方が地上権や賃借権などの正当な権原に基づいて占有している場合には，所有者は，返還請求権を持たない。

所有者は，相手方に対し，目的物の占有の移転，つまり引渡し又は明渡しを請求する場合が多い。このうち，明渡しとは，実務上，相手方が目的不動産上に家財道具，建物などを設置して占有しているため，これを引き払って立ち退くことにより，その不動産の占有を移転する場合をいうことが多い。

3　妨害排除請求権

所有者が，物について占有以外の方法により支配を妨害された場合にその妨害の排除を求める権利である。所有権の存在と相手方の妨害行為の存在が要件である。

例えば，自己の所有地内に，相手方が勝手に広告用看板を立てるとか，隣地の樹木が台風で倒れ込んできたような場合，所有不動産の登記記録に無権利者が登記をしているような場合である。その他の点については，所有権に基づく返還請求権の場合と同様である。

所有者は，相手方に対し，妨害状態の除去，復旧（例えば，樹木，工作物の撤去，登記の抹消手続）を請求することができる。

4　妨害予防請求権

所有者が，物について妨害のおそれがある場合にその予防を求める権利

である。所有権の存在と侵害行為のおそれがあることが要件である。

　例えば，隣地のがけ崩れで自己の所有建物が破壊されるおそれのある場合である。所有権を侵害する危険性が高いことが必要である。その他の点については，所有権に基づく返還請求権と同様である。

　所有者は，相手方に対し，侵害行為を未然に防止する措置を請求することができる。例えば，がけ崩れの生じる宅地造成工事の禁止，がけ崩れを防ぐ壁の設置を求める場合である。

第4　共　　有

1　共同所有の諸形態

　1個の物を複数人で共同所有する場合の態様は，共有，合有，総有の3種類に分けられる。

(1)　共　　有

　個人主義的色彩の強い共同所有の形態であり，民法249条以下の規定が適用される。共同所有者間の人的結合が弱く，各共有者は，持分を有し，その持分を自由に処分することができる。また，いつでも共有物の分割により，単独所有に変化させることができる（分割の自由，256条1項）。

(2)　合　　有

　共同所有者間に共同の目的があって，その目的のために物を共同所有する場合がある。例えば，ＡＢ二人がタクシー営業をするため，乗用車を共同所有している場合である。この場合，共同所有者間に，共同事業を営むという共通の目的による人的な結合がある。このような共同所有を合有といい，民法667条以下の組合による共同所有において典型的に現れる（668条の共有は，ここでいう合有に当たる。）。

　合有では，共同の目的による制約を受けざるを得ない。各共同所有者は，持分を持っているが，持分を自由に処分することはできない（676条1項）。例えば，前の例でＡが，Ｂと気の合わないＣに乗用車の持分を勝

手に譲渡してしまったのでは，そのタクシー営業を継続することが困難になるからである。また，分割の自由も認められない（同条3項）。

共同相続人が，遺産分割前に相続財産を共同所有する場合，民法は，これを共有と規定する（898条）。ここにいう共有が，共有か，合有かについては，学説上争いがある。判例は，共有と解している。

(3)　**総　有**

合有よりも更に共同所有者間の人的結合が強度になると，共同所有者の団体があたかも1個の権利主体となるかのような形態をとる。例えば，ある村落の全員が，薪炭材を採取するため，山林を共同所有している場合である。この場合には，各共同所有者とは別個の村落という団体そのものが，社会的活動の1単位として現れてくる。

各共同所有者は，団体の統制の下で，収益権能を行使することができるにすぎず，団体への加入，離脱によって，共同所有者としての地位を取得し，喪失する。団体構成員の変更によって，団体の同一性は失われることがない。管理処分の権能は，団体に属するから，共有における持分に当たるものはなく，持分処分の自由も分割の自由もない。

このような共同所有の形態を総有といい，入会権がその例である。判例は，権利能力なき社団の財産支配を，社団構成員全員の総有であると説明している。

2　共有の権利関係

(1)　**持　分**

共有者は持分を有し，持分の割合は，法律の規定（241条ただし書，244条，245条など）又は共有者の合意によって定まる。それが不明な場合には，持分の割合は平等と推定される（250条）。不動産登記をする際には，持分の割合も必ず登記事項とされる（不動産登記法59条4号参照）。

(2)　**持分の処分**

各共有者は，他の共有者の承諾を得ることなしに，単独で自由に持分

を処分（例えば，譲渡，放棄）することができる。

(3)　持分の弾力性

　　共有者の一人が持分を放棄し，又は死亡して相続人がいないときは，その持分は，他の共有者に帰属する（255条）。これを持分の弾力性として説明する場合もある。

(4)　共有物の管理

　　共有物の通常の利用，改良行為（例えば，共有建物を使用したり，共有建物にガスを引いたりする行為）は，各共有者の持分の価格に従って，その過半数で決められる（252条本文）。例えば，Aが5分の1，B，Cがそれぞれ5分の2の持分を有する共有建物に，誰が居住するかを決める場合，A，Bの意見が一致すれば，5分の3（過半数）の意見となるから，これによって居住すべき者が定められることになる。

　　民法249条は，各共有者が，持分に応じて共有物を使用することを認める。収益についても，同様と解されている。しかし，この持分に応じた使用収益権能は，いわば観念的なものであって，現実に，誰がどれだけの限度で使用収益できるかは，252条本文の規定により，多数決で定められるべきものである。前の例のA，B，Cが，100平方メートルの建物を共有しているとして，Aが当然に，その建物の特定された20平方メートルの部分を使用する権利があるわけではないのである。

　　共有物の保存行為（例えば，共有物の占有が第三者によって奪われた場合にその返還を求める行為，共有建物の雨漏りを修繕する行為）は，各共有者が単独ですることができる（252条ただし書）。

(5)　共有物の変更，処分

　　共有物の変更（例えば，畑地を宅地にしたり，共有地上の山林を伐採するなど）には，共有者全員の同意を必要とする（251条）。共有物（持分ではない。）の処分についても同様である。

3　共有物の分割

(1)　分割の自由

　　各共有者は，いつでも，共有物の分割を請求することができる（256条
1項本文）。民法は，共有者の自由な意思により，共有関係を解消し，単
独所有の形を採ることが望ましいと考えたからである。

　　分割禁止の特約は有効であるが，制限がある（256条1項ただし書，
2項）。分割禁止の特約の効力は，持分の特定承継人に対しても及ぶが
（254条），不動産については，その登記がなければ，特定承継人に対し
てその特約の効力を主張することができない（不動産登記法59条6号）。

(2)　分割の方法

　　各共有者は，協議（契約）で分割方法を定めることができる。協議分
割方法には制限がないが，おおむね，次の3種のどれかによっている。

①　現物分割（土地を分筆するように，共有物を現実に分配する方法）

②　代金分割（共有物を他へ売却して，その代金を分配する方法）

③　価格賠償による分割（共有者の一人が，対価を他の共有者に支払っ
　　て単独所有とする方法）

　　共有者間の協議が調わないとき，共有者は，共有物の分割を裁判所に
請求することができる（258条1項）。裁判による分割の方法は，現物分
割を原則とするが，場合によって代金分割（258条2項）や価格賠償に
よる分割も認められている。

＊建物の区分所有（区分所有権）

　　　マンションなどの集合分譲住宅では，一棟の建物の中に，各居室などの
　　独立した複数の部分がある。これを，専有部分（独立の所有権の目的とな
　　る各居室など）と全員の共用とされる共用部分，敷地の利用権に分けて，
　　専有部分と敷地の利用権を一体として扱えるようにしているのが，建物
　　の区分所有等に関する法律である。そして，区分所有者全員による団体自
　　治の実現のために管理組合を規定している。

第5章　占　有　権

第1　占有制度の存在理由

1　占　有　権

　　占有権は，物に対する事実的支配そのものに与えられる権利である。所有権，地上権などの物権は，物に対する事実的支配ができるという観念的な可能性を内容とする権利であるのに対し，占有権は，占有している者が実体的な権利者であるかはさておき，とにかく現在その物を支配しているという事実状態を保護しようという制度である。

　　時効制度の存在理由について述べたように，法は元来，あるべき権利関係（正当な権利関係）を制度として認め，現存の事実状態があるべき権利関係と異なるときは，その事実状態をあるべき権利関係に合致させるという作用をする。占有権は，これと異なり，時効制度と同じように，現存の事実状態に一定の法律上の効果を与え，権利を認める異色のものといえる。では，なぜこのような異色の権利を認める必要があるのだろうか。

2　占有制度の存在理由

(1)　社会秩序の維持

　　現存する事実的支配の状態は，それが本権（占有を正当付ける権利）によって裏付けられていないものだったとしても，本権を持つ者が実力で奪い返すこと（自力救済）を許すべきではない。もし，自力救済を許すのであれば，社会の平和，秩序は保たれないことになろう。そこで，現存する事実的支配そのものに権利を認め，これを保護する必要があるのである。

(2)　本権を保護する一つの方法としての占有の保護

　　物を事実的支配の下に置いている者は，通常，本権を有する。したがって，本権を保護する方法として，事実的支配に，一定の法律上の効果を認める必要がある。即時取得や後に述べる権利の適法性の推定は，この根拠を背景に持つといえるであろう。

第2 占有の意義，種類

1 占有の意義

(1) 総 説

占有（自己占有）の成立には，所持と自己のためにする意思の二つが必要である（180条）。占有の成立に所持のほかに何らかの意思を必要とするとする主観主義と，所持のほかに特別の意思を必要としないとする客観主義の立法例があるが，民法は，主観主義を採用している。

(2) 所 持

所持とは，社会観念上，物がその人の事実的支配の下にあると認められる客観的関係をいう。物を物理的に支配する場合が多いが，これと同一ではない。物理的な支配がなくても所持が認められる場合があるし（例えば，旅行中の者も自宅の家財道具を所持しているといえる。），物理的な支配があっても，所持が認められない場合がある（例えば，店番をしている店員は，店の品物を所持しているとはいえない。）。

(3) 自己のためにする意思

所持による事実上の利益を自己に帰属させようとする意思である。例えば，所有者，賃借人をはじめ，盗人もその主観的な意思のいかんを問わず，当然にこの意思を有している。

2 代理占有

(1) 意 義

占有は，占有代理人によって取得することができる（181条）。例えば，建物の賃貸人は，賃借人の所持によって，その建物を事実的支配内に収めていると考えることができるから，このような場合にも，建物の賃貸人にその建物に対する占有を認めることができる。占有代理人が物を所持することにより，本人が取得する占有を代理占有という。

(2) 代理占有の要件

代理占有では，物の所持は，占有代理人によってされる。また，占有

代理人が，本人のためにする意思をもっていることが必要である。

　判例及び多くの学説は，このほかに，本人と占有代理人との間に，占有代理関係が存在することが必要であるとする。例えば，法律行為の代理人と本人，質権者又は地上権者と所有者，賃借人と賃貸人，受寄者と寄託者の間には，それぞれ目的物について，占有代理関係の存在が認められる。

　もっとも，占有代理関係は，本人の事実的支配内にあると社会的に評価される関係であるから，事実的な関係であり，したがって，その関係は，外形上そのような権利関係にあると見られれば足りる。例えば，賃貸借が，法律行為としては無効であっても，事実上賃借人と称する者の所持について，賃貸人との間に占有代理関係が成立する。このことを抽象的に表現すれば，占有代理関係とは，本人が，外形上占有すべき権利を有し，所持者がこの権利に基づいて物を所持するため，所持者が本人に対して，その物を返還すべき義務を負う関係ということができよう。

3　自主占有と他主占有

(1)　意　義

　自主占有とは，所有の意思をもってする占有であり，他主占有とは，それ以外の占有をいう。この区別は，取得時効（162条）や占有者の責任（191条ただし書）などで実益がある。

　所有の意思とは，所有者として占有する意思であって，必ずしも所有者であることは必要でない。所有の意思の有無は，前に述べたとおり，占有を取得するに至った原因（権原）によって，客観的に定められる。

(2)　占有の性質の変更

　民法185条は，他主占有から自主占有へ占有の性質が変化する場合を二つ挙げている。一つは，自己に占有をさせた者に対し，所有の意思があることを表示した場合である。例えば，賃借人が賃貸人に対し所有の意思を有することを表示すれば，賃借人の占有（他主占有）は，その時から自主占有に変わる。

　　他の一つは，他主占有者が，新しい占有権原に基づき所有の意思をもっ
て占有を始める場合である。例えば，賃借人が賃借物を買い取ったと
きは，その時から自主占有者になる。相続は，一般的には，新権原に当
たらないが，相続人が，相続を契機として，相続財産について現実の所
持を取得した場合には，被相続人の占有を承継するとともに，固有の占
有を取得したといえるから，相続人の固有の占有に，所有の意思がある
とみられるときは，被相続人の占有が他主占有であったとしても，相続
人は，新権原により自主占有を始めたといえる。

　　民法185条は，他主占有から自主占有に占有の性質を変更する場合の
規定であるが，自主占有から他主占有に占有の性質を変更する場合にも
準用される。

第3　占有権の承継

1　占有権の譲渡

　占有権の譲渡は，引渡しによってされる。

2　占有権の相続

　被相続人の占有は，相続によって，当然に相続人の占有に移転する。た
だし，被相続人が他人に貸しておいた物を，その人に遺贈した場合のよう
に，被相続人の占有がその死亡と同時に第三者に移転したと見るのが相当
な場合には，占有権は相続されない。

3　占有権承継の効果

(1)　前の占有者の占有

　　占有権が承継される場合には，承継人は，一面において前の占有者の
占有と同一性を有する占有を承継するとともに，他面において自己固有
の占有を新たに始めるものである。したがって，承継人は，自己の占有
だけを主張することも，また，自己の占有に前の占有者の占有を併せて
主張することもできる（187条1項）。前の占有者の占有を併せて主張す
るときは，前の占有者の占有の瑕疵（悪意の占有，過失ある占有など）

も承継する（187条2項）。

　この規定は，取得時効で問題となる。例えば，前の占有者が悪意で占有を始め，10年間占有を継続した後，承継人が善意で占有を始め，10年間占有を継続した場合，承継人は，前の占有者の占有を併せて20年間の占有継続を主張してもよいし，10年間の自己の占有だけを主張してもよい。しかし，前の占有者の占有を併せて主張する場合には，この規定により，悪意の占有（162条1項）としてしか主張することはできないのである。

⑵　承継人

　民法187条にいう承継人に特定承継人が含まれることは争いがない。判例は，かつて包括承継人を含まないとしていたが，その後，包括承継人を含むと解するようになった。包括承継人であっても新たに事実的支配を取得した場合には，承継によって自己の占有が新たに開始するものと解すべきである。

第4　占有の推定力

1　占有権の効力

　占有権の効力は，既に述べた取得時効，動産物権変動の対抗要件のほか，民法186条，188条以下に定められている各種の効力がある。ここでは，占有の推定力についてだけ説明する。

2　占有の推定力

⑴　権利の適法性の推定

　民法188条は，占有者が占有物について行使する権利は，適法に有するものと推定している。ここにいう占有物について行使する権利とは，所有権などの物権だけでなく，占有することを正当とする全ての権利（賃借権など）を含む。物を事実的支配の下に置いている者は，通常，本権を有するということが，占有制度の存在理由の一つであると前に述べたが，このような理由から，この権利の適法性の推定の規定が置か

たものと思われる。

　ところで，甲土地の所有者Aが，占有者Bに対し，所有権に基づく返還請求権を行使して甲土地の返還を求めている場合，Bが，甲土地の占有者であるから本条に基づき適法な権利者だと推定を受けるというのは，いかにも適切でない。判例は，このような場合，民法188条の適用を否定する。このように，本条の適用範囲は限定的であるべきと考えられている。

(2)　**占有の態様に関する推定**

　占有者は，所有の意思をもって，善意，平穏，公然に占有するものと推定される（186条1項）。この規定の適用により，例えば，所有権の取得時効を主張しようとする占有者（162条）は，所有の意思，善意，平穏，公然の要件について，自ら主張立証する必要がないことになる。

　また，前後両時に占有をしている場合，その間の継続占有が推定される（186条2項）。取得時効の例でいうと，20年間又は10年間の継続占有が時効取得の要件となっているが，占有開始時点と，それ以後上記期間が経過した時点での占有が認められれば，その間の継続占有の推定を受けるということである。

第5　占有権に基づく物権的請求権（占有訴権）

1　総　説

　民法は，占有権に基づく物権的請求権を占有訴権として規定する（197条〜202条）。占有訴権の制度が認められたのは，占有制度が社会の平和，秩序の維持を目的とするという点及び占有者自身の自力救済の禁止にその根拠を求めることができる。

　なお，民法は，その効果として，占有の侵害を理由とする損害賠償請求権をも規定しているが（198条，200条），その性質は，不法行為に基づく損害賠償請求権（709条）であり，占有侵害の要件ばかりでなく，故意又は過失を要件としているから，占有権固有の救済手段ではない。

2　占有物返還請求権（占有回収の訴え）

　占有者が占有を侵奪されたことが第1の要件である（200条1項）。占有の侵奪を要件とする点で，所有権に基づく返還請求権と異なる。占有の侵奪とは，占有者の意思に基づかないで占有を失うことをいう。したがって，詐取された場合のように，占有者の意思に基づいた場合や，占有が妨害されているだけで占有が失われたと見られない場合には，侵奪にはならない。

　相手方は，侵奪者自身若しくはその包括承継人又は侵奪の事実を知っている特定承継人であって（200条2項），現に目的物を占有する者でなければならない。これが第2の要件である。事実状態の一応の保護を目的とする占有訴権では，善意の特定承継人に占有が移った以上は，占有侵奪によるかく乱状態が平静に返り，そこに新しい秩序が生まれたと見られるからである。

　その効果として，占有者は，侵奪された物の返還を請求することができる。ただし，出訴期間に一定の制限がある（201条3項）。

3　占有物妨害排除請求権（占有保持の訴え）

　占有者が占有を妨害された場合である（198条）。相手方の妨害行為は，占有以外の方法で占有者の占有を妨害したことを要する。占有者は，妨害の停止，つまり妨害状態の除去，復旧を請求することができる。出訴期間については制限がある（201条1項）。

4　占有物妨害予防請求権（占有保全の訴え）

　占有者が占有を妨害されるおそれのある場合である（199条）。占有者は，妨害の予防措置又は損害賠償の担保提供のいずれかを選択して請求することができる。双方を併せて求めることはできない。妨害の予防措置については，所有物妨害予防請求権の場合と同様である。担保の提供とは，例えば，賠償金の供託，保証人を立てること，担保物権の設定などをいう。これは，不法行為に基づく損害賠償請求権そのものではないから，相手方の故意・過失を要件としない。

　出訴期間の制限がある（201条2項）。

5　占有の訴えと本権の訴えとの関係

　占有の訴えに対し，所有権，賃借権などのような占有を正当付ける権利（本権）に基づく訴えを本権の訴えという。占有の訴えと本権の訴えの関係について，互いに相妨げず（202条1項），占有訴権に基づく訴訟で，本権に関する理由によって裁判をすることはできず，専ら占有訴権の要件の有無のみを判断すべきとする（同条2項）。これらの規定は，占有訴権が，本権とは無関係に事実状態をそのまま保護するものであるから，訴訟においても，本権とは無関係に処理されるべきことを明確にした規定である。

第6章　用益物権

第1　地上権

　地上権は，建物その他の工作物又は竹木を所有するために，他人の土地を使用する権利である（265条）。同じ土地の利用権という点では賃借権と共通であり，地上権と賃借権の相違点は，物権の意義のところで述べたとおりで，前者が物に対する支配権として構成されている物権であるのに対し，後者が人に対する請求権として構成されている債権であるという点である。

　その結果，地上権には譲渡性が当然に認められているのに対し，賃借権は，譲渡性を制限されている（612条）。また，地上権には登記請求権が認められているのに対し，賃借権は，賃貸人がその旨の合意をしない限り，登記請求権は認められていない（605条参照）。

第2　永小作権，地役権，入会権

1　永小作権

　永小作権は，耕作又は牧畜のために他人の土地を利用する物権である（270条）。性質は地上権に類似するが，小作料の支払を要素とする点で異なる。民法が制定された時代には，広く用いられると予想されていたが，今日ではほとんどが賃借権で賄われており，例外的な存在でしかない。

2　地役権

　地役権は，一定の目的に従ってある土地の便益のために他人の土地を利用する権利である（280条）。甲土地の利用のために乙土地を通行する通行地役権がその典型である。甲土地のことを要役地，乙土地のことを承役地と呼ぶ。

3　入会権

　入会権とは，山林原野に対する村落住民の共同収益を保護するために認められた物権である。その権利内容は，原則として慣習に委ねられている

第6章 用益物権

（263条，294条）。

第7章　担保物権

第1　人的担保と物的担保

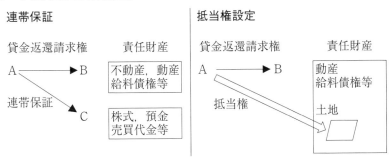

　　AがBに500万円を貸し付けようとするとき，万が一にもBが500万円の返済をしないことに考えを巡らせた場合，Aは，どのような制度（権利）を利用すればよいだろうか。

　　利用すべき制度は，大きく分けて，人的担保と物的担保の二つである。例えば，Bの親や兄弟（C，Dとしよう。）に連帯保証人になってもらうというのが，人的担保の典型である。これを利用することにより，AのBに対する500万円の債権の引当てとなる財産（これを責任財産という。）は，Bの財産のみでなく，C，Dの財産も含まれることになる。人的担保の制度は，引当てとなる財産に変動の可能性が大きいという短所はあるものの，手続は簡便で（借用証書に連帯保証人の署名と押印をもらうぐらいは必要である。446条2項），コストもほとんどかからないというメリットがある。

　　ところで，Bに，連帯保証人になってくれるような資力のある人もいない場合であるとか，いたとしても他に債権者が多くいることから他の債権者に優先して弁済を受けたいという要請が強い場合もある。この場合に利用されるのが，B，C，Dの所有する不動産に抵当権を設定する方法である。これが，物的担保の典型である。不動産の交換価値を把握し，債権の範囲でその価値を独占するわけだから，これを他の債権者などに知らしめるべく，登記という公示方法が対抗要件として必要とされる。したがって，

登記手続をするためのコストはかかる。コストはかかっても，貸付金額が多額の場合など，債権を確実に回収したいという場合には，この物的担保を利用することが多い。もちろん，人的担保と物的担保を併用してもよい。

　以上の人的担保と物的担保を，連帯保証と抵当権設定を例として，イメージとして図式化した。細かい部分は今理解しなくてもよいので，引当てとなる財産の部分に注目してイメージをつかんでもらいたい。

第2　債権者平等の原則と担保物権

　それでは，大まかなイメージはつかめたとして，他の債権者がいる事例で，もう少し具体的にみていこう。【基本事例1】で，AがBに100万円の支払請求をしたのに対し，Bがこれに応じない場合，Aは，確定判決などの債務名義（意義については，債権の効力のところで説明する。）に基づき強制執行をすることを考えるほかない。金銭債権の強制執行では，債務者の責任財産（一般財産ともいう。）を換価処分して債権を回収することになるが，他にも債権者C，Dがいて，換価代金がこれらの債権の合計額に満たない場合は，その換価代金を債権額に応じて案分する方法がとられる。例えば，換価代金が180万円，CのBに対する債権額が200万円，DのBに対する債権額が300万円とした場合，換価代金からAが回収できる金額は30万円，Cは60万円，Dは90万円となる。この債権額に応じて債権者に平等に分配する方式を，債権者平等の原則と呼んでいる。そうすると，債権の総額が一般財産を上回る場合，債権者は，十分な弁済を受けられないことになる。

　Aにしてみれば，債権者平等の原則によらず，他の債権者を差し置いて自分が優先的に弁済を受けたいと思うであろう。そのためには，Aのために特定の財産（B所有の物に限らない。）に担保物権を設定するのが有効である。例えば，AがBに100万円を貸す際，AB間で，B所有の甲建物に抵当権を設定する契約を結ぶことにより，甲建物の価値からAが優先して弁済を受ける権利を確保しておくのである（369条1項）。具体例で言うと，

Aが甲建物に抵当権を設定した上，対抗要件としての抵当権設定登記を具備し，甲建物が競売手続により180万円で換価された場合，まず抵当権者であるAが100万円の優先弁済を受け（優先弁済権），残りの80万円を債権者C，Dが債権額に応じて案分して配当を受ける。C，Dのように，担保物権も持たない債権者を一般債権者という。

　このように，抵当権者は，債権者平等の原則を破って優先弁済を受けることが保障されている。抵当権は，債務者の財産状態が悪化したときの備えといえよう。

第3　担保物権の位置づけ

　担保物権とは何かを説明する前に，人的担保と物的担保，債権者平等の原則と担保物権の説明をした。なぜなら，「担保物権は，物を支配する権利である物権の一種である。」といった理論的説明から入るよりも，まずは，実際に担保物権が果たしている機能を説明する方が理解が進みやすいからである。担保物権は，物に対する権利とはいえ，その性質は他の物権と比べてかなり特殊であり，優先弁済効などの特殊な効力を持った債権であると思った方が，初学者にはその実体が理解しやすいかもしれない。

第4　抵当権
1　意　義

　通常の民法の解説書では，担保物権の書き出し部分には，担保物権の意義，種類，効力などが解説され，次いで，留置権，先取特権，質権，抵当権と，民法が規定する順序に従って個々の担保物権の説明がされている。しかし，この本では，抵当権を担保物権の典型として例に挙げて，人的担保と物的担保，債権者平等の原則と担保物権の順に説明した。このような論述順序になったのは，担保物権の中で抵当権が最も利用されているし，担保物権の典型である抵当権を理解することにより，ほぼ担保物権の性質をカバーすることができると考えたからである。

　抵当権は，物を直接支配する物権として規定されている。抵当権が，物の何を支配しているかといえば，それは物の使用ではなく，交換価値である。抵当権は，物の使用は所有者に任せながら，交換価値のみを把握するという点に特徴をもつ担保物権である（369条1項）。

2　担保物権としての性質

　抵当権は，債権担保のための権利であるから，抵当権によって担保される債権（被担保債権という。）が消滅すれば，抵当権も消滅するという付従性がある。被担保債権が譲渡されれば担保物権も債権とともに移転するという随伴性もある。また，抵当権の効力を強めるため，債権全部の弁済を受けるまで，目的物の全体について抵当権を行使できるという不可分性もある（372条，296条）。さらに，担保物が売却されたり賃貸されて代金や賃料を生じた場合には，抵当権はそれらのものに対しても効力を及ぼすことができるという物上代位性も有している（372条，304条）。

　なお，抵当権が設定されてその登記がされた物件について，その所有権が第三者に移転された場合にも，抵当権の効力は維持される。抵当権が人に対する請求権ではなく，物を支配する権利である以上，当然のことといえるが，この効力を追及効と呼ぶ場合もある。

3　抵当権設定契約

　抵当権は，直接に抵当権の発生を目的とする契約によって設定される。この契約を，抵当権設定契約という。その当事者は，通常，債権者（抵当権者）と債務者（抵当権設定者）であるが，債務者以外の第三者が抵当権設定者となることもできる（369条1項参照）。この第三者を物上保証人という。

　また，抵当権設定契約は，抵当権という物権の発生を目的とする契約（物権契約）であるから，抵当権設定者が目的物について処分権を有していなければならない。したがって，目的物について処分権を有しない者が，抵当権設定の合意をしたとしても，抵当権は発生しない。なお，抵当権設定契約においては，抵当権が設定される目的物が特定され，かつ，抵当権に

よって担保される債権（被担保債権）が特定される必要がある。

4　抵当権の目的物，登記，順位

　抵当権は，目的物の使用を抵当権設定者に任せながら目的物の交換価値だけを把握する物権であるから，抵当権を公示することができる目的物についてのみ認められる。その適格性がある目的物は，登記という公示手段を持つ不動産，地上権，永小作権，動産でも登記や登録制度が整備されている船舶，工場施設などに限定される（369条参照）。不動産（土地建物）に抵当権を設定した場合，その対抗要件は登記であり，抵当権設定登記をしなければ，抵当権を第三者に対抗することができない（177条，不動産登記法3条7号，60条，83条，88条参照。また，抵当権設定登記の例は，巻末の資料2，3の乙区欄を参照）。

　また，抵当権は，特定の被担保債権の担保のための権利であるから，その範囲でのみ，目的物の交換価値を把握すればよい。したがって，その把握する範囲も限定されていた方が，抵当権設定者において余剰価値を利用して複数の抵当権を設定することが可能になる。しかし，抵当権の効力には，順位を付けておかなければ，目的物を換価し，配当を実施しようというときに困る。このようにして，抵当権の順位という概念が出てくるのである。

　例えば，「第2」で挙げた例で，抵当権者Aのほかに，債権者Cも甲建物に抵当権を持っていた場合，A，Cの優劣は，どちらが先に抵当権設定登記をしたかによって決まる（373条）。Aが先に登記を備えたとすると，Aが1番抵当権者，Cが2番抵当権者というように呼ばれる。そして，前の例だと，Aが100万円，Cが80万円の優先弁済を受け，抵当権を持たないDは弁済を受けることができないことになる。

　なお，抵当権により優先弁済を受け得る範囲は，被担保債権の元本のみに限定されるものではなく，元本に関する利息，遅延損害金も含まれる。しかし，永年の経過により，利息，遅延損害金が膨らむ可能性もあるので，余剰の担保価値を利用できるように，その範囲は，最後の2年分の利息，

遅延損害金に限定されている（375条）。

5　抵当権の実行

　抵当権の権利実行の手続については，民事執行法が規定しているから，本来民法の解説書で説明すべき分野ではない。しかし，抵当権に基づく不動産競売が民事実務に占めている重要性を考えると，その概要をここで説明することが有益であると思う。

　抵当権者が抵当権を実行しようとする場合，その申立書とともに，抵当権設定登記がされている不動産登記事項証明書を裁判所に提出する。裁判所は，所定の形式的事項を審査すれば，被担保債権の有無を調査することなく，不動産競売手続を開始する（民事執行法181条1項3号）。債権者が，その権利に基づいて民事執行手続を進めようとする場合，その資格として，確定判決や公正証書に代表される債務名義を持っていることが必要とされるのが原則であるが，抵当権の場合には，債務名義なくして実行することができるのである。

　不動産競売手続では，具体的には，裁判所が目的不動産を差し押さえ（民事執行法188条，45条，46条），これを入札などにより売却し（同法188条，64条），その売却代金を抵当権者らに配当する（同法188条，84条）。抵当権が，例えば，被担保債権の弁済により消滅している場合にも，抵当権設定者などが裁判所に対して，執行異議という不服申立てをしなければ（同法182条），手続の進行を阻止できないことになっている。

　また，平成15年の民事執行法の改正により，新たに担保不動産収益執行制度が新設された（民事執行法180条2号参照）。この制度は，抵当権者が，抵当権に基づいて，抵当不動産の売却の手続とは独立して，その収益から優先弁済を受けるものである。これまで，強制執行手続に関しては，強制管理制度が存在したが（同法93条以下），抵当権の実行手続には，かかる制度が存在しなかった。そこで，例えば，抵当権の設定された建物が賃貸されて賃料債権が発生している場合において，抵当権者は，従来，後述する物上代位を利用して，賃料債権に基づく賃料を取得していた。不動

産収益執行制度は，抵当権者においても強制管理と同様の手続を利用することを可能にしたものである（民事執行法188条により，具体的な手続については，強制管理の規定が準用されている。）。

6　抵当権の及ぶ目的物の範囲

民法は，抵当権の効力の及ぶ範囲について，目的物である不動産に付加して一体となった物（付加一体物）に及ぶ旨規定している（370条本文）。ここにいう付加一体物に付合物（242条）が入ることに異論はないが，従物（87条1項）もこれに含まれるかについては争いがある。例えば，土地に抵当権が設定されている場合のその土地上の取り外しのできる庭石，建物に抵当権が設定されている場合の，その建物の物置，その建物内の畳，ふすまなどである。従物は，前に述べたとおり，主物の社会経済的な効用を十分に発揮させるために附属させられた物であるから，抵当権が把握している交換価値に含まれていると解すべきである。したがって，付加一体物には従物が含まれると解するのが相当である。また，従たる権利も，従物同様，抵当権の効力が及ぶ。例えば，債務者が，土地を賃借してその土地上に建物を所有している場合，建物に設定された抵当権の効力は，建物所有権の従たる権利である借地権にも及ぶことになり，抵当権が実行されて建物を買い受けた者（買受人）は，借地権付き建物を取得する。

なお，「果実」（天然果実，法定果実）については，その担保する債権について債務不履行があったときは，その後に生じたものについて抵当権の効力が及ぶ（371条）。この点は，従来争いのあったところであるが，平成15年改正によって，同条が設けられ，立法的な解決が図られた。

7　抵当権と利用権

抵当権設定登記前に，地上権又は賃借権が対抗要件を備えていた場合（民法605条，借地借家法10条1項，31条），地上権又は賃借権は，抵当権者に対抗することができ，抵当権が実行されても消滅せず，買受人に対してその権利を主張することができる。これに対し，抵当権設定登記後に地上権又は賃借権が対抗要件を備えた場合には，地上権又は賃借権は，抵

当権者に対抗できず，抵当権が実行されて目的物が売却されると消滅し，原則として，買受人に対してその権利を主張することができない（民事執行法188条，59条2項）。以上の結論は，抵当権と利用権との優劣関係を決しようという場合，一般的な考え方から導き出すことができる。

ところで，繰り返しになるが，抵当権は，目的物の交換価値のみを把握する物権であるから，目的物の利用は所有者に委ねられる（369条1項参照）。したがって，所有者は，抵当権設定後も目的物に賃貸借契約を設定して収益を上げることができる。もっとも，抵当権がいつ実行されるか分からず，実行されて目的物が売却されれば賃借権が消滅し，賃借権者が直ちに目的物を明け渡さなければならないというのでは，賃借する者もいないであろう。そうすると，目的物の所有者は，抵当権設定後は目的物から収益を上げることが困難になる。そこで，平成15年改正前の民法は，短期の賃貸借（602条）は，抵当権設定登記後に登記をしたものであっても（借地借家法10条1項，旧31条1項の対抗要件でもよいと解されていた。）抵当権者に対抗できるという規定を設けていた（旧395条）。

ところが，この短期賃借権保護の制度は，実務上は，悪用，濫用されることが大変多かった。例えば，抵当権が付いた建物に入り込み，賃借権者と称して，抵当権が実行されるのを妨害したり，立退料を要求したりするのである（これを仕事とする者は，占有屋などとも呼ばれていた。）。そこで，平成15年改正により短期賃貸借を保護する制度は廃止された。もっとも，改正された民法は，抵当権と賃借権（用益権）の調整について，2つの制度を新設した。第1は，建物明渡猶予制度である。新たに規定された395条は，抵当権に対抗できない建物賃借権であっても，一定の要件を具備した場合（395条1項1号及び2号参照）には，6か月間建物の明渡しを猶予されることとなった。同条の適用については，その対象が建物賃借権であること，その存続期間の長短は関係がないことなど，従来の短期賃貸借保護制度とは異なっている。

第2は，抵当権者の同意の登記がある場合の賃借権（建物賃借権，土地

賃借権）に対抗力を認めた制度である（387条）。同条は，登記をした賃貸
借は，その登記前に登記をした抵当権を有する全ての者が同意し，かつ，
その同意の登記があるときは，その同意をした抵当権者に対抗することが
できる旨規定した。

8　法定地上権

　例えば，BがAから融資を受ける際，その所有する土地と土地上の建物
のうち，建物についてのみ抵当権を設定した後，Bが融資金の返済ができ
ずに抵当権が実行され，建物をCが競落したとする。元々，土地と建物が
別の所有者に属するのであれば，敷地の利用権は既に存在しており，前に
述べたとおり，土地利用権は従たる権利としてCに移ることになる。しか
し，設定者が土地と建物の所有者であった場合，Cは，建物所有権を取得
するだけで，土地の利用権を取得できないことになりかねない。

　そこで，民法は，抵当権設定当時，土地上に建物が存在し，土地と建物
が同一の所有者に属する場合，そのいずれか一方又は双方に抵当権が設定
され，競売により土地所有者と建物所有者が異なることになったときは，
その建物について地上権を設定したものとみなすことにした（388条）。例
えば，土地建物の所有者が建物にのみ抵当権を設定し，競売により建物の
所有権が移転した場合，土地所有者である抵当権設定者は，新建物所有者
のために地上権を設定したものとみなされる。地上権は，本来当事者間の
契約により発生するが，この場合，法律が地上権の発生を擬制したので，
法定地上権と呼ばれている。

9　抵当権と物権的請求権

　抵当権も物権であるから，抵当権者は侵害者に対して妨害排除請求をす
ることができる。しかしながら，抵当権は交換価値を支配しているにすぎ
ず，抵当不動産の使用・収益には原則として干渉することはできないので，
通常の物権の妨害排除請求とは異なる面がある。

　例えば，抵当不動産である山林の樹木（通常は，樹木にも付加一体物と
して抵当権の効力が及んでいる。）を抵当権設定者が通常の使用・収益の範

囲を超えて伐採した場合には，抵当権の把握する目的物の価値を違法に減少させるものとして，抵当権者は抵当権に基づき妨害排除請求（損傷，分離及び搬出などの行為の差止め，分離処分の禁止，搬出された分離物の回収など）ができると考えられる。

　また，抵当不動産である建物を第三者が不法占有するとき，これにより競売手続の進行が害されて適正な価額よりも売買価額が下落するおそれがあるなど，抵当不動産の交換価値の実現が妨げられ抵当権者の優先弁済請求権の行使が困難となるような状態がある場合には，第三者の占有は抵当権に対する侵害となり，抵当権者は第三者に対して直接に抵当権に基づき妨害排除請求できると解されている（最大判平成11年11月24日民集53巻8号1899頁，最判平成17年3月10日民集59巻2号356頁）。

10　物上代位

　抵当権は，目的物が売却されたり賃貸されたりして代金や賃料を生じた場合，目的物について抵当権設定者が受けるべき金銭その他の物に対しても，その効力が及ぶ（372条による304条の準用）。このような担保物権の効力を物上代位という。例えば，抵当権の設定された建物が賃貸されて賃料債権が発生したとき，抵当権の効力は，賃料請求権にも及ぶ。ただし，抵当権者は，金銭などが抵当権設定者に払渡し又は引渡しされる前に差押えをすることが必要である（304条ただし書）。

11　根抵当権

　通常の抵当権（根抵当権と区別するために，普通抵当権とも呼ばれる。）であれば，特定の債権，例えば，AのBに対する12月11日の消費貸借契約に基づく1000万円の貸金返還請求権というように，被担保債権は特定されており，これを被担保債権とする抵当権が設定される。

　ところで，もし，AとBが，継続的な取引関係にあり，比較的少額の売買を繰り返す場合，そのためにいちいち個々の被担保債権を特定して抵当権を設定し，かつ登記をしなければならないとすれば，抵当権設定登記と抵当権抹消登記を繰り返すということになり，手続も面倒だし，登記のた

めの費用も大きな負担となる。そこで，ＡＢ間の商取引というように，一定の被担保債権の枠をはめた上，金額については抵当権によって担保される金額の上限額（これを極度額という。）を定めた抵当権を認めた。これが根抵当権であり，民法は，398条の2以下に，普通抵当権と異なる部分についての詳細な規定を置いた。

第5　担保物権の種類

1　約定担保物権と法定担保物権

　抵当権のように，債権者と設定者の間で契約を結ぶことによって成立する担保物権を約定担保物権という。抵当権のほかに質権がある。このほかに，契約によらず，一定の要件のもとに当然に成立する担保物権を法定担保物権という。法定担保物権には，留置権と先取特権がある。

2　種　　類

　民法が規定する留置権，先取特権，質権，抵当権の4種類の担保物権は，いずれも債権担保のために認められたものではあるが，その目的を達成する手段に違いがある。

　留置権は，目的物を留置して債務者に心理的圧迫を加えて債務の弁済を促す権利であるが（295条），債務の弁済がないときに担保物を売却して得た代金を他の債権者に優先して自己の債権の弁済に充てる権能（優先弁済権）は有していない。

　先取特権には，債務者の一般財産全体にその効力が及ぶ一般先取特権（306条以下）と，債務者の特定の財産に対してのみ効力が及ぶ特別先取特権（311条以下）がある。先取特権は，一般債権者には優先して弁済を受けることができるものの（303条），抵当権や質権には劣後する場合が多い（334条～340条）。

　質権は，留置権と同様に，担保物を留置して弁済を心理的に強制する方法と併せ，抵当権のように優先弁済を受ける権利も有する（342条）。

3　動産売買先取特権

　抵当権を除く担保物権で，時折，法律実務上問題となるのが，動産売買先取特権である（321条）。例えば，AがBに商品（動産）を売る場合，Aは，代金を確実に回収しようと思えば，人的担保なり，物的担保なりをとればよいのだが，商品が動産であり，かつ継続的に取引をしようとする場合，Bの信用で取引をしてしまい，担保をとるという手続までは踏まない場合も多い。

　無担保で売買を行ったものの，Bが倒産し，Bに財産はほとんどないという場合にも，売買の目的となった動産がまだBのところにあれば（先取特権は，目的物が第三者に引き渡された後は，行使することができない，つまり追及効がない。333条），Aは，この動産自体を売買代金の弁済に当てたいと思うであろう。また，目的物が第三者に転売されているものの，転売代金が支払われていない場合には，Aは，物上代位により，その転売代金債権を差し押えてそこから弁済を受けたいと思うであろう（304条）。これが，動産売買先取特権であり，一般債権者に優先する効力が与えられている。

　動産売買先取特権については，その権利の実行手続，物上代位など，なお実務上未解決な問題も多い。

第6　非典型担保

1　意　　義

　以上の民法が定めた4種類の担保物権を典型担保といい，それ以外の担保を非典型担保という。仮登記担保，譲渡担保，所有権留保などがそれであり，慣習法上，判例法上認められたものである（仮登記担保については，判例法上認められた後，その明確化を図るため，仮登記担保法が制定された。）。ここでは，非典型担保のうち，実務上重要な譲渡担保についてのみ説明する。

2　譲渡担保

　AのBに対する貸金を担保するため，Bの所有物をAに譲渡した上で占

有改定により引渡しを行い，期限までにBが貸金を返済できればその物を
Bに返却し，返済できなければAがその物を取得するという担保である。
債権担保のために売買（所有権の移転）という形式を用いている点に特色
がある。目的物は，不動産，動産，債権など広い範囲の財産権がその対象
とされており，不動産，動産の場合には，一般に，目的物は設定者の下に
あるままのことが多い。

　さて，譲渡担保で考え方が分かれるところは，その形式どおり譲渡担保
権者を所有者と評価するか（所有権的構成），その実質に従って譲渡担保権
者は担保権を持っているだけとするか（担保的構成）にある。判例は，譲
渡担保権設定者の破産の場合，譲渡担保権者が別除権（破産手続によらず
に行使できる権利）を行使することを認めて，担保権として扱い，目的物
が譲渡担保権設定者の債権者から差押えを受けたような場合には，譲渡担
保権者が第三者異議の訴えによることを認め，所有権者として扱っている。
このような判例の見解につき，理論的に一貫していないと批判する学説も
あるが，判例は，むしろ，手続に応じて譲渡担保権者に適切な救済が図ら
れるように扱っていると考えてよいように思われる。

第3編　債　権　法

第1章　債権法概説

【基本事例3】

　Aは，Bとの間で，A所有の甲建物とその敷地乙を代金合計5000万円でBに売るとの合意をした。

　AB間の法律関係について説明せよ。

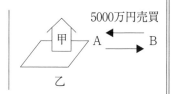

第1　これまで民法総則，物権法で学んだこと

　この事例で，AB間の合意は，法律行為の中でも，相対立する意思表示の合致によって成立する場合であるから，契約である。そして，甲建物と乙土地の所有権の移転（物権変動）は，意思表示のみによってその効力を生じる（意思主義，176条）わけだから，AB間の売買契約の効力として，甲建物と乙土地の所有権は，AからBに移転する。しかし，甲建物と乙土地は別個の不動産であり，所有権の移転を第三者に対抗するためには，Bが甲建物及び乙土地につき，それぞれ対抗要件である登記の具備を必要とする（177条）。そこで，Bは，自己の所有権を第三者に対抗し得る確実なものにするためには，甲建物及び乙土地についての所有権移転登記を受ける必要がある。登記については原則として共同申請主義が採用されているので，Bは，登記手続について登記義務者であるAに協力してもらう必要がある。しかし，Aがこれに任意に応じないときには，Bは，Aに対し，所有権移転登記手続を求めることになる。

第2　これから債権法で学ぶこと

1　契約の効力発生

　この事例を基にして，債権法全体を眺めてみることにしよう。売買契約が成立すると，AのBに対する代金債権が発生し，BのAに対する甲建物及び乙土地の引渡債権が発生する。これは売買契約の効力の問題であり，典型契約としての売買契約の規定の中に規定されている。A，Bは，それぞれこれらの権利に基づき，代金支払請求権，甲建物及び乙土地の引渡請求権を行使することができる。

2　弁済―債権の消滅

　次に，Bが代金5000万円をAに支払った場合，どうなるか。一旦発生したAのBに対する代金債権は，弁済によって満足を受けて消滅する。債権総則に「債権の消滅」という節があり，債権の消滅事由が規定されており，その典型例が弁済である。

3　債務不履行に基づく損害賠償

　Aが約束された引渡期日までに，甲建物と乙土地を引き渡さないので，Bは，差し当たり住むアパートを借り，既に家賃10万円の支出を余儀なくされた。Bは，Aにその家賃分10万円の支払請求をすることができるだろうか。これはつまり，Bは，Aの債務が履行されないことによる損害の賠償請求をすることができるかということであり，債権の効力としての債務不履行の問題として，債権総則に規定されている。

4　保証―多数当事者の債権関係

　Aは，Bの給料だけだと，ローンの支払に不安があると感じたが，Bの父は金持ちである。Aがローンの支払を確実に受けるための法的手段としては，どのようなものがあるか。甲建物と乙土地に担保物権を設定するという確実な方法もあるが，これとは別にあるいは併存する形で，Bの父に，Bの連帯保証人になってもらうという方法がある。債権総則に，多数当事者の債権関係の規定があり，この中に保証，連帯保証の規定がある。

5　同時履行の抗弁権

Bは，Aから甲建物と乙土地の引渡しを受けていないのに，Aから，代金5000万円の支払請求を受けた。Bは，これに応じざるを得ないか。民法は，双務契約に特有の効力として，契約総則に同時履行の抗弁権を規定した。そこで，Bは，この抗弁権を行使して，「甲建物と乙土地の所有権移転登記及び引渡しを受けるまで代金5000万円を支払わない。」と言い，Aの請求を拒むことができる。

6 危険負担

売買契約成立後，甲建物が落雷による火事で焼失した。この場合，BのAに対する甲建物引渡請求権は履行不能となるが，その場合，Aは，Bからの代金支払請求に応じなければならないか。これが危険負担と呼ばれている問題である。これも，契約総則に規定がある。

7 契約の解除

Aは，引渡期日に甲建物と乙土地をBに引き渡そうとしたが，Bはこれを拒み，代金の支払にも応じない。そこで，Aは，Bとの売買契約をゼロに戻し，別の買主Cに売り渡してしまいたい。そのためには，Aは，Bとの売買契約を解除して自分の債務を免れておく必要がある。契約の解除も，契約総則に規定がされている。

8 不当利得返還請求

AがBに甲建物を引き渡した後，Cが甲建物を権原なく占有した。このような場合，BはCに対し，甲建物の賃料に相当する金員を請求することが考えられる。この根拠となり得るのが，不当利得返還請求である。なお，この場合，不法行為に基づく損害賠償請求も根拠となり得る。

9 不法行為に基づく損害賠償

AがBに甲建物を引き渡した直後，Cが甲建物に放火し，甲建物は全焼した。このような場合，Bは，Cに対し，不法行為に基づく損害賠償請求をすることができる。不法行為は，民法典の第三編債権の最終章に規定されている。

第3　債権法の構成

　これから債権法を学ぶに当たって，債権法の構成を概説することにしよう。まず，債権の発生原因は，債権法の後ろの方に契約，事務管理，不当利得，不法行為の四つが規定されている。前の方に規定されている債権総則は，債権に共通する規定というよりは，債権の性質論，移転，消滅等が規定内容になっている。したがって，債権総則の部分は，どうしても抽象的・観念的になりがちなので，この点に留意して読み進んでもらいたい。

第2章　債権の種類

第1　「与える債務」と「なす債務」

　　債権は，いろいろな型に分類できる。まず，物を引き渡す債務を「与える債務」という。例えば，ワイン10本を引き渡す債務のように，物の占有を移転することを内容とする債務である。

　　物の引渡し以外の作為又は不作為を内容とする債務を「なす債務」という。弁護士が依頼された事件の訴訟事務を処理したり，歌手が劇場で歌を歌ったりする作為債務や，眺望を害するような建物を建築しないとか，近所では浴場を開設経営しないとかの不作為債務が「なす債務」の例である。

　　後に述べるが，「与える債務」と「なす債務」とでは，強制履行の方法が異なっている。この点で，「与える債務」と「なす債務」を区別する実益がある。

第2　特定物債権，種類債権，金銭債権，選択債権

1　特定物債権

(1)　意　義

　　特定物債権とは，特定物の引渡しを目的とする債権である。特定物とは，当事者が物の個性に着眼して取引をする物であって，この土地，この絵画というように，世界中に同じものはない。その物が給付の対象となる。そうすると，特定物債権は，その目的物が何らかの理由で滅失すれば，直ちに履行は不能となる。つまり，債務者には，これと同じような物（個性に着目した取引なので，全く同じ物はない。）を他から調達する義務はないことになる。

＊給付の意義

　　　　債権法の分野では，度々，給付という言葉が登場する。給付とは，債権の目的となっている債務者の行為のことをいい，作為，不作為を問わない。給付というと，日本語としては，積極的な行為のイメージを抱か

せるが，そうではない。このような日常用語と法律用語のギャップが生
じるのは，日本の法律用語の多くが外国の法律用語の翻訳語であること
に由来している。

(2)　善管注意義務

　　特定物債権について，民法400条は，債務者がその引渡しをするまで，
契約その他の債権の発生原因及び取引上の社会通念に照らして定まる
善良な管理者の注意をもって，その物を保存しなければならない旨規定
している。例えば，AがBに，特定の絵画を売った場合，AはBに対し
て，その絵画を引き渡す義務があるが，その引渡しをするまでは，その
絵画が汚れたり，破損したりしないように管理をする義務がある。これ
を善管注意義務という。自己のためにするのと同一の注意（827条）や，
自己の財産に対するのと同一の注意（413条1項，659条）の場合，その
人の日常の注意力を標準として，それと同程度の注意を払うことで足り
る。これに対し，善管注意義務は，これよりも重く，契約の性質，契約
の目的，契約の締結に至る経緯等の諸事情を考慮し，併せて取引上の社
会通念をも勘案して要求される程度の注意を払う必要がある。

　　善管注意義務に違反した場合，債務が履行されなかったということに
なり，損害賠償を請求されたり，契約を解除されたりすることがある。
特定物債権については，このほか，債務の履行方法（483条，484条）な
どで特別の取扱いを受ける。

2　種類債権

(1)　意　義

　　種類債権とは，一定の種類の物の一定量の引渡しを目的とする債権で
あり，目的物一つ一つの個性に着目されたものではない。種類債権は，
不特定物の引渡しを目的とする債権ということになり，不特定物債権と
も呼ばれる。大量に生産される代替可能な品物を目的物として行われる。
例えば，ビール10ダースの売買の場合に，買主に生じる債権がこれに当
たる。一定の種類の物について，更に特殊の範囲で制限している場合も

ある。例えば，この倉庫の中にビールが100ダースあるが，そのうちの10ダースを引き渡すという約束をする場合に生じる債権である。これを制限種類債権という。

＊特定物債権と種類債権

　このように二つの概念が必要なのは，一言でいえば，効果が異なるからである。特定物債権では，債務者の義務は履行までその物を保存し，引き渡すことに尽きる。したがって，仮にその物が引渡し前に滅失すれば，代わりの物はないわけだから当然に履行は不能となり，損害賠償等の問題になる。これに対し，種類債権では，債務者の保存義務は定められておらず，債務者は同じ種類の物を市場から調達すべきことになる。

　民法401条1項は，種類債権について，どのような品質の物を引き渡すべきかということの基準を示している。第1に，当事者の意思で決められるが，これで明らかでないときは，第2に，法律行為の性質によって決められ，これでも明らかでないときには，第3に，中等品を給付すべきとしている。

(2)　**種類債権の特定**

　民法401条2項は，種類債権の目的物の特定について規定している。種類債権も，債務者が履行をするときには，引き渡すべき目的物を選定することになる。民法は，一定の時期を標準として，それ以後，債権の目的物は，選定されたその物（特定物）になるとしている。特定するといっても，全く特定物債権と同じになるというわけではないので，種類債権の集中と呼ぶ人もいる。特定の時期については，民法401条2項が二つの場合を規定している。

ア　**債務者が物の給付に必要な行為を完了したとき**

　どの程度の行為をすれば，これに当たるかについて一概にはいえない。履行の場所との関連で，三つの場合に分けられる。

㋐　**持参債務**

　目的物を債権者の住所で引き渡す債務を，債務者が持参する点に

着目して，持参債務（484条1項後段参照）という。この場合，目的物を債権者の住所において債務の本旨に従って現実に提供することによって特定する（493条本文参照）。例えば，ビール1ダースを引き渡すとの持参債務の場合，債務者が債権者の住所にビール1ダースを持参し，これを受領するよう債権者に求めれば，これによって持参したビール1ダースが，債権の目的物となる。債務者がここまでの行為をすれば，物の給付に必要な行為を完了したといえるからである。

　一方，目的物の品質等に契約内容との不適合がある場合，債務の本旨に従った提供とはいえないので，特定の効果が生じないと解されている。

(イ)　取立債務

　目的物を債権者の住所で引き渡す債務を，債権者が取り立てる点に着目して，取立債務という。この場合，債務者が目的物を同種の他の物から選別（分離）し，債権者が取りに来れば直ちに引き渡せるように準備をした上で，債権者に準備ができたことを通知することによって特定する。例えば，ビール1ダースの取立債務では，債務者が自分のところにある50ダースのビールのうちから1ダースをより分け，債権者に準備ができたことを連絡すれば，より分けたビール1ダースが，債権の目的物として特定する。

(ウ)　送付債務

　債権者又は債務者の住所以外の第三地で引き渡すべき債務を送付債務という。第三地が履行をなすべき場所である場合には，持参債務に準じ，第三地で提供することによって特定すると考えられる。

イ　債権者の同意を得て給付すべき物を指定したとき

　債務者が，債権者から目的物を指定する権利（指定権）を与えられ，その指定権を行使したときである。

(3)　特定の効果

　　種類債権について，特定の時期が問題とされるのは，特定が生じる前後によって，法律上の取扱いが異なってくるからである。具体的には，善管注意義務の発生（400条）などに関して違いが生じる。

　　また，【基本事例3】で，売買の目的物が甲建物と乙土地ではなく，丙出版社の新品の六法全書1冊だった場合どうなるか。種類と数量だけを定めて契約がされた種類債権の場合には，所有権が売買契約のみによって移転するわけではない。種類債権の目的物が特定した時に，初めて六法全書1冊の所有権が，売主であるAから買主であるBに移転するという効果が生じる。

3　金銭債権

　　金銭債権とは，一定の金銭の支払を目的とする債権である。金銭は法律上は無限に調達可能であると考えられているから，種類債権の最も徹底した形態といえよう。また，目的物の個性が完全に捨象されているので，いろいろな点で特別の取扱いを受ける。

　　民法は，402条で，特別の定めがなければ，債務者は，自由に各種の通貨で支払をすることができるものと定めている。つまり，10万円を支払うのに，1000円札で支払ってもよいし，5000円札で支払ってもよいし，1万円札で支払ってもよいということである。

　　金銭債権については，このほか，債務不履行に関して419条の特則がある。

4　選択債権

　　当事者の合意で，給付の目的を「パソコン1台の引渡し又は現金20万円の支払」などとした場合のように，給付の目的を何通りかのものの中から選べるようにした債権が，選択債権であり，その選択権は，原則として，債務者にある（406条）。前に述べた種類債権も，いずれ給付の段階では，いずれかの物に特定されるものである点において共通するが，種類債権は同一種類の物の中から特定されるものであるのに対し，選択債権は，違う種類の複数の給付の中から，債権の目的を選択する点で異なる。

第3章　債権の効力

第1　現実的履行の強制

1　総　説

　債権は，人が人に対して一定の給付を請求できる権利であるから，本来債務者の給付があって初めて実現される。債務者がそのとおりの給付を履行してくれればよいのだが，自発的に履行をしない場合，債権者は，国家機関を通じて，強制的に債権の内容を実現するしかない。近代法は，債権者に自力救済を禁止している代わりに，国家機関を通じた権利の実現を保障したのである。この国家機関を通じた債権内容の強制的実現を，現実的履行の強制と呼んでいる。自発的な履行，つまり任意履行と比較する意味で，強制履行（民事執行法上は，強制執行という用語が用いられている。）という。

　民法は，債務の性質が強制履行を許さないものである場合を除き，債権者は債務の強制履行を裁判所に請求することができると規定し，その方法については，直接強制，代替執行，間接強制という具体例を示しながら，民事執行法等の法令の規定による旨規定している（414条）。

＊債務名義

　それでは，【基本事例１】で，ＡＢ間で100万円の消費貸借契約が結ばれたという事実についてはＢの実印が押された借用証書がある上に，何人もの立会証人もいて，通常は争えない状況だったとしよう。Ａは，Ｂに対し，100万円の貸金返還請求権があるとして，Ｂの給料の差押えの手続をとることができるか。

　直ちにはできないというのが正しい。いくらＡの権利が存在することが関係者の目から見て明白でも，強制執行手続をするためには，債務名義が必要である。強制執行によって実現されるべき実体法上の給付請求権の存在と内容を明らかにし，これを基本として強制執行をすることを法律が認めた一定の格式を有する文書を債務名義と呼んでいる（民事執行法22条）。債

務名義の典型例は，裁判所の確定判決である（同条1号）。この裁判所の確定判決を得るための手続を規定しているのが民事訴訟法である。今は民法の勉強をしているのだから民事訴訟法や民事執行法は関係ないなどと思わないでほしい。これくらいの基礎知識は，民法を学ぶ上で必要かつ有益である。

＊公正証書

　公正証書は，主要都市にある公証役場に赴いて，公証人に作成してもらう証書である。こうして作成された公正証書は，契約の内容，成立時期等について強い証明力を有しているし，公正証書によって作成される特別の遺言（公正証書遺言）もある（969条）。公正証書のうち，債務者が直ちに強制執行に服する旨の陳述が記載されたものが執行証書であり，確定判決と並ぶ債務名義の典型例である（民事執行法22条5号）。巻末の資料4は，その書式例である。

2　直接強制

　直接強制とは，執行機関の実力行使によって，権利内容をそのまま実現する強制執行である。金銭債権の執行では，債務者の財産を換価処分して，その換価代金のうちから債権額分を債権者に与えるのを原則としている（民事執行法第2章第2節）。また，物の引渡しを内容とする債権の執行においては，執行官が債務者の占有を取り上げ，これを債権者の占有に移すのが原則である（同法第2章第3節）。このほか，物の返還請求権の執行についても，直接強制の方法が用いられる。直接強制は，このような「与える債務」の強制執行に適した執行方法である。

3　代替執行

　代替執行とは，債務者が債務を履行しない場合に，裁判所の裁判によって，第三者にこれを行わせ，その費用を債務者から強制的に徴収する強制執行である（民事執行法171条）。例えば，建物を収去する債務や垣根を作る債務のように，債務者以外の第三者にさせても債権内容の実現ができる債務（代替的作為債務），又は建物を建築しないという債務に違反して建物

を建築した場合のように，不作為債務の違反が有形的状態で現存している場合の有形的状態を除去するための執行方法である。「なす債務」のうち，債務者本人が行わなくとも債権の内容の実現が可能な債務について行われる執行方法といえよう。

4　間接強制

　間接強制とは，債務者が債務を履行しない場合に，裁判所が，一定期間に履行しないときは一定額の金銭を支払うように命じ，債務者を心理的に圧迫して履行させる強制執行である（民事執行法172条）。

　従来，間接強制は，直接強制によることも代替執行によることもできない債務（不代替的作為債務・不作為債務）に限って認められていた（間接強制の補充性）。しかし，このような補充性に関しては，その合理性に疑問があったことから，平成15年の民事執行法の改正において，物の引渡債務や代替的な作為債務及び不作為債務についても，間接強制の方法によることが認められた（民事執行法173条）。なお，ある請求権につき複数の執行方法が存在することとなったが，どの執行方法によるかは，権利実現に最も利害関係を有する債権者の自由選択に委ねられることとなった。

　各種の強制執行のいずれの方法も執り得ない債務については，債務不履行による損害賠償を請求することによって，債権の効力を維持する以外にない。

5　意思表示をすべき債務の強制履行

　意思表示をすべきことを債務者に命ずる判決その他の裁判が確定し，又は和解，認諾若しくは調停等に係る債務名義が成立したとき，債務者は，その確定又は成立の時に意思表示をしたものとして取り扱われる（民事執行法177条1項本文）。例えば，【基本事例3】で，売主Aが甲建物及び乙土地の所有権移転登記手続に協力しない場合，Aが所有権移転登記手続をするとの確定判決を得ることによって，Aが所有権移転登記手続に必要な意思表示がされたものと取り扱われ，所有権移転登記における共同申請の原則（不動産登記法60条）にかかわらず，Bが単独でその登記申請手続を

することができるようになる（同法63条1項）。

　このほか，債権譲渡の通知（467条）も，観念の通知ではあるが，この執行方法による。

第2　債務不履行による損害賠償

1　総　説

　債務者が自発的に（任意に）債務の履行をしない場合，債権者は，前に述べた強制履行の方法によって，その債権内容を実現することはできる。しかし，性質上強制履行のできない債務もあるし，強制履行によって債権内容の実現が得られたとしても，その時期が遅れるため，債権者に損害が生じることが考えられる。また，債権発生当時は債権の内容の実現が可能であっても，後にそれが不能となること（例えば，家の引渡債務において，その建物が焼失した場合）が考えられる。債権者が，債務の不履行によって生じた損害の補てんを受けられないような事態が生じれば，債権は，有名無実の内容になってしまいかねない。

　そこで，民法は，債権者が，債務の不履行によって被った損害の賠償を求める制度を設けた。

　損害賠償請求権は，債務不履行の場合のほか，不法行為（709条以下），無権代理人の責任（117条1項）など，いろいろな原因によって発生する。

2　債務不履行の態様

(1)　総　説

　民法415条1項は，損害賠償を請求することができる場合として，債務の本旨に従った履行をしないときと，履行が不能であるとき（履行不能）の二つの場合を掲げている。前者の代表例は，履行遅滞（412条）であるが，履行遅滞と履行不能のいずれにも当てはまらないものも含まれる。例えば，不完全履行といわれるものがある。履行遅滞は，債務の履行が可能なのに，履行期を過ぎても履行しないことであり，不完全履行は，履行はしたが，それが不完全な場合である。このほかにも，債務者

が債務の履行を拒絶する意思を明確に表示した場合（415条2項2号）
なども，債務の本旨に従った履行をしないときに当たる。

　以下，債務不履行のうち，履行遅滞，履行不能及び不完全履行という
代表的な三つの態様に応じて，要件を説明し，効果を一括して説明する。

(2)　履行遅滞の要件

　ア　履行期に履行が可能なこと

　　履行が不能な状態であれば，履行不能の問題となり，履行遅滞の問
　題ではなくなる。

　イ　履行期が経過したこと

　　履行期と遅滞の関係については，412条が規定している。確定期限
　が履行期として定められている場合，当然のことではあるが，期限の
　経過した時から履行遅滞となる（412条1項の文言上は，期限の到来
　と規定されているが，期限までに履行すれば債務不履行責任を負わな
　いはずであるから，正確には期限の経過と解すべきである。）。例えば，
　10月1日が履行期のとき，その日中に履行しなければ遅滞になる。ま
　た，10月中に履行するとか，10月末までに履行するとかいうように，
　一定の期間をもって履行期としている債務については，期間の末日，
　つまり10月の場合なら10月31日が確定期限である。

　　不確定期限が履行期として定められている場合，債務者が，期限到
　来後に履行の請求を受けた時，又は期限の到来したことを知った時の
　いずれか早い時から履行遅滞になる（同条2項）。

　　期限の定めのない債務の場合，債権者は，いつでも請求できるのが
　原則であるが，遅滞の責任は，債務者が履行の請求を受けた時から生
　じる（同条3項）。

　ウ　履行期に履行をしないこと

　　債務者が履行をしない場合，遅滞の問題が生じるが，債務の履行に
　債権者の協力を必要とする行為については，債務者だけでは履行がで
　きないから，債務者としてできるだけの行為をすれば，遅滞にならな

い（492条）。例えば，10万円を支払うという債務は，債務者が10万円を持参して債権者の元へ届けたとしても（484条1項参照），債権者が受領しなければ，履行が済んだことにはならず，債権は消滅しないが，債務者が弁済の提供（493条）をしさえすれば，債務者は遅滞の責任を負わない。

　したがって，履行遅滞の効果が発生するために必要な，履行期に履行をしないという要件は，厳密には，履行期に債務者が弁済の提供をしないということを意味する。

エ　遅滞が違法であること

　履行遅滞を正当化する事由のないことである。例えば，【基本事例3】で，ＡＢ間の売買において，Ｂが履行期に代金を支払わなくても，Ａが売買の目的物である甲建物及び乙土地を引き渡さないときには，その引渡しがあるまで代金支払を拒絶する権利がある（同時履行の抗弁権，533条）から，履行遅滞にはならない。したがって，履行遅滞が生じるためには，このような意味で，履行期に履行をしないことが違法であること（違法性阻却事由がないこと）が必要である。

　なお，債務者が，同時履行の抗弁権を持っている場合のほか，留置権（295条）がある場合も同様である。

(3)　履行不能の要件

ア　債務の履行が不能であること

　債務の履行が契約その他の債務の発生原因及び取引上の社会通念に照らして不能であることであり（412条の2第1項），履行不能となったのが契約成立の前後いずれであったかは問わない。

　履行期に債務を履行できないといえることが必要であり，履行が一時的に不能となっても，履行期には可能であれば，履行不能にはならない。しかし，売買の目的物が滅失した場合のように，通常は履行期前に不能になれば，履行期にも不能であると見られる場合が多いであろう。このような場合，履行が不能になった時点で，履行期を待たず

に履行不能の効果が生じる。

イ 履行不能を正当化する理由のないこと

理論上必要とするだけであって，実際上この要件が問題になること
は，まずない。

⑷ 不完全履行の要件

ア 履行があったこと

債務の履行として，何らかの給付があることが必要である。債務の
履行とみられる行為がないときには，履行遅滞又は履行不能の問題を
生じるにすぎない。つまり，債務者が不完全な弁済の提供をしても，
債権者がこれを拒む限り，不完全履行の問題にはならない。例えば，
およそ債務の履行には，債権者の協力が必要な場合がほとんどで，金
銭の支払債務の履行，物の引渡債務の履行でも，債権者が受領するこ
とが必要である。受領がない以上，履行がされたとはいえないから，
この要件を満たさないことになる。

イ 履行が不完全であること

履行が債務の本旨に従わない場合，一応履行とみられる行為がある
限り，履行期に遅れた場合を除き，不完全履行の問題になる。履行期
に遅れて履行がされた場合は，履行遅滞の問題になる。

履行された目的物の品質や性能に契約内容との不適合がある場合，
履行の方法が不完全な場合（例えば，物品を運送する債務の履行に当
たり，運送の方法が乱暴であったり，カーテンを取り付ける債務の履
行に当たり，ガラス窓を破損したりするような場合）が主な例である。

ウ 不完全な履行が違法であること

理論上必要とするだけであって，実際上この要件が問題になること
は少ない。

3 債務不履行についての債務者の帰責事由

債務不履行があれば，債務者は原則として損害賠償責任を負うことにな
るが，民法415条1項後段は，債務不履行が債務者の責め（せめ）に帰す

ことができない事由によるとき（帰責事由がないとき）は，例外的に，債務者は損害賠償責任を負わない旨を定めている。

　帰責事由の有無は，問題となった債務に係る給付の内容や債務不履行の態様から一律に定まるのではなく，「契約その他の債務の発生原因及び取引上の社会通念に照らして」（415条1項後段）判断される。債務の履行に際して債務者以外の者（従業員等）を使用した場合の債務者の帰責事由の有無についても，これらに照らして判断されることになる。

　履行遅滞後に，債務者の帰責事由によらずに履行不能が生じた場合はどうなるか。例えば，AがBに名画1点を売却し，これを4月1日までにB宅に持参する債務を負っていたとしよう。ところが，Aが，その債務の履行を怠っているうちに，4月5日A宅に落雷があり，その名画はA宅と共に焼失してしまい，Aの債務は履行できないことになった。Aの債務の履行不能は，直接には落雷という不可抗力を原因とするが，もし，Aが履行期に債務を履行していたならば，履行不能にならなかったはずである。したがって，履行遅滞後の不能については，遅滞につき債務者の責めに帰すべき事由がある以上，不能自体について帰責事由があるものとみなされ，履行不能の責任を負うことになる（413条の2第1項）。

4　債務不履行の効果―損害賠償請求権

(1)　総　説

　債務不履行の法律効果のうち主なものは，損害賠償請求権と契約解除権の発生である。民法は，損害賠償と解除のどちらかを選択してもかまわないし，両方が可能な場合には両方の権利を行使することもできるとしている（545条4項）。契約の解除については，第8章契約総論で述べることとし，ここでは損害賠償請求権について説明する。

　債務不履行による損害賠償請求権の発生要件としては，債務不履行があるほか，債権者に損害が生じたことと，その損害と債務不履行との間に因果関係があることが必要である。

　損害賠償請求権は，債務不履行と因果関係を有する範囲の損害につい

てのみ認められるから，この発生要件の問題は，同時に損害賠償請求権の内容，つまり効果の問題にもなる。

(2)　損　害

　損害は，財産上の損害と精神上の損害に分けられる。精神上の損害を慰謝料という。債務不履行による損害賠償の場合，不法行為に関する民法710条のように慰謝料請求ができるとの明文の規定はないが，解釈上認められている。

(3)　因果関係—賠償すべき損害

　債務不履行による損害賠償請求権は，債務不履行と相当因果関係を有する範囲内の損害について認められる。その内容は，通常生ずべき損害（416条1項）と特別の事情によって生じた損害（416条2項）に分けられる。

　通常生ずべき損害（通常損害）は，

①　Aという原因事実があったために，Bという損害が生じたという具体的な因果関係

②　具体的事件を離れて考えて，その種の原因事実（例えば，売買契約に基づく物の引渡債務の履行不能）があれば，社会一般の観念に従って，通常その種の損害（上記の例であれば，履行不能時の目的物の価格）が生じるであろうという客観的な因果関係

の両者を具備する場合である。

　特別の事情によって生じた損害（特別損害）は，

①　通常損害と同様の具体的因果関係

②　その種の原因事実に，その具体的事件について存する特別の事情（例えば，債務が履行されていれば，買主が，他に高価で転売できたという事情）を付加して，社会一般の観念に従って考えた場合に，通常その種の損害（例えば，目的物を転売することによって得たであろう利益の喪失）が生じるであろうという客観的な因果関係

の両者を具備する場合である。

　　　特別損害について賠償請求権が認められるためには，その特別の事情
　について債務者が予見すべきであったといえることが必要である（416
　条2項）。その基準時は，不履行の当時であるが，一般的にいえば，履行
　遅滞については履行期，履行不能については不能時，不完全履行につい
　ては不完全な履行をした時（履行時）と考えることができる。

(4)　慰謝料

　　　慰謝料は，財産上の損害と同じような計数的な算定はできない。債権
　者の苦痛の程度，不履行の前後の事情，債権者の地位・身分，当事者双
　方の資産状況などを広く考慮に入れて，決められているのが実情である。

(5)　賠償の性質

　　　債務不履行による損害賠償の性質としては，履行が遅れたことによる
　損害の賠償（遅延賠償）と債務の履行に代わる損害の賠償（てん補賠償）
　が考えられ，それぞれ次のような場合に請求することができる。

　ア　遅延賠償の請求が可能な場合

　　　履行遅滞の場合，債権者は，依然として債務者に対し，本来の債務
　の履行を請求できるのであるから，その損害賠償の性質は，履行が遅
　れたことによる損害の賠償（遅延賠償）であるのが原則である。

　　　また，不完全履行の場合であって，追完可能なとき（例えば，電気
　冷蔵庫（新品）1台の売買で，その性能が不十分な場合であれば，同
　型の性能が完全な物の引渡しを得られる。）は，履行遅滞に準じて遅延
　賠償の請求ができる。

　イ　てん補賠償の請求が可能な場合

　　(ｱ)　履行不能の場合，債権者は，本来の債務の履行を請求する権利を
　　　持たないから（412条の2第1項），てん補賠償を請求することがで
　　　きる（415条2項1号）。

　　　　不完全履行の場合であって，追完不能なとき（例えば，カーテン
　　　を取り付ける債務を履行したが，ガラス窓を割ってしまったような
　　　場合であれば，後にガラス窓を割らないようにカーテンを取り付け

るというのは無意味である。）は，履行不能に準じて，てん補賠償の請求ができると考えられる。

(ｲ)　債務者がその債務の履行を拒絶する意思を明確に表示した場合，債務のてん補賠償の請求ができる（415条2項2号）。このような場合，履行不能には当たらないものの，もはや，債務者による債務の履行を期待することができないからである。

(ｳ)　履行遅滞の場合であっても，債務不履行により契約の解除権が発生したときは，債権者は，契約の解除をするまでもなく，債務者に対し，てん補賠償をすることができる（415条2項3号後段）。例えば，定期行為（542条1項4号）の場合には，履行期の徒過後に，定期行為でない場合には，一定の期間を定めた催告をして，その期間が経過した後に（541条参照），それぞれ解除をしないで，てん補賠償を請求することができる。

　また，契約を債権者と債務者の合意により解除した場合など，既に契約が解除された場合（415条2項3号前段）にも，てん補賠償を請求することができる。

(6)　**賠償の方法**

　損害賠償の方法は，特別の約束のない限りは，金銭の支払による（417条）。

(7)　**損益相殺**

　債務不履行は，債権者に損害を与えると同時に，利益を与える場合がある。その場合，その利益が，債務不履行と相当因果関係に立つものであれば，損害からその利益を控除したものが損害賠償額となる。相殺という言葉が用いられているが，債務消滅原因としての相殺（505条）と違って，相殺の意思表示を要するものでもなく，当然に控除される。例えば，買主が売主の住所において機械の引渡しを受けることになっている機械の売買において，その機械が履行期前に滅失して履行不能となった場合には，不能時におけるその機械の価格（損害）から買主が売主の

元へ引き取りに行く費用（出費を免れることにより利益を得たことになる。）を控除したものが損益相殺後の損害賠償額になる。

5　損害賠償の特則

(1)　金銭債務についての特則

金銭債務の債務不履行については，一般に，履行遅滞が問題となるだけであるが，これについては，民法419条に特則がある。

賠償額は，期間に応じた利息相当額である。この場合の利率は，債務者が履行遅滞の責任を負った最初の時点における法定利率によるのが原則である（419条1項本文。法定利率については404条参照。）。その時点より後に法定利率が変わったとしても，当初の法定利率によることになる。もし，当事者間に法定利率より高い利率の利息に関する特約があるときは，その約定利率による（419条1項ただし書）。この場合，損害賠償としての利率に特約があるのであれば，これも有効であるが，民法420条1項によるのであって，民法419条1項によるのではない。金銭債務の損害賠償は，実害とは無関係であり，それ以上の損害が仮に存在してもその損害賠償を請求できない。

また，債権者は，損害の生じたことを証明する必要がない（419条2項）。

他方で，債務者は，不可抗力によって履行遅滞を生じたのであると主張しても責任を免れることはできない（同条3項）。例えば，大震災のため，返済期日に債権者宅に返済に行くことができなかったとしても，法定の利率による履行遅滞による賠償責任を免れない。

(2)　過失相殺

債務不履行又はこれによる損害の発生若しくは拡大に関して債権者にも過失がある場合，損害の全額を債務者に負担させることは公平に反する。このような場合，賠償の責任及び額を適当に制限しようとするのが過失相殺である（418条）。債務消滅原因としての相殺（505条）とは全く別個の制度である。

　債権者の過失にも二通りの場合が考えられる。第1は，債務不履行自体が発生することにつき債権者に過失がある場合，第2は，損害の発生又は拡大につき債権者に過失がある場合である。例えば，AがBを自動車で運送する途中，AB両者の過失により自動車が衝突した場合が，第1の例であり，Aだけの過失で衝突した場合に，Bが不注意にも適当な手当てを怠ったために傷が悪化した場合が，第2の例である。

　債権者の過失の性質や程度に従って，債務者の賠償すべき額が軽減される。また，民法418条は，損害賠償の金額ばかりでなく，責任についても債権者の過失を考慮すると規定しているので，債権者の過失が大きく，諸般の事情を考慮して，債務者に賠償責任を負わせること自体が相当でないと認められる場合には，賠償責任を負わせない場合もある。なお，不法行為の場合にも過失相殺の制度が認められている（722条2項）が，両者については違いもあるので，後に述べる。

(3) **賠償額の予定**

　賠償額の予定とは，当事者が，あらかじめ債務不履行の発生することを予想して，賠償すべき額の合意をした場合のことである。例えば，建築の請負契約で，約定の日に完成しない場合に1日につき5000円の賠償をすると約したり，金銭の消費貸借契約で，遅延損害金の利率を年10パーセントと約したりするような場合や（遅延賠償），特定物の売買契約で，当事者が，もし引渡しが不能となった場合には，その代わりとして，10万円を賠償すると約したような場合（てん補賠償）である。

　損害額の立証の困難，賠償額の決定の困難を回避するために，このような特約がされることも多い。賠償額の予定があるとき，裁判所は，真実の損害額について審査する必要がない。ただし，金銭の消費貸借についての賠償額の予定については，利息制限法4条，7条で，賠償額の元本に対する割合が一定限度に制限されている。また，消費者と事業者との間の契約において消費者が支払う損害賠償額の予定については，消費者契約法9条で，未払額の年14.6パーセントを上限とするなどの特則

が設けられている（消費者契約法についてはp253参照）。

　賠償額の予定と類似しているものに違約金がある。違約金は，賠償額の予定のように，その趣旨や効果が一定しているとは限らない。例えば，債務不履行があれば，とにかく約束どおりの違約金を支払うべきものとし，実際の損害については，別にこれを計算して請求し得る余地を残す趣旨の場合もあり，あるいは，損害賠償の最低額の予定であったり，あるいは，通常の賠償額の予定の意味であったりする。民法は一般に違約金を賠償額の予定と推定した（420条3項）。推定にすぎないから，当事者は，反対の意思表示の存在を証明することにより，この推定を覆し，実際に企図された違約金の趣旨や効果を主張し得る（なお，利息制限法4条2項参照）。

(4)　賠償者の代位

　民法422条は，債権者が損害賠償として物又は権利の価額の全部の支払を受けた場合，債務者は，その物又は権利について当然に債権者に代位すると規定する。当然に債権者に代位するというのは，譲渡行為を必要とせず，その物の所有権又は第三者に対する損害賠償請求権などが債権者から債務者に移転するということである。つまり，債務者が全部の賠償をしたら，もとの債権者の地位にとって代わることができるということである。加害者（債務者）と被害者（債権者）の経済的な公平を図る制度であり，不法行為にも類推適用される。

　例えば，BがAから借りて運転していたA所有の自動車が，Bの過失で大破し，自動車として用をなさなくなった場合，BがAに自動車の価格全額200万円を賠償したとしよう。この場合，くず鉄として，なおその自動車は若干の価値があるのだが，この所有権をそのままAが保持するのではAの取り過ぎ（不当利得）となるので，その所有権は，AからBに当然移転するものとした。同様に，この自動車が大破した原因がBの過失とともに第三者の不法行為が重なって生じたものである場合，BがAに自動車の価格全額を賠償したのであれば，Aの第三者に対する不

法行為による損害賠償請求権は，Bに当然移転する。この場合，物の引渡し，債権譲渡の通知などの権利移転に伴う対抗要件の具備を必要としない。

(5) 代償請求権

　　民法422条の2は，債務者が，履行不能となったのと同一の原因により債務の目的物の代償である権利又は利益を取得したときは，債権者は，損害の額の限度において，債務者に対し，その権利の移転などを請求することができると規定する。

　　例えば，BがAに対して建物の引渡債務を負っていた場合において，その建物が火災により滅失したとき，Bが火災保険により保険金を受け取る債権があれば，Aがその債権を移転するよう請求することができることになる。

第3　債権者代位権

1　責任財産の保全

　　あなたが友人に金を貸す際，確実に返済してもらおうとすれば，適当な不動産に抵当権を設定して登記しておくこと（物的担保）がまず考えられる。しかし，実際の取引社会では，適当な不動産がない場合も多いし，あったとしても，少額の取引で物的担保を取るとコストが掛かりすぎてしまうことから，個人の信用によって取引を行うことも多い。

　　このような担保を取っていない債権者を一般債権者ということは，前に述べたが，一般債権者にとって債務者の財産の保全は切実な問題である。なぜなら，債権者は，債務者が任意に金銭債務を履行しない場合，民事執行手続（強制執行）によって債務者の財産を強制的に換価し，その満足を図るしかなく，債務者の財産がその金銭債権の引当てになっているからである。この強制執行の対象となる債務者の全財産のことを責任財産と呼んでいる。責任財産が十分にあれば，債権者も安心していられるが，それが少なければ，債権者は，債権の満足を得られない場合も生じてくる。

　そこで，民法は，債権者が債務者の責任財産を保全するため，一定の場合，債務者の財産の管理処分について干渉することを認め，債権者代位権と詐害行為取消権を規定した。債権者代位権は，債務者が自己の権利を行使しない場合に債権者が債務者の権利を代わって行使することによって責任財産を保全する制度，詐害行為取消権は，債務者がした責任財産減少行為を債権者が取り消すことによって責任財産からの財産の流出を防ぐ制度である。

2　債権者代位権の意義

　債権者代位権は，債権者が，自己の債権を保全するため，債務者の有する権利を代わって行使することのできる権利である（423条）。

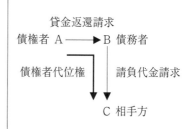

　例えば，【基本事例1】で，Bが貸金を返済せず，唯一の財産であるCに対する200万円の請負代金について，取立てもしないままに放置しているため，その請負代金請求権が消滅時効にかかる寸前になっている場合，Aは，Bに代わって，BのCに対する請負代金請求権を行使することができる。

　AのBに対する債権のことを被保全債権といい，BのCに対する債権のことを被代位権利という。また，代位権行使の相手方であるCは，債権者Aにとって，債務者Bの更に債務者であるから，第三債務者とも呼ばれる。

＊代位と代理

　　代位と代理とは異なる。代理は，既に述べたように，代理人の権限の範囲内で法律行為をした効果が本人に帰属する制度である。これに対し，代位は，行使する権利はあくまで被代位者の権利であり，債権者が，被代位者に代わって行使することが，法によって認められている制度である。

3　債権者代位権の要件

　債権者が債権者代位権を行使するためには，次の要件を具備する必要が

ある。

(1) **債権者の債務者に対する債権が存在すること（被保全債権の存在）**

　ア　**被保全債権が原則として履行期にあること**

　　　債権者代位権は，原則として保全される権利が弁済期に達していな

　　い場合には行使できない（423条2項本文）。弁済期にないときは，強

　　制執行をすることができないので，保全の必要性がないからである。

　　　この原則については，例外がある。保存行為，つまり債務者の財産

　　の現状を維持する行為（例えば，時効の完成猶予及び更新のための請

　　求，未登記不動産の保存登記など）については，債権の履行期前であっ

　　ても，債権者代位権の行使ができる（423条2項ただし書）。

　イ　**被保全債権が強制執行により実現可能であること**

　　　債権者代位権は，債務者の財産を保全して強制執行の準備をするた

　　めの制度であるから，強制執行することのできない債権を被保全債権

　　とする代位権行使はできない（423条3項）。

(2) **債権者の債権を保全するために必要なこと（債権保全の必要性）**

　　　債権者代位権は，債権者が債務者の財産管理に干渉するものであるか

　　ら，その行使は，債務者の責任財産が不十分となって，債権を保全する

　　必要が生じている場合に限られる。したがって，債務者の無資力（債務

　　者の責任財産が，総債権者の債権を弁済するに足りるだけの価値のない

　　こと）が要件となる（423条1項本文）。

(3) **被代位権利が一身専属権又は差押禁止債権でないこと（被代位権利の**
　　適格性）

　　　債権者代位権の目的となる債務者に属する権利は，一身専属権（例え

　　ば，親族間の扶養請求権，離婚請求権などのように，権利を行使するか

　　どうかを権利者個人の意思に任せるべき権利）であってはならない。

　　　また，差押えが禁止された権利も代位行使することができない。差押

　　えが禁止された権利は強制執行ができないため，強制執行の準備として

　　行う債権者代位権の行使を認める必要がないからである。差押えが禁止

された権利には，例えば，生活保護の給付請求権や，給料債権の一部などがある（423条１項ただし書）。

(4)　**債務者が自らその権利を行使しないこと（債務者の権利不行使）**

　　債権者代位権は，債務者が権利を行使しない場合に認められる権利であるから，債務者が自らその権利を行使したときは，債権者は，もはやその権利を代位行使することができない。債権者は，債務者が訴えを提起したときに，別に訴えを提起することもできない。

4　債権者代位権の行使の方法及び効果

(1)　**権利行使の方法**

　　債権者代位権は，詐害行為取消権とは異なり，裁判外でも行使することができる。

(2)　**代位行使の範囲**

　　債権者は，債務者の権利が可分であるときは，自己の債権の額の限度においてのみ，代位行使ができる（423条の２）。必要以上に代位行使を認める必要はないからである。

(3)　**債権者への支払又は引渡し**

　　債権者が債務者の権利を代位行使したとき，その法律上の効果は債務者に帰属する。債権者に帰属するのではない。債権者は，権利の代位行使によって債務者に帰属したその財産に対して強制執行をすることにより，債権の満足を図ることとなる。これが，制度の基本に忠実な権利実現のプロセスである。

　　しかし，被代位権利が金銭の支払又は動産の引渡しを目的とするものであるときは，相手方から債務者がこれらを受領しなければ債務者の責任財産を構成できない。そのため，債権者は，被代位権利が金銭の支払又は動産の引渡しを目的とするものであるときは，相手方に対し，その支払又は引渡しを自己に対してすることを求めることができる（423条の３）。

　　このとき，債権者が受領したものが金銭である場合は，債権者は，債

務者の債権者に対する受領金返還債権と，債権者の債務者に対する被保
全債権とを対当額で相殺することにより（505条1項），事実上，優先弁
済を受けることができる。これに対し，債権者が受領したものが動産で
ある場合は，債権者は，これを債務者に返還することなく，被保全債権
に基づいて強制執行することができる（民事執行法124条参照）。

(4)　**相手方が債務者に対して有する抗弁の取扱い**

　　債務者自身が権利を行使した場合と比較して，相手方が不利益に扱わ
れる理由はないから，相手方は，債務者に対して主張できる抗弁（例え
ば同時履行の抗弁権や弁済）を，債権者に対抗することができる（423条
の4）。

(5)　**債務者の取立てその他の処分の権限等**

　　債権者代位権は，債務者の責任財産を保全するため，債務者が自ら
権利を行使しない場合に限って，債権者に行使が認められるものであ
るから，債権者が被代位権利を行使した場合であっても，債務者はそ
の権利について取立てその他の処分（例えば債権譲渡など）をするこ
とができ，相手方が債務者に対して履行をすることも妨げられない
（423条の5）。

(6)　**債権者代位訴訟に関する訴訟告知**

　　債権者が債権者代位に係る訴えを提起し，判決がされた場合には，そ
の判決の効力は，債権者のみならず債務者にも及ぶことから（民事訴訟
法115条1項2号参照），債務者に訴えがあったことを認識させ，その審
理に参加する機会を与えるため，債権者は，債権者代位に係る訴えを提
起したときは，遅滞なく，債務者に対し，訴訟が係属したことを知らせ
なければならない（訴訟が係属したことを知らせることを訴訟告知とい
う。423条の6）。

＊**債権者平等の原則と債権者代位権**

　　　担保物権の章で，債権者平等の原則を説明した。この原則は，本来民
法が適用される分野を支配しているはずであるが，以上のとおり，債権

者代位権では守られていないし，次に述べる詐害行為取消権でも，いわ
ば骨抜きにされている。現状を踏まえると，むしろ，債権者平等の原則
が支配しているのは，民事執行，破産の分野においてであるといえよう。
おおまかに言うと，民事執行は，債務者の個別の財産を換価し，債務名
義を有する債権者に公平・平等に分配する手続，破産は，債務者の全財
産を換価し，総債権者に公平・平等に分配する手続であるといえよう。

5　債権者代位権の転用

　債権者代位権は，本来，債務者の責任
財産を保全するための制度であるから，
債権者の有する債権は金銭債権であるこ
とが必要なはずである。しかし，金銭債
権ばかりでなく，登記・登録請求権を保
全するために債権者代位権を利用するこ
ともできる（423条の7）。

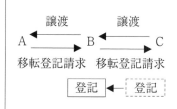

　例えば，CからBに甲土地が売却され，その後，BからAに甲土地が転
売されたが，未だにCからBに甲土地の所有権移転登記がされていない場
合，Aは，BのCに対する所有権移転登記請求権を代位行使して，Cに対
し，Bのもとに甲土地の所有権移転登記手続をするように請求することが
できる。

　このように，債権者代位権を転用して行使するための要件としては，債
権者の債務者に対する債権が存在することで足り，債務者の無資力を要件
としない。なぜなら，債権者代位権の転用は，本来の債権者代位権のよう
に，債務者の責任財産の保全を目的とするものではないからである。

判例は，AがBからB所有の乙土地を賃借していたところ，Cが勝手に乙土地を不法占拠したような場合，Aは，賃借権を保全するため，BのCに対する所有権に基づく返還請求権を代位行使して，CからB又はAに，乙土地を引き渡すよう請求することができるとしている。

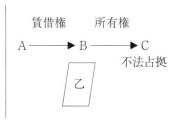

＊**特定債権**と**特定物債権**

　　債権者代位権の転用が認められている，金銭債権でない特定の給付を請求する権利のことを，特定債権と呼ぶことも多い。ここで混乱しがちなのが，前に述べた特定物債権との違いである。特定物債権は，特定債権とは異なり，特定物の引渡しを目的とする債権である。

第4　詐害行為取消権

1　総　説

詐害行為取消権は，債権者が，債務者による責任財産を不当に減少させる行為の効果を否定して，債務者の資力の回復を図る権利である（424条）。例えば，**【基本事例1】**で，Bが唯一の財産である甲土地

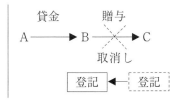

をCに贈与した場合，Bの債権者であるAは，Bのこの贈与によって，強制執行の対象となる財産を失うことになるから，BC間の贈与を取り消すことができ，もしCに所有権移転登記がされてしまっていれば，その抹消登記手続をCに請求することができる。この場合の債務者Bによる贈与などの行為の相手方Cを受益者という。

　債権者代位権の場合と同様に，詐害行為取消権は，債権者が，債務者の責任財産を保全するため，債務者の財産の管理処分について干渉することを認めたものであるが，債権者代位権は，債務者の消極的態度（不作為あ

るいは怠慢）によって財産が減少することを予防するものであるのに対し，詐害行為取消権は，債務者の積極的処分によって減少した財産の回復を図るものである。

2　受益者に対する詐害行為取消権の一般的要件

債権者が受益者に対して詐害行為取消請求をするためには，次の要件を具備する必要がある（424条）。

(1)　債権者の債務者に対する債権が存在すること（被保全債権の存在）

ア　詐害行為によって害される債権（債権者の債権）は，制度の目的からいって，金銭債権であるのが本則である。しかし，特定物の給付債権であっても，債務不履行により損害賠償債権に変わり得るから，結局，債務者の責任財産によって担保されるものである。したがって，この種の債権であっても，詐害行為取消権を行使するまでに金銭債権に変わっていれば，詐害行為取消権によって保全される債権となることができる（通説・判例）。

イ　債権者の債権は，債務者が詐害行為をする前の原因に基づいて生じたものであることが必要である（424条3項）。債務者の詐害行為より後の原因に基づいて生じた債権は，詐害行為によって害されたとは言えないからである。

ウ　債権者の債権が強制執行により実現することができない債権である場合は，詐害行為取消請求をすることができない（424条4項）。詐害行為取消権は，強制執行をする準備として責任財産を保全する制度であるからである。例えば，破産免責の手続によって免責された債権に基づいて詐害行為取消請求をすることはできない。

(2)　債務者が債権者を害する行為をしたこと（詐害行為）

ア　債権者を害するとは，債務者の行為によって，債務者の責任財産が減少し，総債権者に満足を与えることができなくなることを意味する。

イ　財産権を目的としない行為（婚姻，養子縁組，相続の放棄など）は，債務者の意思を尊重する必要があるため，詐害行為取消権の対象とな

らない（424条2項）。

(3)　**債務者及び受益者が債権者を害することを知っていたこと（詐害意思）**

　　債務者は，詐害行為の当時，債権者を害することを知ってその行為を
することが必要である。債権者を害することを知ってというのは，債務
者の責任財産が減少して債権者が完全な弁済を受けられなくなることを
認識していれば足り，特定の債権者を害する意図までは必要ない。

　　ただし，受益者（前例のC）が，詐害行為の当時，債権者を害するこ
とを知らなかったときは，債権者は，詐害行為取消請求をすることがで
きない（424条1項ただし書）。

3　行為類型ごとに定められた要件の特例

　詐害行為取消権には，上記2の一般的要件の(2)(3)とは別に，詐害行為の
類型ごとに定められた要件の特例がある。

(1)　**相当の対価を得てした財産の処分行為（相当価格処分行為）**

　　債務者が適正価格で自己の所有する不動産を売却した場合のように，
相当の対価を得てした財産の処分行為は，原則として詐害行為取消請求
をすることができない。しかし，例外的に次の①から③までの要件の全
てを充たした場合には，詐害行為取消請求をすることができる（424条の
2）。

①　当該行為が，不動産の金銭への換価その他の当該処分による財産の
種類の変更により，債務者において隠匿，無償の供与その他の債権者
を害することとなる処分（隠匿等の処分）をするおそれを現に生じさ
せるものであること（同条1号）

②　債務者が，その行為の当時，対価として取得した金銭その他の財産
について，隠匿等の処分をする意思（隠匿等処分意思）を有していた
こと（同条2号）

③　受益者が，その行為の当時，債務者が隠匿等処分意思を有していた
ことを知っていたこと（同条3号）

(2)　**特定の債権者を利する行為（偏頗行為）**

　　　多重債務を負担している債務者が一部の債権者に弁済した場合や，一部の債権者に自己が所有する不動産に抵当権を設定する場合など，債務者がする特定の債権者に対する弁済その他の債務消滅行為（代物弁済，相殺，更改など）や担保提供行為（以下，両者を併せて「弁済等」という。）に対しては，原則として詐害行為取消請求をすることができない。しかし，次の2つの例外がある（424条の3）。

ア　債務者が弁済等を支払不能の時に行った場合

　　　この場合，次の①及び②のいずれの要件も充たすときには，詐害行為取消請求をすることができる（同条1項）。

　　　①　当該行為が，債務者が支払不能（いわゆる破産状態）であった時に行われたものであること（同項1号）

　　　②　当該行為が，債務者と受益者とが通謀して他の債権者を害する意図をもって行われたものであること（同項2号）

イ　債務者の弁済等が債務者の義務に属さないか，その時期が債務者の義務に属さない場合

　　　期日前の弁済など，その時期が債務者の義務に属さない場合などにおいて，次の①及び②のいずれの要件も充たすときには，詐害行為取消請求をすることができる（同条2項）。

　　　①　当該行為が，債務者が支払不能になる前30日以内に行われたものであること（同項1号）

　　　②　当該行為が，債務者と受益者とが通謀して他の債権者を害する意図をもって行われたものであること（同項2号）

(3)　**過大な代物弁済など**

例えば，債権者Ｃ（受益者）に対して50万円の貸金返還債務を負っている債務者Ｂが50万円を弁済するのに代えて，150万円相当の宝石を譲渡する場合のように，債務者が，消滅する債務の額に比べて給付が過大な代物

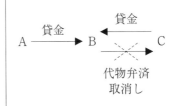

弁済（債務者が，債権者との間で，本来の給付に代えて，他の物の給付をすることにより，本来の債務を消滅させること。p189参照）をしたときは，債権者Ａは，消滅した債務の額に相当する部分（50万円）については偏頗弁済の要件（上記(2)）により，また，消滅した債務の額に相当する部分を超える部分（100万円）については民法424条の一般的要件により（上記2），詐害行為取消請求をすることができる（424条の4）。

4　転得者に対する詐害行為取消権の要件

例えば，債務者Ｂから甲土地の贈与を受けた受益者Ｃが，更に甲土地をＤに売却するなどしたときのＤを転得者というが，債権者Ａが転得者Ｄに対して詐害行為取消請求をするためには，①債権者が受益者に対して詐害行為取消請求をすることができること（上記

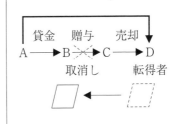

2，3の要件を充たすこと），②転得者が，転得の当時，債務者がした行為が債権者を害することを知っていたこと（転得者の悪意）という要件を具備する必要がある（424条の5第1号）。

なお，更に甲土地がＤからＥ，ＥからＦへと転売された場合に，債権者Ａが転得者Ｆに対して詐害行為取消請求をするときは，上記①の要件に加え，②転得者Ｆだけでなく，その前に転得した全ての転得者（Ｄ及びＥ）が，それぞれの転得の当時，債務者がした行為が債権者を害することを

知っていたことが要件となる（同条2号）。

5　詐害行為取消権の行使の方法

(1)　権利行使の方法

詐害行為取消権の行使は，必ず訴えによらなければならない（424条1項）。債権者代位権が，訴えによることを要しないのと対照的である。

詐害行為取消請求の訴えは，債務者を被告とするものではなく，受益者又は転得者を被告とする（424条の7第1項）。

(2)　逸失した財産の債務者への返還請求権

詐害行為取消権は，その対象となる行為の取消しとともに，財産回復のための返還請求をすることができる（424条の6第1項前段，2項前段）。

もっとも，受益者がその目的物を転売してしまっている場合のように，現物を返還することが困難であるときは，その価額を債務者に償還するよう請求することができる（同条1項後段，2項後段）。

(3)　詐害行為の取消しの範囲

詐害行為取消権の行使は，債権者に必要な限度で認めれば足りるから，詐害行為取消権の対象となる行為の目的物が金銭である場合など，可分であるときは，債権者の債権額の限度においてのみ，その行為の取消しを請求することができる（424条の8）。

これに対し，目的物が一棟の建物などのように不可分であるときは，債権額を超えて家屋全部について行為の取消しを請求できる。

(4)　債権者への支払又は引渡し

債権者が，詐害行為取消請求において金銭の支払又は動産の引渡しを求める場合は，自らに対して金銭の支払又は動産の引渡しを求めることができる（424条の9）。債務者がこれらを受領しなければ債務者の責任財産を構成できないからである。

このとき，債権者が受領したものが金銭である場合は，債権者は，債務者の債権者に対する受領金返還債権と，債権者の債務者に対する債権

とを対当額で相殺することにより（505条1項），事実上，優先弁済を受けることができる。また，債権者が受領したものが動産である場合には，債権者は，これを債務者に返還することなく，債務者に対する債権に基づいて強制執行することができる（民事執行法124条参照）。

　これに対し，p173で挙げた事例のように，不動産の返還を求めるものであるときは，債権者Aは，債務者B名義への登記の回復しか請求することができず，直接Aに移転登記手続を求めることはできない。債権者Aは，B名義に戻った不動産に対して強制執行をすることになる。Bに他の債権者がいれば，強制執行手続に配当加入することになる。

6　詐害行為取消権の行使の効果

(1)　認容判決の効力が及ぶ者の範囲及び訴訟告知

　詐害行為取消請求を認容する確定判決は，債務者及びその全ての債権者に対してその効力が及ぶ（425条）。債務者にも訴訟に参加する機会を保障するため，債権者は，その訴えを提起したときは，遅滞なく，債務者に対し，訴訟告知しなければならない（424条の7第2項）。

(2)　債務者の受けた反対給付に関する受益者の権利等

ア　財産処分に関する行為が取り消された場合

　債務者がした財産処分に関する行為が取り消されたときは，受益者は，債務者に対し，その財産を取得するためにした反対給付の返還を請求することができる（425条の2前段）。

　例えば，債務者Bと受益者Cが，B所有の500万円相当の金塊とC所有の100万円相当の貴金属を交換するとの契約を締結し，それぞれの引渡しが行われたが，Bの債権者であるAの申立てにより，裁判所が

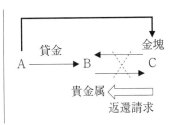

上記交換契約を詐害行為として取り消した場合，Cは，Bに対し，引渡済みの貴金属の返還を請求することができる。

イ　債務消滅行為が取り消された場合

　　債務者がした債務消滅行為が取り消されたときは，受益者が債務者から受けた給付を返還し，又はその価額を償還したときは，受益者の債務者に対する債権は，原状に復する（425条の3）。

　　例えば，債務者Bが，受益者Cに対する債務の弁済をしたが，Bの債権者であるAの申立てにより，裁判所が上記弁済を詐害行為として取り消した場合において，CがBに上記弁済額を返還したときは，CのBに対する債権は原状に復することとなる。

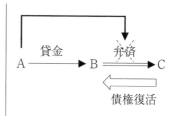

(3) 詐害行為取消請求を受けた転得者の権利

ア　財産処分行為が取り消された場合

　　転得者に対する詐害行為取消請求によって債務者のした財産処分行為が取り消されたときは，転得者は，当該財産処分行為が受益者に対する詐害行為取消請求によって取り消されたとすれば生ずべき受益者の債務者に対する反対給付の返還請求権又は価額の償還請求権を，転得者がその前者から財産を取得するためにした反対給付又はその前者から財産を取得することによって消滅した債権の価額を限度として，行使することができる（425条の4第1号）。

　　例えば，債務者Bが受益者Cに対してB所有の貴金属を200万円で売り，Cが転得者Dに対して同貴金属を150万円で売ったところ，Bの債権者であるAを原告，Dを被告とする訴訟において，裁判所がCD間の売買契約を詐害行為として取り消した場合，Dは，CのBに対する200万円の返還請求権を150万円の限度で行使することができる。

イ　債務消滅行為が取り消された場合

　　転得者に対する詐害行為取消請求によって債務者のした債務消滅行為が取り消されたときは，転得者は，当該債務消滅行為が受益者に対

する詐害行為取消請求によって取り消されたとすれば回復すべき受益者の債務者に対する債権を，転得者がその前者から財産を取得するためにした反対給付又はその前者から財産を取得することによって消滅した債権の価額を限度として，行使することができる（425条の4第2号）。

　例えば，債務者Bが受益者Cに対する500万円の債務を弁済し，Cがこれを原資の一部として転得者Dに対する1000万円の債務を弁済したところ，Bの債権者であるAを原告，Dを被告とする訴訟において，裁判所がBのCに対する弁済を詐害行為として取り消した場合，DがBに500万円を返還したときは，Dは，CのBに対する500万円の債権を行使することができる。

7　詐害行為取消権の期間の制限

　詐害行為取消権は，その行使によって，受益者又は転得者に深刻な影響を及ぼす可能性が高いので，詐害行為取消請求に係る訴えは，債務者が債権者を害することを知って行為をしたことを債権者が知った時から2年を経過したとき，又は詐害行為の時から10年を経過したときは，提起することができなくなる（426条）。

第4章　債権の消滅

第1　総　説

　債権は，【基本事例1】だと，Aが貸金の返済を請求するとか，【基本事例3】だと，Aが売買代金の支払を請求するというように，債権者が債務者に給付を要求することを内容とする権利であるから，貸金や代金が支払われて給付内容が実現されれば，目的を達して消滅する（473条）。弁済や代物弁済などがこの内容実現による債権の消滅の典型例である。

　これに対し，給付内容の実現が不能となった場合は，債権者は，その債務の履行を請求することができないが（412条の2第1項），債権は消滅しない。

　例えば，AがBとの間で，A所有の甲建物を代金2000万円でBに売るとの合意をした場合で，BがAから甲建物の引渡しを受ける前に，甲建物が焼失した場合，Aは，Bの甲建物の引渡請求を拒むことができるが，甲建物の引渡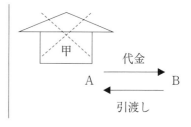債務は消滅せず，他方で，Bは，引き続き代金支払債務を負っていることになる。Bが代金支払債務を消滅させたいときは，Bは，Aの甲建物引渡債務の履行不能を理由として契約の解除をする必要がある（542条1項1号）。

　債権は，権利一般の消滅原因によって消滅することはもちろんである。例えば，消滅時効の完成，終期の到来，解除条件の成就，契約の解除，法律行為の取消しなどであり，それらはここでは述べない。以下では，債権特有の消滅原因として債権総則に規定されている弁済（⇒第2），代物弁済（⇒第3），供託（⇒第4），相殺（⇒第5），更改（⇒第6），免除（⇒第7），混同（⇒第8）について，説明する。

第 2 弁   済

1 意   義

　弁済は，債務の内容を実現する債務者又は第三者の行為である。債務の履行と同じ意味であるが，履行は実現過程に重点を置いた表現であり，弁済は債権の消滅という法律効果（結果）からみた表現である。弁済によって，債権は，目的を達して消滅する（473条）。

2 第三者の弁済

　第三者も有効な弁済ができる（474条 1 項）のが原則であるが，高名な画家が絵を描く債務のように，債務の性質上第三者による弁済が目的を達しない場合（一身専属的給付）や，債権者と債務者との契約において第三者の弁済を許さない旨の特約をするときのように，当事者が第三者の弁済を禁止し，もしくは制限する旨の意思表示をした場合には，第三者は弁済をすることができない（474条 4 項）。

　また，第三者の弁済が債務者又は債権者の一方の意思に反する場合も，第三者が弁済をするについて正当な利益を有しないときは原則として弁済することができない（474条 2 項本文， 3 項本文。例外として，同条 2 項ただし書， 3 項ただし書参照）。これに対し，物上保証人，抵当不動産の第三取得者など，弁済をするについて正当な利益を有する第三者は，債務者又は債権者の意思に反しても弁済することができる（同条 2 項， 3 項の反対解釈）。

3 弁済の方法

(1) 総   説

　弁済は，債務の本旨に従って（債務の内容どおりに）しなければ効力が生じない。その具体的内容について，民法は，いくつかの任意規定を置いている。

(2) 弁済の目的物に関する規定

　特定物の引渡債務の弁済は，契約その他の債権の発生原因及び取引上の社会通念に照らしてその引渡しをすべき時の品質を定めることがで

きないときは，その引渡しをすべき時（履行期）の状態で，その物を引き渡せばよい（483条）。しかし，債務者は，契約その他の債権の発生原因及び取引上の社会通念に照らして定まる善良な管理者の注意をもって，その物を保存する義務があるから，その義務を怠る限り，債務者は，債務不履行による損害賠償義務を負担する（400条，415条）。

(3) 弁済の場所に関する規定

弁済の場所について，民法484条は，特定物の引渡債務の履行場所は，債権発生の当時その物が存在した場所であり，その他の債務（例えば，種類債務・金銭債務など）の履行場所は，現実に弁済をする時の債権者の住所としている。ただし，売買代金債務については，574条に特則がある。

(4) 弁済の費用に関する規定

弁済の費用は，債務者が負担するのが原則である（485条本文）。債権者の住所で債務を履行する債務（持参債務）において，債権者が住所を移転したため，目的物の運搬費用が増加した場合，その他債権者の行為によって弁済の費用が増加した場合，その増加額は，債権者の負担となる（同条ただし書）。

(5) 弁済の時期について

履行期については，民法に直接の規定がない。履行期についての約束などの定めがあればその時期に，その定めがなければ債権者が履行を請求した時に，弁済すべきである。履行期前の弁済は，期限の利益が債務者だけのためにあり，単純にこれを放棄できる場合（例えば，無利息の消費貸借の場合）にのみ，債務の本旨に従った有効な弁済となる。

4　弁済の提供

(1) 意　義

弁済は，多くは債権者と債務者の協力によって可能になる。金銭支払，物の引渡しなどは，債権者の受領が必要となり，債権者の協力がないと弁済の実現が得られない。このような場合，債務者としてできるだけの

ことをすれば，これによって，債務者が特段の不利益を被らないように
配慮すべきである。

　　債務者としてできるだけの債務内容実現の行為をすることを，弁済の
提供（履行の提供）といい，弁済の提供があれば，債務を履行しないこ
とによって生ずべき責任を免れる（492条）。具体的には，債務者は，履
行遅滞による損害賠償義務を負担せず，また，履行遅滞を理由として契
約を解除されることもなく，担保権の実行を受けることもない。

(2)　**内　容**

　　債務者がどれだけの行為をすれば弁済の提供になるかについて，民法
493条は，債務の本旨に従って現実にすること（これを現実の提供とい
う。）を原則とするが，債権者があらかじめ受領を拒んでいる場合と債務
の履行について債権者の行為を必要とする場合には，弁済の準備をした
ことを債権者に通知して受領を催告することで足りる（これを口頭の提
供という。）と規定している。債権者の住所で弁済すべき持参債務の場合，
債務者は，債権者の住所まで引渡し又は支払をすべき物又は金銭を持参
した時に，現実の提供となる。債務者の住所で弁済すべき取立債務の場
合，債権者が債務者の住所まで行かなければならないから，債務者は，
弁済の準備をして，その準備ができたことを債権者に通知し，その受領
を催告すれば，それだけで弁済の提供となる。

　　このほか，債権者の住所でも債務者の住所でもない場所（第三地）で
弁済をすべき債務を送付債務といい，この場合，持参債務と同様第三地
に物又は金銭を持参するのが本則である（現実の提供）。要は，債務の内
容により，取引慣行や信義則に従って，債務者としてどれだけの行為を
するのが適当かを考えて，決めることになる。

5　**弁済の充当**

(1)　**意　義**

　　債務者が同一債権者に対し，同種の目的を有する数個の債務を負担す
る場合（例えば，BがAに対して数口の借金をしている場合），又は1個

の債務の弁済として数個の給付をすべき場合（例えば，BがAに対し，洋服1着の月賦代金5回分を給付すべき場合）において，弁済として提供された給付が全債務を消滅させるに足りないときに，これを，どの債務又はどの給付の弁済に充てるかを決定することを弁済の充当という。

(2)　**内　容**

ア　弁済充当は，同種の給付を目的とする数個の債務がある場合は次の順序による。

①　弁済者と弁済受領者との間に弁済充当の順序に関する合意があるときは，それが優先する（合意充当。490条）。

②　合意がないときは，当事者の指定による（指定充当。488条1項，2項）。

具体的には，まず，弁済者が給付の時に充当すべき債務を指定することができる（同条1項）。

弁済者が指定しないときは，弁済受領者が受領の時に指定することができる（同条2項本文）。ただし，弁済者が直ちに異議を述べたときは指定の効力がなくなる（同項ただし書）。

③　指定充当の効力が生じない場合には，民法488条4項の1号から4号までに定める順序で充当される（法定充当）。

イ　また，元本，利息及び費用を支払うべき場合は次の順序による。

①　弁済者と弁済受領者との間に弁済充当の順序に関する合意があるときは，それが優先する（合意充当。490条）。

②　充当の合意がない場合は，費用，利息（遅延利息を含む。），元本の順序で充当しなければならない（489条1項）。

6　受領遅滞─債権者遅滞

債務は，債権者の協力がなければ履行できない場合も少なくない。債務者が履行（弁済）の提供をしたにもかかわらず，債権者が債務の履行を受けることを拒み，又は受けることができないことを受領遅滞という。

この債権者の協力を債務と見て，債務不履行と同様の効果（損害賠償請

求権，契約解除権の発生）を認めるべきかについては，争いがある。有力な学説は，債権者が協力しないことを債務不履行と考えて，受領遅滞に基づく損害賠償請求及び契約の解除ができるとするが，判例は，基本的に受領遅滞に基づいて損害賠償請求及び契約の解除をすることはできないと解している。

　受領遅滞の効果は，第1に，債務の目的が特定物の引渡しであるときは，債務者は，目的物の保管につき善良な管理者の注意義務を負っているが（400条），受領遅滞後は，注意義務を軽減され，自己の財産に対するのと同一の注意をもって目的物を保存すれば足りる（413条1項）。第2に，受領遅滞により増加した債務の履行費用（保管費用，弁済費用）は，債権者の負担となる（同条2項）。第3に，受領遅滞後に当事者双方の責めに帰することのできない事由によって債務の履行が不能となったときは，その履行不能は債権者の責めに帰すべき事由によるものとみなされる（413条の2第2項）。なお，このほか，受領遅滞になるためには，弁済の提供がされていることが前提であるから，弁済の提供の効果として，債務者が債務を履行しないことによって生ずる責任を免れる（492条）という効果が生じているが，この効果は，受領遅滞自体の効果ではない。

7　弁済による代位

　弁済による代位について，民法499条～504条に規定がある。代位弁済という用語が用いられることもある（503条参照）が，弁済の一種ではなく，弁済の効果であるから，近時では弁済による代位という用語例が一般的である。さて，細かい条文の内容はともかくとして，弁済による代位の制度趣旨，法的構成について説明しよう。

　まず，弁済によって代位が生じるのは，本来的債務者以外の者が弁済した場合に限られる。この場合，弁済者が債務者に対して取得する求償権（459条，462条，442条，351条，372条など）を確保するため，弁済によって本来なら消滅するはずの債権者の債務者に対する債権（原債権）及びその担保権を弁済者に移転させ，弁済者がその求償権の範囲内で原債権

及びその担保権を行使することを認めたのが，弁済による代位の制度である（501条1項，2項）。この制度によって，弁済者の債務者に対する求償権の確保を図っているのである。原債権は，弁済によって消滅するのではなく，法律の規定によって弁済者に移転すると考えられている点に注目すべきであろう。

　なお，弁済をするについて正当な利益を有する者（保証人，物上保証人，連帯債務者など）は，弁済によって当然に債権者に代位するので債務者への通知又は債務者の承諾は必要でないが（500条かっこ書），正当な利益を有する者以外の者が債権者に代位する場合には，債務者への通知又は債務者の承諾が必要である（500条，467条）。

＊信用保証協会

　　中小企業は，物的担保，人的担保が十分でないことも多く，銀行などから融資を受けようにも受けられないという事態も生じ得る。信用保証協会は，銀行などからの貸付けを円滑化させることを目的として，中小企業のために保証人になることを業務とし，信用保証協会法によって設立された法人である。

　　信用保証協会が保証人となり，融資が実行されたものの，中小企業が返済できなかった場合，信用保証協会が保証人として，銀行などに保証債務を弁済することになる。保証人が弁済した場合であるので，弁済をするについて正当な利益を有する者として，信用保証協会は，求償権を確保するため，銀行などの中小企業に対する債権（原債権）及びその担保権を，求償権の範囲内で行使することができるのである。弁済による代位をめぐって，多くの最高裁判例が出されているが，そのほとんどは，信用保証協会が当事者となっている事件である。

8　弁済受領者に関する規定

　債権者は，弁済を受領することができるのが原則であるが，受領権限を有しない場合もある。その最も典型的な場合は，債権が差し押さえられた場合である（481条）。この場合には，債務者のした弁済は，差押債権者に

対する関係において，その効力を生じない。

　受領権者でない者が弁済を受領した場合，債権者がこれにより利益を受けた限度で（例えば，無権限者が100万円を受領し，そのうち60万円を債権者に交付したときは，60万円の限度において）弁済の効力が生じる（479条）。

　また，取引上の社会通念に照らして受領権者としての外観を有する者に対してした弁済は，その弁済をした者が善意であり，かつ，過失がなかったときは，効力を有し，それによって債権が消滅する（478条）。取引上の社会通念に照らして受領権者としての外観を有する者とは，例えば，預金通帳と印鑑を所持して銀行に預金の払戻しを請求する者をいう。債権の弁済は日常頻繁に行われるところ，その都度，いちいち受領権限の有無を確認しなければならないとなると取引の停滞が生じるため，迅速かつ簡便な取引を保障し，これによって善意かつ無過失の弁済者の保護を図る制度である。

9　弁済証明のための弁済者の権利

　弁済者が，債権者から重ねて請求を受けることがないようにし，かつ，求償権を行使する（第三者の弁済や多数債務者の一人の弁済などのときに実益がある。）便宜を図るため，弁済者は，弁済と引換えに，受取証書の交付を請求することができ（486条），また，全部の弁済をしたときは，債権証書の返還を請求することができる（487条）。

第3　代物弁済

　代物弁済とは，弁済者が，債権者との間で，本来の給付に代えて，他の給付をすることによって債務を消滅させることを契約し（代物弁済契約），弁済者が現実に他の給付をすることによって，債務を消滅させるものである（482条）。例えば，【基本事例1】で，BがAに対して負っている100万円の貸金返還債務の弁済に代えて，Bの所有する甲自動車の所有権をAに移転する旨合意し，現実の給付をすることによって，100万円の債務を消滅さ

せるものをいう。

代物弁済契約をし，他の給付が現実にされて初めて，本来の債務が消滅するという法律効果が発生する。所有権の移転を第三者に対抗するために対抗要件の具備が必要な場合，本来の債務の消滅のためには，対抗要件の具備も要件となると解される。前の例だと，甲自動車の移転登録手続がされてはじめて本来の債務が消滅する。

なお，判例は，目的物の所有権移転の効果は，原則として，代物弁済の合意をした時に生じるが，第三者に対する対抗要件を具備しなければ，給付が現実にされたといえないため，債務消滅の効果は生じないとしている。

第4　供　　託（弁済供託）

1　意　　義

供託（弁済供託）とは，弁済者が，弁済の目的物を債権者のため供託所に預けて，債務そのものを消滅させることをいう。金銭及び有価証券の供託については，法務局，地方法務局，その支局又は出張所が供託所である。物品の供託については，法務大臣の指定する倉庫営業者又は銀行が供託所である。実務では，家賃や地代を賃貸人が受領しない場合にこの方法が採られることが多い。

それでは，弁済の提供と供託とはどう違うのだろうか。債務者は，弁済の提供によっては，債務不履行の責任を免れるだけであって，債務そのものを免れるわけではない。そこで，債務者が債務を免れる方法として，弁済供託が認められているのである（494条）。供託の方法は，民法の規定のほかに供託法，供託規則に詳細な規定がある。

2　供託原因

供託ができる場合としては，①弁済の提供をした場合において，債権者がその受領を拒んだとき，②債権者が弁済を受領することができないとき，③弁済者が債権者を確知することができないとき（ただし，弁済者に過失があるときは，この限りでない。）のいずれかである（494条）。これらの

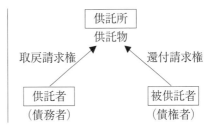

事由を供託原因という。

3　供託物還付請求権と供託物取戻請求権

　債権者は，弁済の目的物が供託された場合には，供託物の還付を請求することができる（供託物還付請求権。498条1項）。

　他方，供託者は，債権者が供託を受諾せず，又は供託を有効と宣告した判決が確定しない間は，一旦した供託を撤回して供託物を取り戻すことができる（496条。供託物取戻請求権）。

　民事紛争が解決されようとする場合，例えば，訴訟上の和解，調停等では，供託物の処理，清算が問題となる場合も多い。そういう意味でも，供託は，極めて実務に直結した法律知識として必要となる。

第5　相　　殺

1　意　　義

　二人が互いに同種の目的を有する債権（例えば，いずれも金銭債権である場合）を持っている場合，一方の当事者が他方に対する一方的意思表示（単独行為）によって，双方の債権を対当額で消滅させることをいう（505条，506条）。弁済の手数を省き（決済事務の簡略化），当事者間の公平を図るために認められた制度であるが，実務上は，その担保的効力が重視されている。すなわち，自分が有している債権について債務者が支払ってくれない場合に，自分のその債務者に対する債務と相殺することで，債権を回収したのと同様の効果を得ることができるのである。

例えば，【基本事例1】で，BがAに対し，甲自動車の売買代金200万円の支払請求権を有していたとしよう。Bの意思表示のみによって対当額で，つまり100万円の範囲で両方の債務を消滅させるのが相殺である。相殺の意思表示をするBの債権を自働債権，相殺を受けるAの債権を受働債権という。また，実務上，一方の債権からみて他方を，反対債権とも呼ぶ。

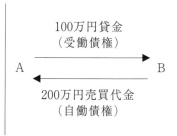

100万円貸金
（受働債権）

A ← → B

200万円売買代金
（自働債権）

2 要 件

相殺を有効にするためには，双方の債務が相殺適状にあることが必要である。相殺適状とは，次の(1)〜(3)の要件を満たす債権の対立状態をいう。

(1) 同一当事者間において，相対立する債権が存在すること

(2) 双方の債権が同種の目的を有すること

(3) 双方の債権が弁済期にあること

自働債権については，弁済期が未到来の場合に相殺を許すとなると，相手方（前の例だとA）は理由もなく期限の利益を失うことになるので，弁済期の到来が要件になる。これに対し，受働債権の弁済期が到来していることは要件にはならない。なぜなら，受働債権の債務者（前の例だとB）は，原則として期限の利益を放棄することができるからである。

(4) 相殺の意思表示をすること

相殺は，当事者の一方の他方に対する意思表示により行う。

以上の相殺の要件は，民法が規定する単独行為としての相殺の要件である。民法は，一方のみの意思表示によって双方の債権を消滅させ得るような法的利害状況として，相殺適状を規定したのである。契約自由の原則により，双方の合意があれば，相殺適状になくとも自由に相殺契約を結ぶことができる。

3 効 果

　相殺は，双方の債権の対当額で，相殺適状を生じた時に遡及して債権消滅の効力を生じる（506条2項）。

　この遡及効が認められる結果，相殺適状後に発生した利息，遅延損害金は，発生しなかったことになる。例えば，前の例で，AのBに対する100万円の貸金の弁済期が5月1日，BのAに対する200万円の売掛代金の弁済期が6月1日だとすれば，相殺の意思表示が10月1日にされたとしても，相殺の効力は，相殺適状を生じた時である6月1日に遡って生じる。したがって，この例では，相殺の効力によって，6月2日以後の遅延損害金は，双方の債務とも発生しなかったことになる。

4　相殺の禁止又は制限

(1)　相殺制限特約

　当事者が相殺を禁止し，又は制限する旨の意思表示をした場合には，第三者が悪意又は重過失であるときに限って，その第三者に対抗することができる（505条2項）。

(2)　不法行為等により生じた債権を受働債権とする相殺の禁止

　①悪意（積極的に他人を害する意思）による不法行為に基づく損害賠償債権を受働債権とする相殺と，②人の生命又は身体の侵害による損害賠償債権を受働債権とする相殺は禁止されている（509条本文）。不法行為の被害者に現実に弁済を受けさせてその保護を図り，自働債権の債権者による不法行為の誘発を防止するためである。

　ただし，これらの受働債権が他人から譲り受けたものであるときには相殺は禁止されない（同条ただし書）。この場合には，損害賠償債権を有しているのは被害者本人ではないため，相殺禁止の趣旨が妥当しないからである。

(3)　差押禁止債権を受働債権とする相殺の禁止

　差押えを禁止された債権は，債権者が現実にその給付を受けることに意味があるから，差押禁止債権を受働債権とする相殺は禁止されている（510条）。

(4)　差押えを受けた債権を受働債権とする相殺の禁止

　　ある債権が差し押さえられた場合に，その債権の債務者である第三債務者Cは，差押債権者Aに対し，差押え後に取得した債権を自働債権とする相殺を対抗することができないが（511条1項前段），差押え前に取得した債権を自働債権とする相殺を対抗することができる（同項後段）。

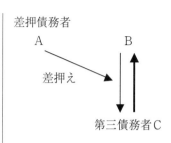

差押債務者
A　　　　　　B

差押え

第三債務者C

　　また，差押え後に取得した債権であっても，契約等の債権の発生原因となる行為が差押え前に生じているときは，原則として，これを自働債権とする相殺を差押債権者に対抗することができる（同条2項本文。例外として同項ただし書参照）。

5　時効により消滅した債権を自働債権とする相殺

　　時効消滅した債権を自働債権として相殺することは，その債権が消滅以前に相殺に適するようになっていた場合には許される（508条）。これは，相殺の意思表示をする側で，自働債権を有する以上，受働債権の決済がいつでもできるという安心感があるため，自働債権の行使をしないで放置することが多いであろうというところから，当事者双方の公平のため，特に認められた例外である。

第6　更　改

　　更改とは，債務の要素を変更し，新たな債務を発生させる契約をすることにより，従来の債務を消滅させる制度である（513条）。代物弁済が，現実の給付をすることによって債務を消滅させるものであるのに対し，更改は，新債務を成立させることによって旧債務を消滅させるものである。また，債権譲渡や債務引受は，債務の同一性を維持するのに対し，更改は，新旧両債務間に同一性がない。

更改は，①給付の内容についての重要な変更がされるものと，②債務者又は債権者の交替がされるものがある（同条1号〜3号）。

新旧両債務には，債務の同一性がないので，原則として，旧債権に従たる権利（担保物権，保証債権）や旧債務に付着している抗弁権などは，新債務に引き継がれない。ただし，質権又は抵当権については，債権者の単独の意思表示により新債務に移すことができる（518条）。

第7　免　　除

免除は，債権を無償で消滅させることを目的とする債権者の単独行為である（519条）。もっとも，免除の対象となった債権が，質権の目的となっているなど，第三者の権利の目的となっている場合には，第三者の権利を害する結果になるのを防ぐため，債権者は，債務免除をしても，このような第三者に対し，債権消滅の効力を主張できないと解されている。

第8　混　　同

混同とは，相対立する法律上の地位が，同一人に帰属して権利が消滅することをいう。債権も混同によって消滅する（520条，物権については179条）。債権と債務が同一人に帰属した場合，なお債権を存続させておくことは，無意味だからである。もっとも，債権が，第三者の権利の目的となっている場合には，債権は消滅しない（520条ただし書，物権については179条1項ただし書，2項後段）。

第5章　有価証券

　民法は，有価証券について，記名証券と無記名証券（例えば，無記名式小切手）とに分類した上で，記名証券を，①指図証券（例えば，裏書によって譲渡される手形や記名式小切手），②記名式所持人払証券（例えば，記名式持参人払小切手），③その他の記名証券（例えば，裏書禁止小切手）に細分化して，規定している（520条の2〜20）。

　ただし，特別法（例えば，手形法や小切手法）がある場合には，その規定が優先的に適用される。

第6章　債権債務，債権関係の移転

第1　総　　説

我々が物の売買をする場合，物の所有権が移転するのと同様に，債権や債務も，例えば売買等の法律行為により移転させることができる。これに加えて，契約当事者としての地位もそのまま第三者に移転させることができる。

第2　債権譲渡

1　意　　義

債権譲渡とは，債権をその同一性を保ちながら，契約により移転することをいう。

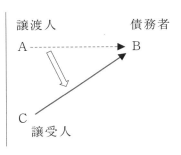

債権は，相続や会社の合併などによっても移転するが，それらの場合は，契約による移転ではないので，民法にいう債権譲渡ではない。

民法は，466条〜469条に債権譲渡に関する規定を置いている。これらの規定は，銀行預金債権，貸金債権等の債権者の特定している債権（指名債権）の譲渡に関するものである。

民法の立法当時，債権の譲渡がそれほど頻繁に行われるとは予測されていなかったと思われるが，現在の取引社会では重要な役割を果たすようになってきており，平成10年には，法務局のコンピューターに譲渡データを登記すれば，法人全体の債権譲渡の対抗要件を簡単に具備できるようにした債権譲渡の対抗要件に関する民法の特例等に関する法律（債権譲渡特例法）が施行された。同法は，平成16年に動産譲渡の対抗要件に関する特例と併せて動産及び債権の譲渡の対抗要件に関する民法の特例等に関する法律（動産債権譲渡特例法）に改められた。

2　債権の譲渡性とその制限

(1)　譲渡自由の原則とその制限

　　債権は，原則として自由に譲渡することができる（466条1項本文）。
ただし，債権の性質が譲渡を許さない場合には，その債権の譲渡は効力
を生じない（同項ただし書）。債権の性質が譲渡を許さない場合とは，債
権者の変更によって給付内容が全く変わるような場合である。例えば，
家庭教師をしてもらう債権は，債権者である生徒との関係で給付内容が
決まることからこれに当たる。

(2)　譲渡制限特約

　　債権者と債務者との間で特約を結んで債権譲渡を制限することがある。
このような譲渡制限特約がなされた債権も有効に譲渡することができ
る（466条2項）。もっとも，債務者にとっての譲渡制限特約を付する目
的は，主として，弁済の相手方を固定することにより，見知らぬ第三者
が弁済の相手方となるといった事態を防ぐことにあり，このような債務
者の期待は保護する必要がある。そこで，債務者は，譲渡制限特約を知っ
ていたか（悪意），又は知らなかったことにつき重大な過失がある譲受
人に対しては，債務の履行を拒むことができ，かつ，譲渡人に対する弁
済等の債務消滅事由をもって譲受人に対抗することができる（同条3
項）。そうすると，譲受人が悪意又は重過失である場合には，譲受人は
債権者であるにもかかわらず，債務の履行を拒絶され，他方で，譲渡人
はもはや債権者ではないから債務者に対し履行を請求することができな
いという状態が生じる。このような状態を解消するため，債務者が債務
の履行をしない場合に，悪意又は重過失の譲受人が債務者に対し相当の
期間を定めて譲渡人への履行を催告し，その期間内に履行がないときは，
債務者は譲渡制限特約をもって譲受人に対抗することができなくなる
（同条4項）。

　　なお，民法466条の5第1項は，466条2項の例外として，預貯金債
権について譲渡制限特約が付された場合に，その預貯金債権が譲渡され

たときは，悪意又は重過失のある譲受人にその特約を対抗することができるとしている。したがって，預貯金債権について譲渡制限特約に違反する譲渡がされた場合には，悪意又は重過失のある譲受人との関係では譲渡自体が無効となる。

3　債権譲渡の対抗要件

(1)　債務者対抗要件

債権譲渡は，当事者間の合意のみによって権利が移転するが，債務者に対しては，譲渡人の債務者に対する通知又は債務者の承諾がなければ対抗できない（467条1項）。物権の移転（物権変動）と同様に，債権の移転においても対抗要件主義を採用したわけである。対抗要件を，債務者に対する通知又は債務者の承諾として，債務者を基本に置いたのは，債権は物権と異なり，債務者の履行によって実現するものだから，債務者が誰に支払うべきものなのかが分かっていなければならないからである。逆に言うと，その債権の債権者が誰であるかは，債務者に聞けば分かるはずだということになる。

通知の主体は譲渡人であり，譲受人から通知しても民法の通知としての効力はない。承諾の主体は，もちろん債務者であるが，承諾の相手方は，譲渡人，譲受人のいずれでもよいと解されている。

(2)　第三者対抗要件

通知又は承諾は，確定日付のある証書によってしなければ，債務者以外の第三者に対抗できない（467条2項）。物権変動における登記と異なり，通知や承諾は，優劣関係が明らかでない対抗要件として複数存在することが可能であるから，確定日付のある証書により，先後関係決定の証拠力ある方式による対抗要件具備を要求したものである。

＊確定日付のある証書

民法施行法5条は，確定日付のある証書と認められる場合を定めている。公正証書も確定日付のある証書と認められているが，実務上，最も簡便で，多く利用されているのは，通知（承諾）内容証明郵便によって発

する方法である（同条1項6号に当たる。）。

(3)　対抗要件の優劣決定の基準

前の例で，債権がCに譲渡された後Dにも再度譲渡された場合，いろいろな場面を想定して優劣の基準を考えてみよう。

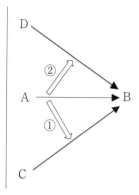

ア　Cが単なる通知を，Dが確定日付のある証書による通知を得た場合，CD間ではDが優先する。Cが得た単なる通知は，そもそも，第三者Dには対抗できない性質のものだからである。

イ　CとDがいずれも確定日付のある証書による通知を得た場合，どちらの第三者対抗要件の具備が先かで優劣が決まる。対抗要件の具備がどちらが先かについては，通知の場合，確定日付の日付の先後で決めるのか，通知の到達の先後で決めるのかが問題となる。判例は，確定日付の日付の先後にかかわらず，債務者への通知の到達が先の者が優先するとしている（到達時説）。債権譲渡の対抗要件につき，債務者に対する通知又は債務者の承諾としたのは，債務者の認識を基本に置いて債権者を決定していこうとしたものであるから，債務者への通知の到達の先後によって優劣を決するのが適切である。

(4)　債務者の抗弁

債権譲渡は，債権の同一性を保ちながら，これを移転するものである。したがって，債権に付着している種々の事由（例えば，一部弁済がされたことなどの債務消滅の抗弁，同時履行の抗弁権，取消権など）も債権と共に譲受人に移転する。譲受人が債務者対抗要件を具備する時までに，債務者が譲渡人に対して主張できた事由は，そのまま譲受人に対して対抗できることになる（468条1項）。債務者に対して既に対抗要件が具備され，債権譲渡の効力が生じてしまった後には，譲渡人は，もはや債権

者ではないのであるから，その後において，債務者が譲渡人にうっかり債務の弁済などしてしまっても，この事由をもっては，譲受人に対抗できない。

4　将来債権の譲渡

　将来債権の譲渡とは，債権がいまだ発生していない段階で，将来発生する債権について譲渡を行うことをいう。民法は，債権の譲渡は，その意思表示の時に債権が現に発生していることを要しないと規定しており（466条の6第1項），将来債権の譲渡の有効性を一般的に承認する。将来債権が譲渡されたときは，譲受人は，発生した債権を当然に取得する（同条2項）。将来債権の譲渡についても，債権譲渡の対抗要件の方法によって対抗要件を具備できる（467条1項かっこ書）。譲受人が債務者対抗要件を具備する時までに譲渡制限特約が付されたときは，譲受人などはそのことを知っていたものとみなされ，債務者は，常に譲渡制限特約の存在を前提に譲受人などに対して履行を拒絶することができる（466条の6第3項，466条3項）。

第3　債務の引受け

1　総　　説

　債務引受とは，債務者が負担する債務と同一の内容の債務を契約によって第三者が負担することとする制度であり，引受人が債務引受によって債務を負担した後も元の債務者が引き続き債務を負担する併存的債務引受と，引受人が債務を負担した後は元の債務者がその債務を免れることになる免責的債務引受の二つの類型がある。

2　併存的債務引受の要件及び効果

　契約によって，債務者の債務と同一内容の債務を，債務者と連帯して，引受人が債権者に対して負担することを併存的債務引受という（470条1項）。

　債権者，債務者及び引受人の三者間の契約によって併存的債務引受をす

ることができるのは当然であるが，併存的債務引受は，債権者と引受人との間又は債務者と引受人との間の契約によってもすることができる（同条2項，3項前段）。ただし，債務者と引受人との間の契約によって成立する場合には，債権者が引受人となる者に対して承諾をした時に，併存的債務引受の効力が発生する（同項後段）。

　併存的債務引受の効力が生じた場合における債務者の債務と引受人の債務は連帯債務の関係となる（同条1項）。

　引受人は，債務者と同一の内容の債務を負担するため，併存的債務引受により負担した自己の債務について，併存的債務引受の効力が生じた時に債務者が主張することができた抗弁（一部弁済がされたことなどの債務消滅の抗弁，同時履行の抗弁権，債務発生原因である契約が取り消されたことなど）をもって，債権者に対抗することができる（471条1項）。

　また，引受人は，債務者の債務を引き受けただけであって契約の当事者ではないから，契約の取消権や解除権といった債務の発生原因である契約の効力に関する権能を行使することはできない。しかし，債務者が債権者に対して取消権又は解除権を有するときは，引受人は，これらの権利の行使によって債務者がその債務を免れるべき限度において，債権者に対して債務の履行を拒むことができる（同条2項）。

3　免責的債務引受の要件及び効果

　免責的債務引受とは，契約によって，引受人が債務者と同一内容の債務を債権者に対し負担し，債務者が自己の債務を免れることをいう（472条1項）。

免責的債務引受も，債権者，債務者及
び引受人の三者間の契約によってする
ことができるのは当然である。また，債
権者と引受人との契約によってもする
ことができるが，この場合には，債権者
が債務者に対し契約をした旨を通知し
なければ効力を生じない（同条２項）。

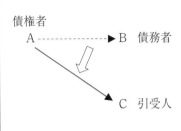

さらに，債務者と引受人との契約に加えて，債権者が引受人に対し承諾を
することによってもすることができる（同条３項）。債権者は，債務者の変
更によって債務の引当てとなる一般財産に変更が生じるため不利益を被
るおそれがあることから，債務者と引受人との契約による場合は債権者の
承諾を必要としたものである。

　引受人は，免責的債務引受により負担した自己の債務について，免責的
債務引受の効力が生じた時に債務者が主張することができた抗弁（一部弁
済がされたことなどの債務消滅の抗弁，同時履行の抗弁権，債務発生原因
である契約が取り消されたことなど）をもって，債権者に対抗することが
できる（472条の２第１項）。

　引受人は，債務者が債権者に対して取消権又は解除権を有するときは，
引受人は，これらの権利の行使によって債務者がその債務を免れるべき限
度において，債権者に対して債務の履行を拒むことができる（同条２項）。

　免責的債務引受の引受人は，債務者に対して求償権を取得しない（472条
の３）。

　さらに，免責的債務引受の債権者は，債務者の担保として設定された担
保権及び保証について，引受人の債務に移転することができる（472条の４
第１項，３項）。この担保権及び保証の移転は，債権者が，免責的債務引受
に先立ち又は同時に，引受人に対し担保権及び保証を移転する旨の意思表
示をすることによってしなければならない（同条２項，３項）。もっとも，
債務者の変更によって担保権設定者及び保証人が不利益を被る可能性もあ

るので，担保権設定者が引受人以外の者である場合にはその承諾が必要である（同条1項ただし書，3項）。

4　履行引受

　履行引受とは，引受人が，債務者に対し，債務者に代わって弁済する義務を負うことを内容とする契約である。債務者と引受人間の契約でされる。履行引受の効果は，債権者，引受人間に権利義務関係を生じるものでなく，債務者，引受人間で権利義務を生じるものにすぎない。この点において，引受人が債権者に対して債務を負う債務引受とは異なっている。

第4　契約上の地位の移転

　契約によって，契約当事者としての地位を譲渡人から譲受人に移転することを，契約上の地位の移転という。契約上の債権，債務のみならず，契約そのものについての解除権，取消権なども移転するのである。

　契約上の地位の移転は，元の契約当事者に加え，譲受人を加えた三者間の契約で有効にすることができることには，争いがない。また，契約の当事者の一方が第三者との間で契約上の地位を譲渡する旨の合意をし，その契約の相手方がその譲渡を承諾したときは，契約上の地位は，その第三者に移転する（539条の2）。

　ただし，賃貸借契約における賃貸人たる地位の移転については，605条の2及び同条の3に特別な規定がある。

第7章　多数当事者の債権及び債務

第1　総　説

　多数当事者の関与する債権債務として，民法が認めるものは，大別して4種ある。分割債権及び分割債務，不可分債権及び不可分債務，連帯債権及び連帯債務，保証債務である。

　債権者からみると，連帯債務，保証債務などによって債務者の数が増えれば，通常は，債権の引当てとなる一般財産も増えることになるから，債務者の増加は，債権の担保としての機能を営むことになる。担保物権が物の価値を把握して債権担保の機能を果たすことから物的担保と呼ばれるのと比較して，人的担保としての機能を持つと言われている。

　人的担保は，責任財産の変動による危険が大きいものの，比較的容易にかつコストもかからず設定できるという利点がある。

第2　分割債権及び分割債務

1　意　義

　分割債権とは，1個の可分な給付について数人の債権者が存在する場合であって，一定割合でその給付が各債権者に分割されるものをいう。また，分割債務とは，1個の可分な給付について数人の債務者が存在する場合であって，一定割合でその給付が各債務者に分割されるものをいう。可分な給付とは，分割して履行できる給付をいう。例えば，100万円を支払う給付である場合には，50万円ずつ2回に分割して支払うことも，20万円ずつ5回に分割して支払うこともできるので，可分給付である。

　可分給付に対応する語が，不可分給付である。不可分給付は，給付の内容がその性質又は当事者の特別の意思表示によって，分割して履行することのできない給付である。例えば，自動車1台を引き渡すという給付は，給付の内容が，性質上不可分給付となる場合である。後者の当事者の意思表示による不可分給付の実例には，実務上あまり遭遇しない。

2　効　　力

　分割債権及び分割債務は，相手方に対する関係において，原則として（当事者が特別の合意をしなければ），平等に分割される（427条）。例えば，AがBCDの三人に，900万円を貸し付ける場合，BCDはそれぞれ300万円ずつの分割された債務を負担するのが原則だということになる。分割債務となる場合を広く認めると，例えば，この事例で，期限が到来したときに，B，Cに財産がなければ，Aは，Dに対し，300万円のみの支払を求めるほかなくなるなど，債権全部について複数の債務者の一般財産を引当てにできる連帯債務などと比べて，債権者には不都合な結果になることが多い。

第3　不可分債権及び不可分債務

　不可分債権とは，性質上不可分な給付について数人の債権者がある場合であり，不可分債務とは，性質上不可分な給付について数人の債務者がある場合である。不可分債権及び不可分債務については，民法428条〜431条に規定があるが，その内容の説明は省略する。

第4　連帯債務

1　意　　義

　連帯債務は，数人の債務者が，債権者に対し，性質上可分な同一内容の給付について，それぞれ独立に，全部の給付をすべき債務を負担し，その中の一人でも給付をすれば，他の債務者もまた債務を免れるという債務である（436条）。

　AがBCDに900万円を貸し付けるという場合，BCDが連帯して支払うとの取決め（合意）をAとの間でしていれば，Aは，BCDの誰にでも900万円全額の支払を求めることができるのである。もちろん，Aが現実に支払を受け得る金額は，全部で900万円であって，2700万円ではない。この例のように，連帯債務となる場合は，当事者間の合意（契約）による

ことが多いが，法律の規定によって連帯債務となることもある。

2　性　　質

　連帯債務は，後に述べる保証債務と異なり，各債務は，それぞれ独立の債務であって，主従の関係は存在しない。その主要な点は，付従性がないこと，補充性がないこと，内部的に負担部分が生じることである。

　付従性，補充性については，保証債務のところで説明することとし，負担部分についてだけここで説明する。例えば，100万円を連帯債務として借金すると，数人の債務者間で相互にどれだけずつ責任を持つかを協定（合意）する場合が多い。A30万円，B50万円，C20万円というように責任額を定めれば，これが負担部分である。この協定がなければ，連帯債務により受けた利益の割合（例えば，A50万円，B30万円，C20万円を消費したとき。）によって負担部分が決まり，なお，それでも決まらなければ，平等の割合で負担部分が決まる。

　負担部分は，あくまで連帯債務者間内部の負担割合であって，連帯債務者が債権者に対して，負担部分を超える部分は支払わないなどと主張することはできない。

3　効　　力

(1)　債権者の権利

　債権者は，連帯債務者中の一人に対してだけ履行の請求をしてもよいし，同時又は順次に全ての連帯債務者に対し履行の請求をしてもよい。また，債務の全部の履行を請求してもよいし，債務の一部の履行を請求してもよい（436条）。

(2)　連帯債務者の一人について生じた事由の効力

　原則として，一人の債務者について生じた事由の効力は，他の債務者に影響しない（相対的効力の原則，441条）。なぜなら，連帯債務は，別個独立の債務だからである。ただし，弁済など債権者に満足を与える事由のほか，民法438条〜440条に規定される場合には，一債務者について生じた効力が，他の債務者に影響を及ぼす（下記ア及びイの絶対的効

力事由）。

ア　一部の債務者による弁済，代物弁済や債権者に対して反対債権を有している一部の債務者が相殺を援用した場合（439条1項）のように，債権者に満足を与える事由については，他の債務者に影響を及ぼす（絶対的効力）。連帯債務は，債権者に債権の満足を得させようとする共同の目的のために，数個の債務が連結されたものだからである。また，債権者に対して反対債権を有している債務者が相殺を援用しない場合でも，他の債務者は，反対債権を有している債務者の負担部分の限度において，債権者に対して債務の履行を拒絶することができる（同条2項）。

イ　更改（438条），混同（440条）も，他の債務者について影響を及ぼす絶対的効力事由である。

(3)　求償権

前述のとおり，連帯債務者は，債権者に対する関係で，各自全部の給付をすべき債務を負担しているが，連帯債務者相互の内部関係では，各自の負担部分がある。そして，一人の連帯債務者が弁済のほか，代物弁済，更改などにより，自己の財産をもって，他の債務者と共に負担する債務を消滅させ，共同の免責を得たときは，その連帯債務者は，その免責を得た額が自己の負担部分を超えるかどうかにかかわらず，他の連帯債務者に対し，その免責を得るために支出した財産の額のうち各自の負担部分に応じた額の求償権を有する（442条1項）。

例えば，ＡＢ二人で100万円の借金をし，負担部分をそれぞれ50万円ずつ（負担部分の割合は2分の1）としたとしよう。この場合，Ａが自己の負担部分を超えない30万円の一部弁済をしたときでも，ＡからＢに対して，30万円にＢの負担部分の割合である2分の1を乗じた15万円の求償をすることができる。

第5　連帯債権

　連帯債権は，数人の債権者が，債務者に対し，性質上可分な同一内容の給付について，それぞれ独立に，全部の給付を請求することができる債権であり，その中の一人に対して債務の履行がなされれば，債務者は他の債権者との関係でも債務を免れる関係にあるものをいう（432条）。

　連帯債権者の一人の行為又は一人について生じた事由は，請求・弁済（432条），更改・免除（433条），相殺（434条），混同（435条）を除き，他の連帯債権者に対して効力を生じない（相対的効力の原則。435条の2本文）。

第6　保証債務

1　意　　義

　保証債務は，主たる債務が履行されない場合，これを履行することを目的とする債務である（446条1項）。主債務者の資力が十分でない場合に，保証人を立てることによって，債権者は，債権の満足を受ける可能性が高くなるため，保証債務は，主債務を担保する役割を持っている。

　保証債務は，債権者と保証人との間の保証契約によって発生するのであり，主債務者と保証人との間の契約により発生するのではない。実務上，保証人は，主債務者から依頼されて保証人となる例が多いが，主債務者から依頼されるかどうかは，委託を受けた保証人か否かという問題にすぎない。

　保証契約は，書面又は電磁的記録によって締結する必要があり（要式契約），口頭では保証契約は成立しない（446条2項，3項）。これは，軽い気持ちで保証人となり，重い負債を負ってしまうことがあって社会問題となっていたことから，慎重さを期する趣旨で設けられた要件である。

2　性　　質

(1)　付従性

　保証債務は，主たる債務の履行を担保することを目的としたものであるから，主債務に従属し，主債務とその運命を共にする（付従性）。付従

性は，成立・内容・消滅の３つの場面で問題となる。

　まず，成立における付従性とは，保証債務が主債務の存在を前提とするものであることをいい，主債務が無効である又は取消しにより遡及的に消滅した場合には保証債務は成立しない。ただし，主債務は保証契約の締結時に発生している必要はない。将来の債務や条件付き債務の保証契約も有効であり，根保証（p213参照）はその典型である。

　次に，内容の付従性とは，保証債務の内容が主債務よりも重い内容となることはないことをいう。保証契約締結の時点で，保証債務の内容が主債務よりも重い場合には，保証債務の内容は主債務の限度に減縮される（448条１項）。また，保証契約締結後に主債務の内容に変更が加えられた場合は，その変更が主債務の内容を軽減するものであるときは，保証債務の内容もそれに応じて軽減されるが，主債務の内容を加重するものであるときは，保証債務には影響を及ぼさない（同条２項）。

　さらに，消滅における付従性とは，主債務が弁済などにより消滅した場合，保証債務も消滅することをいう。

(2)　**随伴性**

　保証債務は，主債務に関する債権が債権譲渡その他の原因により移転したときは，それに伴って移転し，同債権の譲受人が保証債権の債権者となる。

(3)　**補充性**

　保証債務は，主債務に比して，第二次的な責任を負う債務であるにすぎない。これを補充性といい，保証人は，催告の抗弁権，検索の抗弁権を有している。催告の抗弁権（452条）とは，保証人が，債権者に対し，まず主債務者に履行の請求（催告）をするようにと求めることによって，一時的に履行を拒絶することのできる権利である。検索の抗弁権（453条）とは，主債務者に弁済の資力があり，主債務者の財産に強制執行することが容易であることを保証人が証明できるとき，保証人が，債権者に対し，まず，主債務者の財産に強制執行をするようにと求めることによっ

て，一時的に履行を拒絶することのできる権利である。

(4)　**負担部分**

　　保証債務には，負担部分がない。第一次的責任を負うのは，主債務者であって，保証人ではないからである。

3　保証人と主債務者との関係

(1)　主債務者又は保証人について生じた事由の効力

　　主債務の消滅や主債務の内容を軽減する事由は，保証債務の付従性から，保証人について同一の効力を生じる。また，主債務が時効消滅する前に保証債務が時効消滅することのないようにして債権の担保を確保しようとするため，主債務についての時効の完成猶予・更新事由は，常に，保証人に対してもその効力を生じる（457条1項）。これに対し，保証人について生じた事由は，原則として，主債務者に影響を及ぼさない。ただし，債権を満足させる事由（弁済，代物弁済，相殺など）は，主債務者にも同一の効力を生じる。主債務と保証債務は，いずれも債権の満足という目的の下に関連があるからである。

(2)　求償権

　　主たる債務者が，債務の履行をした場合，保証人に対して求償することはできない。債務の履行をすべき第一次的責任者は，主債務者であるからである。これに対し，保証人が，債務の履行をしたとき，主債務者に対し，求償権を有する（459条，459条の2，462条）。例えば，Aの負担する100万円の貸金返還債務について，BがAに頼まれて（委託を受けて）保証人となり，100万円の弁済をしたときには，BはAに対し，少なくとも100万円の支払を請求することができる。

　　ところで，保証人となる場合に，主債務者から頼まれて（委託を受けて）保証人となるときと，主債務者から頼まれないで保証人となる場合がある。民法は，求償権の範囲，求償の要件などにつき，この両者を区別して，459条以下に，その詳細な規定を置いている。

4　債権者の保証人に対する情報提供義務

　保証人が当初の想定以上に多額の遅延損害金の履行を求められるといった酷な状況に陥らないよう，保証人を保護するため，債権者には保証人に対して次のような情報提供義務がある。

　保証人が主債務者に頼まれて（委託を受けて）保証をした場合には，債権者は，保証人の請求があったときは，保証人に対し，主債務の元本及び従たる債務（利息，違約金，損害賠償など）について，それぞれの不履行の有無に加え，各債務の残額，そのうちの弁済期到来分の額に関する情報を提供しなければならない（458条の2）。

　また，保証人が個人であって，主債務者が期限の利益を喪失した場合には，債権者は，その利益の喪失を知った時から2箇月以内にその旨を保証人に通知しなければならず，その通知をしなかったときは，保証人に対し，期限の利益を喪失した時から通知を現にするまでに生じた遅延損害金を請求することができない（458条の3）。

5　連帯保証

　連帯保証とは，保証人が，主たる債務者と連帯して債務を負担することを，債権者と特約した場合の保証である。法律実務では，連帯保証であるのが通例であり，単純な保証は，むしろまれである。連帯保証債務には，付従性があり，負担部分がない点では単なる保証と同じだが，補充性はない。

　つまり，連帯保証人には催告の抗弁権，検索の抗弁権がない（454条）ので，債権者から請求を受けた際，主債務者にまず請求するようにと拒むことはできないし，主債務者の財産にまず強制執行をするようにと拒むこともできない。次に，連帯保証も保証債務であるから，通常の保証債務と同様，付従性が認められる。そのため，主債務の消滅や主債務の内容を軽減する事由の効力は，連帯保証人にも及ぶ。また，主債務についての時効の完成猶予・更新事由についても同様に，連帯保証人に対してその効力を生じる（457条1項）。連帯保証人について生じた事由の効力は，連帯債務の場合と同様に取り扱われる（458条）。具体的には，連帯債務に関する民法

438条（更改の絶対的効力），439条１項（相殺の絶対的効力），440条（混同の絶対的効力）の規定は連帯保証人に準用されるが，連帯債務において相対的効力しか有しない事由は，連帯保証においても，主債務者に影響を及ぼさない。

6　共同保証

同一の主債務について複数の保証人がある場合を共同保証という。各保証人は，保証額を保証人の人数で割った額についてのみ，保証債務を負担する（分別の利益，456条）。しかし，保証人が連帯保証人の場合，各保証人は，各人が全額の保証債務を負い，分別の利益はない。

7　根　保　証

⑴　根保証とは，継続的な債権債務関係から生じる不特定の債務を包括的に担保するための保証であり，中小企業の事業資金の継続的融資のための信用保証や，賃借人の債務の保証などがその典型である。増減する債権についての保証であり，債権の「根」を押さえて担保するという意味で，根抵当権（p140参照）における「根」と同趣旨である。

⑵　保証のうち，主債務の範囲に限定がなく，保証金額の上限（極度額）や保証期間が制限されない包括根保証は，保証人が過大な責任を負う可能性がある。そのため，保証人が個人である根保証契約（個人根保証契約）については，主債務は「一定の範囲に属する」不特定債務でなければならず，書面により極度額を定めなければ契約は効力を生じないこととして，包括根保証を禁止している（465条の２）。さらに，主債務に貸金等を含む個人根保証契約については，保証人が保証する債務は，原則として，契約で定められた５年以内の期間（定めがないときは３年間）という一定の期間内に発生したものに限る（465条の３）。

⑶　借主が事業（一定の目的をもってされる同種の行為の反復継続的遂行をいう。）のために行う借入れについての保証契約では，保証債務の額が多額になりがちであり，保証人の生活が破綻する例も相当数存在するといわれている。しかし，保証は，個人的な関係に基づいて行われること

が多い上に，保証契約を締結する際には，主債務者の債務不履行が生じて現実に保証債務の支払を求められることとなるかが不確定なこともあって，保証人の中には上記のようなリスクを十分に自覚しないまま，安易に保証契約を締結してしまう者も少なくないと指摘されてきた。

　そこで，このような事態を防止するため，事業のための貸金などを主債務とする保証契約又は主債務の範囲に事業のための貸金等を含む根保証契約であって，保証人が個人であるものについては，契約締結の日前1か月以内に，公的機関である公証人が保証人となろうとする者の保証意思を確認し，その者の保証意思が表示された公正証書（保証意思宣明公正証書）を作成しなければ，保証契約は効力を生じないこととされた（465条の6）。

　ただし，保証人になろうとする者が，主債務者である株式会社の取締役である場合など，主債務者の事業の状況を把握することができる立場にあり，保証のリスクを十分に認識せずに保証契約を締結するおそれが低いと考えられる一定の場合には，公証人による意思確認を不要としている（465条の9）。

＊物上保証

　　物上保証といっても，保証契約の一種ではないが，保証契約との対比の意味で，ここで説明する。物上保証とは，他人の債務のために，自己所有の財産に担保権を設定することをいう。保証契約も物上保証も，他人の債務の履行を担保するために設定されるものであるが，物上保証人は，保証人と異なり，債務を負っておらず，担保として提供した財産の限りで責任のみを負っているにすぎない。これに対し，保証人は，保証債務を負っているので，債権者は，保証人の一般財産に対して強制執行をすることができる。

第8章　契約総論

第1　契約の種類

1　債権の発生原因

　　民法は，第3編債権のうちに，第2章契約，第3章事務管理，第4章不当利得，第5章不法行為の規定を置いた。これらは，債権を発生させる原因となる代表的なものであるが，この中で，実際上，最も一般的な債権の発生原因は，契約である。契約は，当事者の相対立する意思表示が合致して成立する法律行為であって，単独行為や合同行為と区別される。

2　契約の種類

(1)　双務契約と片務契約

　　双務契約とは，1個の契約の効果として，当事者双方が債務を負い，しかも，その債務が互いに対価関係に立っている場合であり，売買や賃貸借がその例である。片務契約とは，贈与や無償寄託のように，当事者の一方しか債務を負担しない契約である。この区別の実益は，同時履行の抗弁（533条），危険負担（536条）の規定が，双務契約にのみ適用されるという点にある。

(2)　有償契約と無償契約

　　契約成立の要件・効果として，当事者双方が対価的な経済的出えんをする場合が有償契約であり，そうでない場合が無償契約である。したがって，双務契約は，有償契約の一種であるが，有償契約は，必ずしも双務契約ではない。例えば，利息付消費貸借は，有償片務の契約である。有償契約には，売買の規定（重要なものとしては，担保責任の規定）が準用され（559条），無償契約には準用されないので，この区別をしておく必要がある。

(3)　諾成契約と要物契約

　　意思表示の合致だけで成立する契約が諾成契約であり，意思表示のほかに，物の引渡しその他の給付をして初めて成立する契約が要物契約で

ある。賃貸借，売買，贈与，使用貸借など多くの契約は諾成契約であるが，消費貸借は要物契約である（ただし，後述するとおり，諾成契約の消費貸借もある。）。この区分は，契約の成立時期について実益がある。

(4)　典型契約と非典型契約

典型契約（有名契約）は，民法に規定する売買等の13種の契約のことである。典型契約は，典型的な契約の一応の型を示したものであるから，典型契約についての民法の規定は，他の契約を解釈する基準としても役立つものである。

他方，非典型契約（無名契約）は，典型契約以外の契約である。次に説明するように，契約の内容は当事者が自由に決定できるので，典型契約と異なる内容の契約を締結することも法令に反しなければ自由にできる（521条2項）。非典型契約には，リース契約，クレジット契約のように，法律実務では典型契約に劣らず重要な契約もある。

(5)　物権契約，債権契約，身分契約

物権契約とは，物権の発生などを目的とする契約である。例えば，抵当権設定契約，地上権設定契約などである。物権契約に対応する言葉は，債権債務関係の発生などを目的とする債権契約であり，例えば，売買契約がその代表例である。売買契約では，契約の効力として目的物の所有権が移転するという効果も生じる。その意味では，物権の移転という物権契約的な面も含んだ債権契約といえよう。

身分契約とは，婚姻のように，家族法上の法律関係を作り出す契約をいう。

第2　契約の成立

1　契約自由の原則

(1)　締結の自由及び内容決定の自由

契約を締結するかどうかは，当事者が自由に決定でき（締結の自由。521条1項），契約の内容も，当事者が自由に決定できる（内容決定の自

由。同条2項）のが原則である。ただし，例外として，これらの自由は強行規定により制限されることがある（同条1項及び2項）。例えば，当事者は自由に契約の内容を決定できるとはいえ，賭博で負けた者が金を払うという内容の契約は公序良俗違反により無効とされる（90条）。また，金銭消費貸借契約において，利息制限法1条所定の制限利率を超える利率を定めるものは，その超過部分につき無効とされる。

(2) 方式の自由

契約は，契約の内容を示してその締結を申し入れる意思表示（申込み）に対して相手方が承諾をしたときに成立する（522条1項）。その方式は，原則として自由であり，書面（契約書）を作成する必要はなく，口頭合意でもよい（方式の自由。同条2項）。ただし，例外として，法令により契約の効力発生のために書面の作成その他の方式の具備が要求されることがあり（例えば，保証に関する446条2項，諾成的消費貸借に関する587条の2第1項などは，当事者に対して慎重な判断を求めるため書面作成を要件としている。），このような契約を要式契約という。

締結の自由，内容決定の自由及び方式の自由を併せて「契約自由の原則」といい，これは近代私法の基本原則の一つである「私的自治の原則」（p7参照）の重要な要素である。

2 申込み

(1) 申込みと申込みの誘引

申込みと申込みの誘引とは，区別しなければならない。申込みの誘引は，相手方に申込みをさせようとする意思の通知である。例えば，あるファースト・フード店に「スタッフ募集，時給900円，年齢学歴不問」との広告がしてあったとして，これを雇用契約の申込みとみるとすれば，誰かが「雇ってくれ。」と申し出ると，これが承諾の意思表示となり，直ちに雇用契約が成立する（諾成契約）ことになる。しかし，人を雇おうとする場合，その人を面談してから雇うのが通常であろう。その証拠に，募集広告には，通常「委細面談の上」と書かれているであろう。この広

告は契約の申込みではなく，申込みの誘引にすぎないと解される。申込みの誘引に対して相手方から意思表示があったとしても，その意思表示は承諾ではなく申込みに当たり，店側は，なおこれに対して諾否を決する自由を有しているのである。

(2)　申込みの効力発生時期

申込みは，その意思表示が到達した時に効力を生じる（97条1項）。発信後到達前に，申込者が死亡し，又は意思能力を喪失するなどしたときでも申込みの効力に影響がないのが原則である（同条3項）が，申込みの相手方が承諾の通知を発する前に，申込者の死亡などを知ったときは，申込みの効力を生じない（526条）。

申込みの意思表示が相手方に到達した後は，既に効力を生じているので，申込者の死亡等は，申込みの効力に影響を及ぼさない。

(3)　申込みの拘束力

申込みの拘束力とは，申込者が自らした申込みを撤回できないことをいう。申込みの意思表示は，意思表示一般についても同様だが，撤回できないのが原則である（523条1項，525条1項）。

承諾期間の定めのある申込みの場合には，承諾期間内に承諾の意思表示が申込者に到達しなければその効力を失うので（523条2項），撤回の問題を生じる余地がない。これに対し，承諾期間の定めのない申込みが，いつまでも効力があるとすることは，申込者に酷であるので，承諾の通知を受けるのに相当な期間（相手方が承諾するかどうかを考える時間や，通信に要する時間を考慮して決められるべきものである。）が経過した後は，撤回できることとした（525条1項本文の反対解釈）。以上のことは，隔地者に対する申込みの場合であるが，対話者の場合は，対話が継続している間はいつでも撤回できる（同条2項）。

3　承　　諾

承諾の意思表示が到達した時に，契約は成立する（97条1項）。

第3　双務契約の効力

1　総　説

　　民法の契約の規定中には「第二款　契約の効力」の部分があるが，ここに規定されている契約の効力は，第三者のためにする契約のほかは，双務契約に特有の効力である同時履行の抗弁権，危険負担である。

　　なぜ，双務契約に特有の効力を規定しなければならなかったのかといえば，双務契約では，当事者の双方に債務が発生するから，双方の立場を公平に解決する基準が必要だったからである。双務契約では，当事者双方が互いに相手方に対し債務を負担し，しかもその両債務が，互いに対価的な関係を持っている。例えば，【基本事例3】のAB間の売買契約は双務契約である。Aの甲建物及び乙土地引渡債務とBの代金支払債務は，互いに相牽連しているから，両債務を相互に関連づけて履行させることが契約当事者の公平に適すると考えられている。

2　同時履行の抗弁権（双務契約の履行上の牽連関係）

(1)　意　義

　　双務契約では，双方の債務は，互いに対価的関係に立っているから，お互いに不利益にならないよう双方の債務が引換えに履行されるのが望ましい。逆にいうと，自己の債務を履行することなしに，相手方に対し，債務の履行を求め得るとすることは，公平の理念に反する。そこで，双務契約の当事者の一方は，相手方がその債務の履行を提供するまでは，自己の債務の履行を拒絶することが認められている（533条）。この権利を同時履行の抗弁権という。

＊抗弁権

　　同時履行の抗弁権のほか，民法452条の催告の抗弁権，453条の検索の抗弁権，536条1項の危険負担による反対債務の履行拒絶権も抗弁権と考えられている。抗弁権は，請求権の行使に対し，その作用を阻止できる効力を持つ権利，言い換えれば，一定の事由に基づいて給付を拒絶する権利である。請求権が，主として攻撃的な作用を持つのに対し，抗

弁権は，請求権の行使に対する防御的な作用を持つにとどまる。相手方の権利そのものを否定するのではなく，相手方の権利を承認した上で，その権利行使を拒むだけのものである。この履行拒絶の権能（効果）は，その権利を行使することによって初めて生じる。

(2)　**要　件**

民法533条の規定を前提にして，同時履行の抗弁権の要件を考えると，次のものが挙げられる。

①　同一の双務契約から生じた相対立する債権が存在すること

②　相手方の債務（履行を請求する側の負担する債務）が，弁済期にあること

③　相手方（履行を請求する側）が，自己の債務の履行又は履行の提供をしていないこと

なお，自己の債務が弁済期にないときは，弁済期未到来を理由として履行を拒絶することができるので，同時履行の抗弁権の問題とはならない。

(3)　**効　力**

同時履行の抗弁権は，原則として，行使しない限り効力を生じない。この抗弁権を行使すれば，債務の履行を拒絶できるので，履行拒絶権能と呼ばれている。訴訟上，この抗弁権が行使されると，請求棄却の判決ではなく，引換給付の判決がされる。例えば，【基本事例3】で，売買契約に基づくBのAに対する甲建物及び乙土地の所有権移転登記請求に対して，まだ代金の支払を受けていないことを理由に，Aが同時履行の抗弁権を行使すれば，裁判所は，Aは，Bから5000万円の支払を受けるのと引換えに，Bに対し，甲建物及び乙土地の所有権移転登記手続をせよという内容の判決をすることになる。

ところで，同時履行の抗弁権は，それが存在するだけで，つまり，権利行使をしなくてもある種の効力を生じる場合がある。例えば，【基本事例3】で，Bが，Aに対し，甲建物及び乙土地の所有権移転登記債務の

履行遅滞に基づく損害賠償請求をしてきたとしよう。この場合，同時履
行の抗弁権を有する者Aは，所有権移転登記債務の弁済期が到来したと
いうことだけで履行遅滞の責任を負わなければならないとするのは，適
切ではない。このような場合，相手方Bの代金債務の履行（又は履行の
提供）があって初めてAは履行遅滞の責任を負うと解すべきである。と
すると，同時履行の抗弁権は，それが行使されなくても，存在するだけ
で履行遅滞の責めを負わないという効果を生じると説明することにな
る。そこで，これを同時履行の抗弁権の存在効という。

　なお，この存在効を排除するためには，相手方Bが，Bの代金債務の
履行（又は履行の提供）をしなければならないが，履行の場合はもちろ
ん，履行の提供も，履行期に1回すれば，それによってAは，遅滞の責
任を負うと解されている。もっとも，Bが，履行期経過後に，損害賠償
ではなく本来の給付を請求しようとするときは，Bは改めて履行の提供
をする必要があり，Aは，Bの履行期における履行の提供では同時履行
の抗弁権を失うものではないと解されている。

3　危険負担（双務契約の存続上の牽連関係）

(1)　総　説

　債務の履行が不能であるときは，債権者は，債務者の帰責事由の有無
にかかわらず，債務者に対し，その債務の履行を請求することができな
い（412条の2第1項）。債権者が債務者に対して履行を請求することが
できるためには，履行が可能でなければならないからである。

　したがって，双務契約において，一方の債務が債務者の責めに帰する
ことができない事由により履行不能である場合，債権者は債務者に対し，
その債務の履行を請求することはできないが，この場合において，債権
者は債務者に対し反対債務の履行を拒絶することができるかというの
が危険負担の問題である。

　例えば，【基本事例3】で，AB間の売買契約の目的物の一部である甲
建物が，履行期前に，落雷によって焼失した場合に，買主Bは，売主A

に対し，甲建物分の代金債務の履行を拒絶できるかという問題である。

(2)　原　則

双方の債務が対価的均衡の関係に立つ双務契約において，一方の債務が当事者双方の責めに帰することができない事由によって履行不能となったときに，当該債務の債権者に反対債務の履行を強いるのは不公平である。そこで，民法536条1項は，当事者双方の責めに帰することができない事由により，一方の債務が履行不能になった場合，債権者は，反対債務の履行を拒むことができるとする。上記【基本事例3】の事例では，買主Bは，売主Aに対し，危険負担に基づく履行拒絶の抗弁を主張して，甲建物分の代金債務の履行を拒絶できる。危険負担に基づく履行拒絶の抗弁が認められたときには，請求棄却の判決が出される。

(3)　例　外

債権者の責めに帰すべき事由により，一方の債務が履行不能になったときには，債権者は，反対債務の履行を拒むことができない（536条2項前段）。債権者に帰責事由がある場合に債権者に反対債務の負担を免れさせるのは公平の理念に反するからである。ただし，債務者は，自己の債務を免れたことによって得た利益を債権者に償還しなければならない（同項後段）。

(4)　危険負担と解除・損害賠償

ア　解除と危険負担

第5で述べるように，双務契約において，一方の債務が債務者の責めに帰することができない事由により履行不能である場合であっても，債権者は，契約を解除することができ，解除により反対債務は消滅する。したがって，このような場合，債権者は，危険負担制度に基づき反対債務の履行を拒絶することもできるし，契約を解除することにより反対債務を確定的に消滅させることもできる（ただし，債権者に帰責事由があれば，反対債務の履行拒絶はできず（536条2項），契約の解除もできない（543条）。）。解除とは別に危険負担による履行拒絶を

認めるのは，解除により反対債務を消滅させるためには解除の意思表示が必要であるが，解除の意思表示をすることが事実上困難な場合に債権者が反対債務から解放されないのは適切ではないとの理由による。

イ　損害賠償と危険負担

債務の履行不能につき債務者の責めに帰するべき事由がある場合は，債権者は，債務者に対し，債務不履行による損害賠償請求をすることができる（415条）。この場合，危険負担は問題とならず，債権者が債務者に対し反対債務の履行を拒むことはできない（債権者が反対債務からの解放を求める場合には，契約を解除すればよい。）。

第4　第三者のためにする契約

1　意　　義

第三者のためにする契約とは，そのような典型契約が独立して民法上規定されているというのではなく，各種の契約の中に含まれている，第三者に利益を与える特約のことをいう。例えば，ＡＢ間の売買契約で，ＡがＢに支払うべき代金を第三者Ｃに払うことにすると合意するような場合である。Ａを諾約者，Ｂを要約者，Ｃを受益者と呼ぶ。

2　効　　果

この例の場合，Ｃは，代金支払請求権を取得し，Ａに直接自分に支払うよう主張することができる（537条1項）。ただし，Ｃの権利は，ＣがＡに契約の利益を受けるとの意思表示をしたときに発生する（同条3項）。他方，Ａは，Ｂに対して主張できること（例えば，同時履行の抗弁など）を全てＣに主張することができる（539条）。

第5　契約の解除

1　解除の制度

契約の解除とは，当事者の一方が，その一方のみの意思表示によって，契約の効力を当初に遡って消滅させる制度である。一方のみの意思表示に

よって契約の効力をなくすわけであるから，それなりの事由（解除権発生原因事実）がなければならない。その解除権が，契約によって生じる場合を約定解除（権），法律の規定によって生じる場合を法定解除（権）という。

　解除の制度は，契約の一方当事者が，契約上の拘束から脱却できる点に，その意義がある。例えば，売買契約はしたが，買主が約束どおり代金を払ってくれないという場合でも，売主としては，契約が存続する限り，売買の目的物を引き渡すべき義務を負担している。売主が，まだ目的物の引渡しを済ましていなければその引渡義務を免れ，既に目的物を引き渡してしまっていればその物を返してもらうためには，契約を解除するのがよい。したがって，契約解除の制度は，双務契約の場合に特に存在理由があるということができる。

2　解除と類似の他の制度との区別

(1)　法律行為の取消しとの区別

　法律行為の取消しも，取消権者が取消しの意思表示をすることによって，その法律行為の効力を初めに遡って無効にするものである（121条）。遡及効のある点，当事者の一方的意思表示によって効力を消滅させる点では，解除と同じである。

　しかし，取消しの対象になるのは，法律行為であって，契約に限られない点，解除原因（解除権の発生原因）と取消原因（取消権の発生原因）は異なるし，取消しによって法律行為の効力が消滅した場合の後始末の法律関係と解除によって契約の効力が消滅した場合の後始末の法律関係が異なるなどの差異がある。

　最後の後始末の法律関係とは，例えば，売買契約に基づいて，売買代金が支払われた後に，それが取り消された場合には，民法121条の2により原状回復義務が生じるのに対し，それが解除された場合には，民法545条の規定により原状回復義務が生じる。そのため，利息を付けて返すべきかなど，返還すべき金額も異なってくる余地がある。

(2)　合意解除（解除契約）との区別

　契約の当事者は，契約成立の後，合意（契約）によって，契約の効力を消滅させることができる。この合意によって契約の効力を消滅させることを合意解除という。

　合意解除は契約であるのに対し，解除は，単独行為であり解除権者の一方的意思表示による。また，解除の効力（後始末の法律関係についての効力）は，解除原因が法律で定められている場合（法定解除権）でも，契約で定められた場合（約定解除権）でも，原則として，民法545条の規定による。他方，合意解除の効力は，当事者の合意によって定められ，この合意がないときは，民法703条，704条の不当利得の規定によって処理される。

(3)　解約（告知）との区別

　講学上，遡及効のない解除を解約又は告知という。賃貸借，雇用，委任などの継続的な契約の解除は，遡及効がない。契約を終了させる意思表示があった時から，将来に向かって，契約の効力が消滅する（620条，630条，652条など）。条文上は，解除という語を，解約と区別しないで用いている場合もある（610条，612条２項など）。

3　解除権の発生原因

　法定解除権の発生原因は，各種の契約に特有のものと各種の契約に共通なものがある。例えば，民法550条は贈与契約に特有の解除権の発生原因であり，民法598条は使用貸借に特有の解除権の発生原因である。各種の契約に共通な解除権の発生原因は，債務不履行である。ここでは，債務不履行に基づく解除権について述べる。

4　債務不履行による解除

(1)　総　説

　解除には，債権者が債務の履行を催告した上で契約の解除をする場合（催告による解除）と，債権者が催告することなく契約の解除をすることができる場合（催告によらない解除）がある。民法は，541条に催告による解除について，542条に催告によらない解除についての解除権発生

の要件を規定した。

(2) 催告による解除（541条）

ア　総　説

　　解除権発生の要件は，債務不履行があることのほか，①債権者が相当の期間を定めて履行を催告したこと，②債務者がその相当の期間内に債務を履行しないこと，③催告期間が経過した時における債務の不履行がその契約及び取引上の社会通念に照らして軽微ではないことである。③の要件が設けられた趣旨は，契約の解除は債務不履行により契約目的の達成に支障を来す債権者を救済するためのものであることから，不履行の程度が軽微なものにとどまる場合にまで解除によって契約関係を消滅させるのは相当でないということにある。

　　解除は，債務の履行を怠った債務者に制裁を課すための制度ではなく，債務の履行を得られない債権者を契約の拘束力から解放するための制度であるから，解除権発生の要件として，債務者の帰責事由は不要である。

　　まず催告について，民法541条では，相当の期間を定めて履行を催告することが必要とされている。債務者が履行遅滞になっても，なお，履行の準備中であるかも知れないし，また，催告によって忘れていた債務を思い出し，あるいは意を翻して履行することも考えられる。そこで，債務者に履行をする最後の機会を与えるために，催告を要件としたものである。催告を要件とする以上は，債務者が現実に履行ができるだけの期間は，契約を解除するのを待ってやらなければならない。このために，催告には，相当の期間を付すべきものとした。

　　相当の期間とは，どれだけの期間であるかは，一概にはいえない。取引の実情に照らして，契約の内容，その時の社会情勢などを広く考慮して決められるべきである。ただ，抽象的にいえば，債務者が催告を受けた後に，履行の準備を始めて履行が完了するまでの期間を考えるべきではなく，履行の準備はすでに大体終わっているものとして，

履行に必要な期間を考えればよい。

　催告に不相当な期間が付されている場合又は催告に何も期間が付されていない場合であっても，催告それ自体は有効であり，催告後相当の期間が経過すれば，解除権が生じる。これは，催告に相当の期間を付する理由が，催告後相当の期間解除するのを待ってやるという点にあることを考えれば，明らかである。

イ　双務契約の場合

　双務契約では，解除をしようとする側で，自己の債務の履行又は履行の提供をしていない限り，相手方が，同時履行の抗弁権を有しているのが通例である。この場合，相手方は，履行をしないことについて正当な理由があるわけだから，履行遅滞にならない（同時履行の抗弁権の存在効。p220参照）。

　そこで，解除しようとする側では，同時履行の抗弁権を消滅させて相手方を履行遅滞に陥れるために（付遅滞の要件として），自己の債務の履行又は履行の提供をしなければならないことになる。

　履行の提供と催告の順序について，履行の提供により履行遅滞に陥れた後に催告をしなければならないわけではなく，履行の提供と催告を同時にしてもよいし，催告で定めた日に履行の提供を行うことでもよい。

ウ　期限の定めのない債務の場合

　期限の定めのない債務の場合には，債務者を履行遅滞に陥れるためには，民法412条3項の履行の請求をすることが必要となる。この場合，履行の請求と催告は，内容としては同一であるから（催告とは，債権者が債務者に対して債務の履行を促すことであって，412条3項にいう履行の請求と同じ意味である。），いずれか一方をすれば足りる。まず，民法412条3項の履行の請求をして債務者を履行遅滞に陥れてから，再度民法541条の催告をしなければならないわけではない。

(3)　催告によらない解除（542条）

債務者に履行をする機会を与えるという催告の趣旨からすると，催告により改めて債務者に履行の機会を与えても債務者が履行をすることができない場合や，債務者が催告を受け履行をしても，もはや契約の目的が達成されない場合は，解除に催告を要するとする意味がない。

そこで，民法542条１項は，催告により改めて債務者に債務の履行の機会を与えても意味がないといえる場合として同項１号〜５号を掲げ，これらの事由がある場合には，債権者は催告をすることなく直ちに契約を解除することができると定めた。

具体的には，債務の全部が履行不能であるとき（１号），債務者が債務の全部の履行を拒絶する意思を明確に表示したとき（２号），債務の一部の履行不能又は一部の明確な履行拒絶により契約の目的を達成することができないとき（３号），契約の性質又は当事者の意思表示により，特定の日時又は一定の期間内に履行をしなければ契約をした目的を達することができない場合（いわゆる定期行為。例えば，年賀はがきの印刷，葬式花輪の注文など）において債務不履行があったとき（４号），その他，債務不履行があり，債権者が催告をしても契約をした目的を達するのに足りる履行がされる見込みがないことが明らかであるとき（５号）である。解除権発生の要件として，債務者の帰責事由が不要であるのは催告による解除の場合と同様である。

(4)　債務の一部不履行の場合

ア　債務の一部履行遅滞の場合

債務の一部について履行遅滞となった場合，その一部について解除権の発生要件が充たされれば，民法541条により契約の一部解除をすることができると解される。

イ　債務の一部履行不能又は一部履行拒絶の場合

契約が可分であり，その一部分のみを解消することが可能な場合において，債務の一部の履行不能又は一部の履行拒絶があったとき，債権者は，催告なしに，その契約の一部の解除をすることができる（542

条2項)。

　また，契約が可分である場合において，債務の一部の履行不能又は一部の明確な履行拒絶により契約の目的を達成することができないときは，(3)で述べたとおり，債権者は，催告なしで，契約全体を解除することができる（542条1項3号）。

　例えば，別棟の物置1坪が付いた20坪の建物の売買で，契約成立後，物置1坪が売主の失火によって焼失した場合なら，その引渡義務が履行不能になっても，20坪の建物の引渡しが可能であれば，契約の目的を達することができるが，物置1坪だけが残り，20坪の建物が焼失したのでは，契約の目的を達することができないから，契約の全部を解除することができる。

(5)　**債権者の責めに帰すべき事由による債務不履行による場合**

　債務不履行が債権者の責めに帰すべき事由によるものであるときは，債権者は，民法541条及び542条による解除をすることができない（543条）。債務不履行について帰責事由のある債権者に契約の拘束力からの離脱を認めるのは相当ではないからである。

5　解除権の行使

　解除権の行使は，解除の意思表示によってする（540条1項）。解除権が発生しても，それを行使しなければ，その効力を生じない。解除の意思表示の相手方は，契約の他方の当事者である。解除の意思表示は撤回できない（同条2項）。意思表示の一般原則から当然の規定と考えられている。

　契約当事者の一方が数人ある場合，解除の意思表示は，その全員からし，又はその全員に宛ててしなければ，効力を生じない（544条1項）。こうした解除の意思表示は，必ずしも全員が同時にしたり，受けたりしなくてもよいものの，解除の意思表示が順次にされた場合には，最も遅く解除の意思表示が到達した時に解除の効力が生じる。また，契約当事者の一方が数人ある場合，解除権が当事者中の一人について消滅したときは，他の者の解除権も消滅する（同条2項）。民法544条1項，2項の趣旨は，契約当

事者のある者との間では契約の効力が消滅し，他の者との間では契約の効力が存続するというのでは，法律関係が複雑になるので，これを防止しようとしたものである。これを解除権行使の不可分性という。

6　解除の効果

(1)　総　説

解除の効力は，契約の効力を，契約当初に遡って消滅させる点にある。このように，解除は契約の遡及的無効をもたらすものであるとの理解は，直接効果説と呼ばれ，判例・実務で採用されている。契約の遡及的無効によって，契約によって生じた債権債務は消滅する。未履行の債務は履行しなくてよいことになり，既に履行された給付は返還しなければならないことになる。

(2)　原状回復義務

ア　総　説

契約解除前に債務の全部又は一部の履行があった場合には，契約がなかったと同じ状態に戻す必要がある。つまり，債権者は，履行をした者（債務者又は第三者）に対し，契約がなかったと同じ状態に戻す義務を負担する（545条1項）。

イ　性格，範囲

原状回復義務は，不当利得返還義務と同じ法的性質のものである。つまり，契約によって生じた債権に基づいて得た利益が，その基礎であった契約の効力の消滅によって，法律上の原因なしに利益を得たことになるため，これを損失を被った人に返すという義務なのである。

しかし，不当利得では，現存利益の限度で返還することを原則とするため（703条），契約がなかったのと同様の状態に戻すことができないことになる。例えば，契約に基づき売買代金として100万円の支払を受けた者が，これを浪費してしまい，解除当時には，20万円しか残っていないとすれば，不当利得の原則からは，20万円だけ返せばよいことになる。これでは契約がなかったと同様の状態に引き戻したこと

にならないので，民法545条1項は特に，契約がなかったと同様の状態に引き戻す義務として，原状回復義務を規定したのである。

ウ　内　容

　原物返還を原則とする。したがって，物又は権利が給付された場合には，給付された物又は権利そのものを返還する義務が生じる。

　観念的な物又は権利そのものは，解除の意思表示と同時に，当然に（何らの特別な行為，例えば登記とか引渡しを要しないで）給付者に復帰する。例えば，売買によって売主から買主に所有権が移転しているときは，解除の意思表示によって当然に，その所有権は売主の元に戻る。

　原物返還ができないときは，価額返還となる。原状回復義務は，契約解除の意思表示の効力発生と同時に生じるのであるが，その発生当時，原物返還が可能であれば，原状回復義務の内容は，原物返還ということになる。しかし，解除当時（原状回復義務発生当時），目的物の滅失毀損などによって原物返還ができないときは，その物の価額を返還する義務が原状回復義務の内容となる。その際に返還すべき価額は，解除当時の価額による。

　原状回復義務が，解除当時，原物返還を内容としていったん生じた以上は，その後の事由による返還不能は，債務不履行の一態様としての履行不能の問題となる。この返還義務の履行不能の場合，原状回復義務者の帰責事由を必要とし，損害賠償の範囲の問題として，履行不能当時の価額を賠償すべきこととなる。

　債務の履行として金銭が給付されていたときは，その受領した金額に受領した時からの利息を付けて返さなければならない(545条2項)。また，金銭以外の物が給付されていたときは，その受領の時以後に生じた果実をも返還しなければならない（545条3項)。

(3)　解除前の第三者

　Aがその所有する甲建物をBに売り，Bは，更にこれをCに転売し，その登記も引渡しも済んだ後で，AがBの代金支払の遅滞を理由にAB間の売買契約を解除した。Aは，Cから甲建物を取り戻すことができるか。

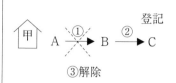

　まず，Aは，Cにどのような権利に基づいて取戻しを請求することになるのだろうか。Aに所有権が復帰していると考えて，所有権に基づく返還請求権を考えることができよう。また，登記の抹消も求めておいた方がよいであろう。その性質は，占有以外の方法による物権の侵害であるから，所有権に基づく妨害排除請求権と考えられる。前者については，一度解説したので，後者つまり，抹消登記請求を検討することにしよう。

　所有権に基づく妨害排除請求としての抹消登記請求の要件は，①Aが甲建物を所有していること，②Cが甲建物につき登記を有していること，③Cの登記が正当な権原に基づかないことである。AC間で所有権が争われている本件では，③は，①と同じ所有権の所在についての争いとなる。そこで，①について，考えていこう。

　Aは，A⇒B，B⇒C売買によってCに移転していた所有権が，解除によってA⇒B売買の効力が遡及的になくなり，Aに戻る（正確に言えば，元々A⇒B⇒Cと移転しなかった。）ということになろう。しかし，これではCは，AB間の債務不履行，解除権の行使という事情によって，その所有権を害される結果になる。そこで，このような場合，第三者Cの利益を保護するため，解除の効力は，第三者Cの権利を害することはできないとした（545条1項ただし書）。したがって，解除の効力はCに及ばず，Aに所有権は戻らないので，所有権に基づく妨害排除請求としての抹消登記請求をするための要件①を満たさず，抹消登記請求をすることができないことになる。Aの所有権に基づく甲建物返還請求もこれと同じ結論になる。

　なお，民法545条１項ただし書の第三者であるためには，対抗要件（不動産であれば登記）を具備した者でなければならない。ここで第三者となるために要求されている対抗要件は，対抗問題に決着をつけるために要求される対抗要件という意味ではなく，権利保護資格要件として解釈上要求されていると学説は説明している。また，第三者は，対抗要件を具備すれば足り，解除原因についての善意悪意は問わない。

(4)　解除後の第三者

　それでは(3)の例を基本とし，第三者Cが，Aの解除後にBから甲建物を買った者で，登記はBにあるとしよう。同様に，Aは，Cから甲建物を取り戻すことができるか。

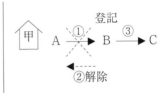

　Aは，Cに対し，所有権に基づき甲土地の返還請求をすることになり，結局，ＡＣ間の所有権の優劣が問題となる。解除後の第三者であるCは，解除前の第三者の場合とは異なり，民法545条１項ただし書の第三者とはいえないと解されており，ＡＣ間の所有権の優劣は，対抗要件としての登記の具備の先後による（177条）との見解が一般的である。図のように，解除によってBにあった所有権がAに戻る復帰的物権変動を観念し，Bを基点にしてB⇒A，B⇒Cの所有権の二重譲渡があった場合と同様に説明されることが多い。

　このような見解によれば，A，Cのいずれか先に甲建物の登記を具備した者が他方に優先して所有権を主張できる。この事例で，Bに登記があるままでは，Aは，Cに甲土地の返還請求をすることはできないという結論になる。

　結局，(3)(4)をまとめると，民法545条１項ただし書の第三者とは，解除前の第三者のみをいい，かつ対抗要件を具備した者をいうことになる。

(5)　解除と損害賠償

ア　総　説

　　民法545条4項は，解除権の行使は損害賠償の請求を妨げない旨規定している。契約に基づいて発生した債務について，債務不履行があった場合，解除権があればこれを行使することもできるし，解除権が行使されて契約が無効となったとしても，なお損害があるという場合には，損害賠償請求権を行使することもできるということである。この損害賠償の性質については，信頼利益説と履行利益説との対立がある。

　　信頼利益説とは，次のようなものである。契約解除により，契約に基づく債権は遡及的に消滅するから，民法415条以下による債務不履行に基づく履行利益（債務の履行があれば債権者が得たであろう利益）の損害賠償債権は存在し得ない。したがって，解除と共にする損害賠償は，契約が解除されることなく存続し，履行されると信じていたのにそれが裏切られたことによって被った損害の賠償，つまり信頼利益の賠償である。

　　これに対し，履行利益説とは，次のようなものである。契約解除は債務者の債務不履行責任を免れさせるものではなく，契約に基づく債権者の履行利益は確保されるべきである。そこで，法は，特に民法545条4項を定め，損害賠償の請求を妨げないとして，この範囲で，解除による債権消滅の効果を制約したのである。したがって，解除と共にする損害賠償の性質は，民法415条以下による債務不履行に基づく履行利益の損害賠償である。

　　多数の判例は，履行利益説によっているので，以下これに従って，その内容を検討する。

イ　損害賠償請求権の内容

㋐　履行遅滞の場合

　　履行遅滞による損害賠償は，遅延賠償にとどまり，別に本来の給付請求権が残存するのが本則であるが，履行遅滞により解除権が発生した場合には，債権者は，解除をするまでもなく，債務者に対し，

てん補賠償をすることができる（415条2項3号後段）。また，履行遅滞を理由に契約が解除された場合にも，債権者は，債務者に対し，てん補賠償をすることができる（同号前段）。

　解除がないときには，反対給付債務は残存するから，反対給付の価格を控除して，損害賠償額を算定する必要がない。しかし，解除された場合には，反対給付債務は消滅することになるから，解除当時における債務の価格から解除によって免れた反対給付の価格を控除したものが損害賠償の内容となる。例えば，A（売主）がB（買主）に，ある建物を代金1000万円で売却し，Aがその家の明渡しを遅滞したため，Bから契約解除をした場合において，解除当時のその建物の価格が1200万円であったとすれば，1200万円（解除当時の建物給付債務の価格）から1000万円（反対給付たる代金債務の価格。Bは解除によって，その債務を免れた。）を控除した200万円が損害賠償額となる。

㈠　履行不能の場合

　履行不能の場合，損害賠償はてん補賠償である（415条2項1号）。

　解除がないときには，反対給付債務は残存するから，反対給付の価格を控除して，損害賠償額を算定する必要がない。しかし，解除があれば，反対給付債務は消滅するから，解除によって免れたこの反対給付の価格を控除する必要が生じる。例えば，前の例で，Aの失火によって建物の引渡しができなくなった場合，Bは解除しなくても，履行不能当時のその建物の価格（これを仮に，1100万円としよう。）を損害賠償として，Aに請求できるが，Bは代金債務を免れないから，1000万円の代金をAに支払わなければならない義務を負担している。しかし，解除すれば，この代金債務は免れることになるから，この場合に，Bが1100万円全額を損害賠償として請求できることとなるのは，Bが不当に利益を受けてしまう。そこで，1100万円から1000万円を控除したものが損害賠償額ということになる。

㈦　不完全履行の場合

追完可能の場合は，履行遅滞に準じ，追完不能の場合は，履行不
能に準じる。

(6)　同時履行の抗弁権

解除によって，当事者双方が，原状回復義務，あるいは損害賠償義務
を負担するときは，その公平を図るため，双務契約の場合と同様に，同
時履行の抗弁権が認められる（546条，533条）。

7　解除権の消滅

(1)　総　説

解除権は，放棄，消滅時効などの一般的な権利消滅原因の発生によっ
て消滅する。放棄は，相手方に対する意思表示によって，一方的にする
ことができる（単独行為）。

消滅時効については，その時効期間に問題がある。解除権は，形成権
であり，債権ではないから，時効期間は，20年であるかのようにみえる
（166条2項）。しかし，解除される契約によって生じる債権が5年又は
10年の時効期間で消滅するのに（166条1項），解除権がそれ以上長い期
間消滅しないのは，均衡を失する。そこで，解除権は，債権に準じ5年
又は10年の時効期間で消滅すると解すべきである。

(2)　特有の消滅原因

民法が，特に解除権の消滅原因として規定したものが3種ある。第1
に，民法547条は，解除の相手方に催告権を認めた。解除権者の相手方
は，解除するかどうかが，専ら解除権者の意思に委ねられているため，
不安定な地位にある。そこで，催告権を認め，その不安定な地位を救済
しようとしたものである。第2に，民法548条は，解除権者が，故意又
は過失によって契約の目的物を著しく損傷するなどしたときには，解除
権は消滅することを定めた。第3に，民法544条2項は，契約当事者の
一方が数人ある場合において，解除権が当事者のうちの一人について消
滅したときは，他の者についても解除権が消滅すると定めた。

第6　定型約款

1　意　義

　契約を締結する際には，当事者間で交渉して契約条項を定め，その内容を認識した上で合意をするのが本来の姿である。しかし，現代社会においては，個別の契約条項の内容を認識しないまま契約を締結することがある。例えば，ソフトウェアをインストールする時に，その細かい内容を読まないまま「以下の利用規約に同意します。」という欄にチェックを入れた経験のある人は多いだろう。他にも，ホテルに宿泊したり，銀行預金をしたりする場合には，客は，ホテルや銀行との間で契約を締結することになるのだが，その多くは個別の契約条項の内容を認識していないと思われる。

　不特定多数の相手方と取引をする際には，その都度契約条項について交渉して定めるのは手間がかかるし，契約内容がそれぞれ異なるのも不都合がある。それゆえに，事前に共通の契約条項（「約款」という。）を定めておき，この約款に従う旨の合意をするという方法は，不特定多数の相手方との大量な取引を迅速かつ安定的に進めるためには便利な方法である。しかし，当事者が個別の契約条項の内容を認識していなくても，約款は契約の内容になり当事者を拘束するのだろうか。また，知らない間に不利益な条項を含む契約を結んでしまうことにはならないだろうか。

　民法は，548条の2以下において，約款が契約の内容になるための要件等について規定している。

2　定型約款による契約の成立

　まず，約款に関する規定が適用されるのは，「定型取引」である。「定型取引」とは，ある特定の者（通常は企業）が，不特定多数の者（通常は消費者）を相手方として行う取引であって，その内容の全部又は一部が画一的であることがその双方にとって合理的なものをいう。ここでは，①不特定多数の者を相手方にする，すなわち，取引の相手方の個性に着目しない取引であること，②内容の全部又は一部が画一的である，つまり個別交渉

により内容を定めることが予定されていないことがポイントである。多数の相手方との契約であっても，相手方の個性が問題にされたり，又は個別交渉により内容が定められる契約は，定型取引に該当しない（例えば，企業と従業員との間の雇用契約は，従業員の能力や個性を重視して行われるので，定型取引に当たらないと考えられている。）。

　この定型取引において，契約の内容とすることを目的として準備された条項の総体を「定型約款」といい，これを準備した者を「定型約款準備者」という。

　定型取引を行う合意がされた場合において，当事者が定型約款を契約の内容とする旨の合意をしたとき（548条の2第1項1号），又は，定型約款準備者があらかじめその定型約款を契約の内容とすることを表示していたとき（同項2号）は，定型約款の個別の条項について合意をしたものとみなされ，定型約款の個別の条項は契約の内容になる（同項柱書）。

　ただし，相手方の権利を制限し又は義務を加重する条項であって，信義則に反して相手方の利益を一方的に害するものについては，契約の内容にならない（同条2項）。

　このように，民法は，当事者が個別の契約条項の内容を認識していなくても，一定の場合には定型約款は契約の内容になり当事者を拘束することとしたが，知らない間に一方的に不利益な条項を含む契約を結んでしまうことにはならないよう配慮をしているといえる。

3　定型約款の変更

　定型約款を用いて不特定多数の相手方と取引を行う場合は，定型約款を変更するときにも，定型約款準備者が不特定多数の相手方と個別に交渉して変更合意をするのは手間がかかりすぎる。かといって，定型約款は既に契約の内容になっているので，定型約款準備者が一方的に定型約款を変更することを許せば，相手方に不測の不利益を与えかねない。そこで，民法は，定型約款の変更が，①相手方の一般の利益に適合するとき，又は，②契約をした目的に反せず，かつ，変更に係る事情に照ら

して合理的であるときは，定型約款の変更ができる，すなわち，相手方
との間で個別に合意をすることなく契約の内容を変更することができる
ものとした（548条の4第1項）。なお，定型約款準備者は，この変更を
するときは，手続要件として，その効力発生時期を定め，変更内容等を
インターネットの利用その他の適切な方法により周知しなければならな
い（同条2項，3項）。

このように，民法は，不特定多数の相手方との大量な取引を迅速かつ安
定的に進めるという要請と，相手方に不測の不利益を与えてはならないと
いう要請のバランスをとっているのである。

第9章　契約各論

第1　総　説

1　典型契約

　　民法は，13種の契約を典型契約として，それぞれについての要件・効果を規定している。典型契約は，世の中で行われる代表的な契約を挙げて規定したもので，我々は，もちろん，これらと異なる様々な内容の契約を結ぶことができる。また，典型契約を結ぶに当たっても，民法の規定内容と異なるルールを作ることができ，当事者の作ったルールは，強行法規に違反しない限り，民法の規定に優先して適用される。つまり，民法の規定は，補充的に適用されるにすぎない（521条2項。契約自由の原則）。

2　典型契約の分類

(1)　移転型の契約

　　贈与（549条），売買（555条），交換（586条1項）がこれに属する。

　　所有権その他の財産権の移転を目的とする契約であって，対価的給付義務を伴わないものが贈与，対価的給付義務として金銭支払義務を伴うものが売買，金銭の支払以外の対価的給付義務を伴うものが交換である。

(2)　貸借型の契約

　　消費貸借（587条），使用貸借（593条），賃貸借（601条）は，貸借型の契約と言われている。つまり，他人の物をある期間利用することを目的とする契約である。借りた物を消費し，これと同種，同等，同量の別な物を返還する貸借が消費貸借，借りた物を使用収益し，消費しないでその物を返還する貸借が使用貸借（賃借料を支払わないもの）と賃貸借（賃借料を支払うもの）である。

(3)　労務供給型の契約

　　雇用（623条），請負（632条），委任（643条）がこれに属する。

　　他人の労務，労働力を利用することを目的とする契約である。労務の供給それ自体を契約の目的とし，労働者が雇主の指揮命令に服して労務

を供給するものが雇用である。労務の結果である一定の仕事を契約の目的とし，労務者は，自分でその労務を管理して仕事を完成するものが請負（例えば，建築工事の請負，土木工事の請負）である。一定の事務の処理という統一した労務の供給を契約の目的とし，労務者自身の識見才能によって労務に従事するものが委任（例えば，弁護士が訴訟事件の委任を受ける場合）である。

　雇用と請負は，必ずその報酬が与えられるが，委任では無報酬を原則とし，特約があるなど特別の場合にだけ報酬が与えられる（648条，商512条参照）。

(4)　預託型の契約

　寄託（657条）がこれに属する。他人に物を預けて，その保管を委託することを目的とする契約である。なお，金銭を銀行に預ける場合などのように，保管者が目的物を消費して，同種，同等，同量の物を返還する場合にも，契約の目的は，相手方に利用させることでなく，保管を頼むことであるから，貸借（消費貸借）ではなく，寄託の一種である。これを消費寄託という（666条）。

(5)　互譲型の契約

　和解（695条）がこれに属する。権利関係について争っている当事者が，互いに譲歩して争いをやめ，権利関係を確定させることを目的とする契約である。

(6)　その他の契約

　組合（667条），終身定期金（689条）などがある。組合は，一種の団体を構成するための契約であり，組合員となる者の間で，各自が出資をして共同事業を営むことを目的とする。もっとも，組合という名称を用いていても，法人格を有する団体がある（農業協同組合，信用組合など）。終身定期金契約は，例えば，Aが銀行に基金を払い込んで，自分の死亡するまで，あるいはAの妻が死亡するまで，毎月5万円ずつ給付させることを契約する場合である。

　　契約自由の原則により，この典型契約以外の内容を持つ非典型契約（無名契約）にも，強行法規に違反しない限り，その約束どおりの効力が認められる。非典型契約のうち，特に典型契約の数種のものを合わせたような内容を持つものを混合契約と呼ぶ。例えば，製作物供給契約は，請負と売買の混合契約である。

　　以下，典型契約のうち，贈与，売買，消費貸借，賃貸借を中心に，やや詳しく説明する。

第2　贈　　与

1　意　　義

　　贈与契約は，ある財産を無償で相手方に与える契約である（549条）。無償で財産を与えるわけだから無償契約，与える側にのみ財産の引渡義務が生じるので片務契約，意思表示の合致のみによって効力が生じるから諾成契約である。

　　贈与契約の効力として，贈与者は，目的となった財産を引き渡すだけでなく，目的財産が不動産ならその移転登記，債権ならその譲渡通知というように，第三者対抗要件を具備するところまで協力する義務を負うと解されている。

2　書面によらない贈与の解除

　　外国の立法例では，無償契約は，要式契約（何らかの方式を必要とする契約）又は要物契約として規定する例が多い。民法は，贈与を諾成契約として構成したものの，軽率な贈与はさせない方がよいので，効力を限定しようと考えた。つまり，書面を作っていない贈与（口約束）で，しかもまだ履行されていないという段階ならば，解除することができるという規定を置いた（550条）。実務上も，贈与で争いになるのは，書面が残っているとしてそれが贈与の書面といえるかどうか（書面性），履行がされたといえるかどうかの2点が多い。履行されたといえるかについては，目的物が不動産の場合，対抗要件としての登記手続まで履行される必要はなく，引渡

しがあればよいと解されている。

3　贈与者の引渡義務等

　贈与者は，贈与契約に基づき，契約の内容に適合した目的物を引き渡す義務を負っている。しかし，贈与が無償契約であることに照らせば，贈与者に重い責任を負わせることは相当ではない。

　そこで，民法は，贈与者は，贈与の目的である物又は権利を，贈与の目的として特定した時の状態で引き渡し，又は移転することを約したものと推定するものとした（551条1項）。したがって，贈与者は，反証がない限り，特定物の贈与では契約時の状態で，種類物の贈与では特定した時の状態で目的物を引き渡す義務を負う。これは，有償契約の典型である売買契約の場合に，売主が契約の内容に適合した目的物の引渡義務を負うことに比べて，軽減されている。

＊死因贈与，遺贈

　　贈与者の死亡によって効力を生じる贈与契約を死因贈与という。遺言書の中で，「私が死んだらこの壺をあげる。」などと書いた場合を遺贈という。遺贈は，遺言者の単独の意思表示で法律効果を発生させる単独行為であるのに対し，死因贈与は，贈与者が生前に受贈者との間でする契約であるという点で異なる。しかし，その機能はよく似ているので，死因贈与は，遺贈の規定に従うものとした（554条）。

第3　売　　買

1　総　　説

　売買は，当事者の一方（売主）が，ある財産権を相手方（買主）に移転することを約し，相手方が，その対価として代金を支払うことを約することによって成立する契約である（555条）。つまり，売買は，財産権と金銭を交換する契約といえる。売買は，実務上最もポピュラーでかつ重要な契約であり，有償契約の典型である。したがって，民法は，売買についてかなり詳細な規定を設けており，かつ，その規定は，性質の許す限り他の有

償契約一般に準用される（559条）。

　売買は，当事者の合意さえあれば成立するのであるから，諾成契約である。また，財産権の移転に対して，対価である代金を支払うから，有償契約である。しかも，売主は買主に対して財産権を移転する債務を負担し，買主は売主に代金を支払う債務を負担し，この両債務は，対価関係として互いに牽連しているから，売買は双務契約である。

　つまり，有償・双務・諾成の契約である。売買の規定が他の有償契約に準用されていることからも分かるとおり，売買の規定を勉強することは，有償契約についての民法の考え方を学ぶということに等しい。

＊現実売買

　　世に現実に行われている売買で，民法の売買に関する全ての規定が使われるということは，まずない。我々が日常経験する売買は，コンビニでの買い物のように，申込みに対する承諾は直ちにその場でされ，その履行も直ちにされるものが多いからである。このように，契約が成立すると同時に履行もされてしまうという売買を，現実売買と呼んでいる。

2　売買の成立

(1)　売買の内容

　　売買は，財産権の移転を目的とする契約である。財産権とは，広く経済的利益を内容とする権利である。したがって，売買の目的物は，民法85条にいう有体物に限らず，無形の権利もまた売買の目的物となる。所有権の売買は，売買として典型的なものであるが，このほか，債権，地上権その他の制限物権，著作権，特許権などの知的財産権も売買の目的物となる。

　　また，売買の目的物は，通常，特定の物又は特定の権利であるが，不特定のものでも，将来特定の可能性がある限り，売買の対象となり得る。

　　次に，代金については，通常，金額は確定しているのであるが，時価によるとか，特定の第三者の評価する額によるとかいうように，代金額の決定方法が確定していれば，契約として成立し得る。

(2) 契約の費用

　売買契約締結に当たって，通常必要とされる費用は，当事者間に特約があればそれに従うべきであるが，特約がなければ，売主と買主とが半分ずつ負担する（558条）。例えば，契約証書に貼用する印紙代，公正証書作成の手数料，目的物の測量その他の評価費用などがこれに当たる。

(3) 手　付

ア　意　義

　売買，賃貸借，請負などの契約を結ぶに当たって，当事者の一方が相手方に交付する金銭その他の有価物の総称である。取引社会では「手付を打つ」などという。民法は，557条で，売買について規定し，他の有償契約にも準用している（559条）。

　＊内金と手付

　　内金とは，代金や対価の一部弁済金をいう。内金と手付は，観念的には区別されるが，必ずしも相容れない性質のものではないから，ある金銭の交付が，一面手付としての性質も持ちつつ，他面内金としての性質も持つ場合も多い（後述）。

イ　手付の種類

　手付の性質は，証約手付，違約手付，解約手付に大別できる。

(ア)　証約手付

　契約が成立したことを明らかにするために交付される手付である。違約手付や解約手付も，同時にこの証約手付としての性質を持っている。

(イ)　違約手付

　手付を交付した者が契約上の債務を履行しない場合に，受領者の方で没収することのできる手付である。受領者は，違約金の意味で，手付金を没収するのであるから，このような手付は，通常は，損害賠償額の予定（420条3項）としての意味を持つ。

　また，違約手付は，主として，手付金交付者（売買であれば買主）

の側の違約に備えるものであるが，手付金受領者との釣合いの上から，売主が違約した場合には，手付の倍額返還（手付倍返し，倍戻し）を約しているのが通常である。

(ウ)　解約手付

解除権留保の対価として交付される手付で，交付者は，手付を放棄し（手付流し），受領者は，手付の倍額を現実に提供する（手付倍返し）ことにより，契約の解除ができる（557条1項本文）。

つまり，解約手付を打つということは，理論的には，契約の解除のところで学んだ約定解除権を認める（一般の法律書では「解除権を留保する」と表現することが多い。）ことであり，手付を犠牲にすれば，法定解除事由がなくとも自由に契約を解除できるということである。ただし，これには時期的な限界があり，相手方が契約の履行に着手した後は解除できない（同条1項ただし書）。この規定は，解除される側の不利益に配慮したものであるから，解除する側が履行に着手した後であっても解除できる（反対解釈）。

民法は，手付を，解約手付と推定している（同条1項）。

なお，違約手付としての性質をも兼ね備える場合もあるが，このような性質を持たない解約手付では，債務不履行を理由とする解除ではないのであるから，損害賠償の請求ができない（同条2項）。債務不履行を理由に契約を解除する場合は，手付金の交付によって留保された解除権を行使するのではなく，法定解除権を行使するのであるから，解除者が，手付放棄，倍返しの損害を被ることはなく，手付金は，交付者に返還すべきである。

解約手付（証約手付も同様ではあるが）は，内金としての性質を兼ね備える場合が多く，後日契約上の債務の履行が円滑に行われるときには，債務の一部弁済に充当される。もちろん，反対の特約があれば，それに従う。

3　売買の効力

(1)　総　説

　売買契約の効力は，売主が目的物引渡義務を負い，買主が代金支払義務を負うことである。そして，売主の義務となっていることは，反面，買主の権利であり，買主の義務となっていることは，反面，売主の権利でもある。

(2)　売主の目的物引渡義務など

　売主は，買主に対して売買の目的物を引き渡すなど目的物の占有を移転すべき義務（目的物引渡義務）を負う。これが，売主の基本的義務である（買主からみれば目的物引渡請求権）。また，目的物の占有を移転しただけでは，まだ売主の義務が果たされたとはいえない。というのは，権利は，対抗要件を具備しなければ，第三者に対抗できないものが多いからである。そこで，売主は，移転した権利につき対抗要件を具備させるように協力する義務がある（560条）。例えば，動産については引渡しをしなければならず（178条），不動産については登記手続に協力しなければならず（177条），債権については譲渡の通知をしなければならない（467条，買主からみれば所有権移転登記請求権など）。

　なお，引き渡した目的物が契約の内容に適合しない場合については，後述する。

(3)　買主の代金支払義務

　ア　金銭債務

　　買主は，売主に対して代金を支払う義務（代金支払義務）がある（売主からみると代金支払請求権）。これは，金銭債務であるから，金銭債務についての法規の適用を受ける。

　イ　代金支払時期

　　代金の支払時期について，当事者間に約束がなく，また，取引上の慣習がない場合には，売買の目的物の引渡期限が代金債務の履行期になる（573条）。

　ウ　代金支払の場所

　代金支払の場所について，当事者間に約束がなく，また，取引上の慣習がない場合に，目的物の引渡しと同時に代金を支払うべきときには，その物の引渡しの場所が代金支払をすべき場所となる（574条）。そうでないときには，売主の住所で支払うのが原則である（484条）。

エ　代金の利息

　民法575条2項は，たとえ代金の支払が遅滞しても，それだけでは，売買代金利息は発生せず，目的物の引渡しがあって，初めてその日から利息が発生するものと定める。この「利息」の性質をどのように捉えるのかには争いがあるが，判例・通説は，「利息」とは債務不履行による損害賠償請求権（遅延損害金）の意味であると解した上で，民法575条2項は，売買代金の場合の特則を定めたものであると解している。民法が売買代金の場合の特則を定めた理由は，575条1項で，引渡未了の売買の目的物が果実を生じたときは，その果実は売主に属する旨定め，引渡しをするまでは，売主に果実の収取権を認めたので，その代わり，代金の利息は取れないとすることが，一般に両当事者に公平であるからである。もっとも，代金支払時期が，物の引渡期日より後に定められているときは，たとえ物の引渡しがあっても，引渡しと同時には，代金債務は遅滞とはならないのだから，支払期日までは利息を支払う必要のないことは当然であって，同条2項ただし書の規定は，注意的な意味しかない。

(4)　契約不適合における買主の権利

ア　総　論

　前述のように，売主は，買主に対して，売買の目的物を引き渡す義務を負う。ところが，引き渡された目的物に不具合（キズや性能不足など）が存在することもある。例えば，中古車販売店で車を買ったらブレーキが故障していたとか，スーパーで牛乳を買ったら賞味期限が切れていたとかいうような場合である。このような場合に，買主がどのような救済を求めることができるかについて，民法は次のように定

める。

　すなわち，特定物売買であるか不特定物売買であるかに関わらず，売主は，買主に対し，種類，品質又は数量に関して，売買契約の内容に適合した目的物を引き渡す義務を負い，引き渡された目的物が契約の内容に適合しない場合には，売主の債務はまだ履行が完了していないことになる。そこで，買主は，①その修補や代替物の引渡しなどの履行の追完の請求（562条1項本文），②代金減額請求（563条1，2項），③債務不履行に基づく損害賠償の請求（564条，415条），④債務不履行に基づく契約の解除（564条，541条，542条）をすることができる。

　これらの規定は，有償契約である売買契約の対価的均衡関係を維持し，取引の安全を図る制度であり，売買契約以外にも広く対価を出えんする有償契約について必要な制度である。そのため，民法559条は，売買契約以外の有償契約についても準用することとしている。

イ　追完の請求

　売買の目的物が契約の内容に適合しない場合に，何らかの方法で目的物を契約の内容に適合させれば，目的物引渡義務は履行されたといえる。したがって，買主は，売主に対し，目的物の修補，代替物の引渡し又は不足物の引渡しによる履行の追完を請求することができる（562条1項本文）。先ほどの例だと，中古車販売店に対しブレーキの故障を修理することを求めたり，スーパーに対して賞味期限内の牛乳と交換することを求めたりする方法で，履行の追完を請求することになるであろう。

　追完の方法が複数存在する場合もある。例えば，自動車販売店で新車を買ったところ，塗装に擦り傷がついていたという場合を考えてみよう。契約の内容に適合させる方法としては，擦り傷を修補することも代替の車を引き渡すことも考えられるが，このように複数の方法を選択可能である場合は，まず買主がいずれかの方法を選択して請求す

ることができる。これに対し，売主は，買主に不相当な負担を課する
ものでなければ，買主が請求した方法と異なる方法で履行を追完する
ことができる（同項ただし書）。擦り傷がある部分の修補が短期間で可
能な場合は，買主が代替の車の引渡しを選択して請求したとしても，
売主は修補による追完をすることが許される。

ウ　代金減額請求

　買主は，引き渡された目的物が契約の内容に適合しない場合に，そ
の目的物で我慢するから値引きをしてほしい，と思うこともあるかも
しれない。しかし，契約は，本来の契約の内容どおりに履行されるの
が望ましい姿である。そこで，民法は，引き渡された目的物が契約の
内容に適合しない場合に，買主は，まず，売主に対して相当の期間を
定めて上記イの履行の追完の催告をし，期間内に追完がされなかった
ときは，その不適合の程度に応じて代金の減額を請求することができ
ることとした（563条1項）。

　ただし，①履行の追完が不能であるとき，②売主が履行の追完を拒
絶する意思を明確に表示したとき，③契約の性質又は当事者の意思表
示により，特定の日時又は一定の期間内に履行をしなければ契約をし
た目的を達することができない場合において，売主が履行の追完をし
ないでその時期を経過したとき，④これらの場合のほか，買主が催告
をしても履行の追完を受ける見込みがないことが明らかであるときは，
売主に追完の機会を与える意味がないので，買主は催告をせずに直ち
に代金減額請求をすることができる（563条2項）。

エ　損害賠償請求及び解除

　前述のとおり，売主は，買主に対し，売買契約の内容に適合した目
的物を引き渡す債務を負い，引き渡された目的物が契約の内容に適合
しない場合には，売主の債務はまだ履行が完了していないといえる。
したがって，買主は，売主に対し，債務不履行に基づく損害賠償請求
をすることができ（564条，415条），また，売買契約を解除すること

ができる（564条，541条，542条）。損害賠償の範囲や解除の要件については，それぞれ415条以下，540条以下の各規定を参照されたい。

オ　権利の売買

　前述のとおり，売買の目的物は有体物に限られず，債権などの権利も売買の目的物となるが，この場合にも目的物である権利が契約の内容に適合しているかが問題になることがある。また，売買の目的物である有体物に，担保物権や用益物権が付着している場合もある（例えば，土地を買ったところ，その土地に地役権が設定されていたなど。）。

　民法565条は，このような場合に，民法562条〜564条の規定を準用することを定めているので，買主は，上記イからエまでのとおり，追完請求，代金減額請求，損害賠償請求及び解除をすることができる。

カ　期間制限

　現代社会においては，日々，大量の売買がされている。買主から目的物が契約の内容に適合しないと追及される場合に備えて，売主が目的物の引渡しを終えた後も長期間にわたり証拠を残しておくことは現実的とはいえない。売主は，履行が終わったと思い証拠を散逸させてしまうこともあろう。また，買主は，引き渡された目的物に不適合があったことを知れば，速やかに売主に対してその旨を通知し，追完等を求めるのが普通である。そのため，売主が種類又は品質に関して契約の内容に適合しない目的物を買主に引き渡した場合において，買主がその不適合を知った時から１年以内にその旨を売主に通知しないときは，買主は，追完の請求などをすることができない旨の期間制限の規定が設けられている（566条前段）。ここにいう通知とは，具体的な損害額を示して賠償請求をする必要まではないが，売主が不適合の内容を把握することが可能な程度に，不適合の種類・範囲を伝えることを要する。

　ただし，売主が引渡しの際に目的物の不適合を知り，又は重大な過失によって知らなかったときは，この限りではない（同条後段）。この

ような売主については，履行が終わったと思う信頼を保護する必要が
ないからである。

　また，この期間制限の規定が適用されるのは，「種類又は品質」の不
適合の場合のみであり，引き渡された目的物の数量不足や，移転した
権利が契約の内容に適合しない場合は，期間制限は設けられていない。
なぜなら，数量不足や，目的物に担保物権や用益物権が付着している
ような場合には，その不適合が外見から分かりやすいので，履行が終
わったと思う売主の信頼を保護する必要性が低いからである。

　なお，上記の通知により保存された買主の権利は，消滅時効の一般
原則に従う。すなわち，引渡時から10年又は不適合を知った時から
5年の経過により，時効によって消滅する（166条1項）。

＊宅地建物取引業法（宅建業法）

　　宅建業法の規制の範囲は，不動産の売買のみに限らないが，便宜ここ
　で説明する。いわゆる不動産業者は，宅建業法により，購入者などの利
　益の保護と宅地建物の流通の円滑化を図るため，免許を与えられた業
　者のみが営業を行うことができる（宅建業法1条）。業者は，営業所に
　は必ず宅地建物取引士という国家資格を持った者を置かなければなら
　ない（同法31条の3）。

　　取引内容については，買主には販売する物件の重要事項を説明した
　書類を必ず交付しなければならないこと（同法35条），契約を結ぶ場
　合には必ず法定の事項を記載した契約書面を作成し交付すること（同
　法37条）が義務付けられている。民法上は，売買，賃貸借などの契約
　は，非要式行為であり，諾成契約であるが，宅建業法上は，これとは異
　なる規制が加えられているのである。

＊特定商取引に関する法律（旧訪問販売法），割賦販売法

　　特定の分野の取引について，消費者を保護するための特別法である。
　契約時に，契約条件を明示した契約書面を作成交付することなどを業者
　に義務付けている。特色ある制度だけを説明しよう。

　民法上の売買であれば，契約を結んだ以上，解除理由もないのに拘束力のある契約を一方的に破棄することはできない。例えば，売主が目的物を引き渡さないという解除理由（債務不履行）がある場合，買主は，手続を踏んだ上で初めて解除をすることができる。ところが，クーリング・オフの制度（頭を冷やして契約をオフにする（解消する）という意味の制度）は，契約内容を明らかにした書面が交付されてから8日以内であれば，買主は，書面により一方的に無条件で解除ができる（特定商取引に関する法律9条，割賦販売法35条の3の10など）。

　次に，抗弁権の接続である。通常の売買契約で商品に契約内容との不適合があると，買主は，民法533条により，追完や損害賠償などとの同時履行を主張して売主からの代金請求を拒むことができる。売買契約の無効，取消しなどの場合も，買主は，同様に代金の支払を拒める。ところが，信用購入あっせんで結ばれる立替払契約は，買主と信販会社との間の契約であって，信販会社が，買主が販売業者へ支払うべき売買代金を立替払し，買主は，信販会社に分割弁済金を割賦弁済するという契約であるから，買主は，信販会社に対して，同時履行の抗弁権，契約の無効，取消しなどが直ちに主張できる状態にはない（抗弁権の切断）。そこで，政令で指定された一定の割賦販売では，買主は，販売業者に対して持っている抗弁権を信販会社に対して対抗できることとした。（抗弁権の接続，割賦販売法30条の4，5，35条の3の19）。

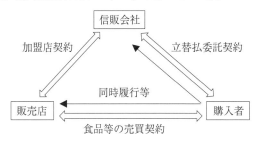

＊消費者契約法

　消費者契約法は，消費者と事業者の間に，情報の質，量，交渉力に

格差があることから，不当な商品，サービスの売買，供給契約，悪質な販売方法の規制を目的として平成13年4月から施行された法律である。重要事項について虚偽の説明を受けたり，値上がりなど不確実な事項について断定的な説明を受けたり，自宅に居座られたり，営業所から帰してもらえなかったりして締結された契約は，取り消すことができるとした（同法4条）。すなわち，契約の取消しについては，民法の詐欺，強迫の要件を類型化して緩和した。なお，事業者は，商人である必要はない。

また，事業者の損害賠償責任を免除する条項，消費者の権利を制限し又は義務を加重する条項を無効とする（同法8条〜10条）など，民法が定める信義誠実の原則（1条2項），公序良俗違反（90条）などの一般条項を具体的に規定することにより，消費者保護に踏み込んだ内容になっている。

第4　消費貸借

1　総　説

消費貸借とは，同種，同等，同量の物を返還することを約し，借主が貸主から，一定の金銭その他の代替物を受け取ることによって成立する契約である（587条）。民法上目的物は，金銭に限られていないが，最も実用的なのは，金銭の消費貸借である。

民法587条に規定された消費貸借は，物の授受（引渡し）が契約成立の要件であるので，要物契約であり，借主は返還債務を負うが，貸主は債務を負わないから，片務契約である。利息付の消費貸借は，有償契約であるが，無利息の消費貸借は，無償契約である。後に述べるように，民法は，無利息の消費貸借を原則としているので，民法は，消費貸借につき無償・片務・要物の契約を基本としているということになる。ここで，借主が目的物を受け取るというのは，金銭については，現実に金銭が交付される場合はもちろん，現金の代わりに小切手を交付したり，預金通帳と印章を交

付したりする場合など，貨幣の授受と同等の経済的価値の移転があればよい。

　また，消費貸借は，書面によって，貸主が借主に対し，一定の金銭その他の代替物を引き渡すことを約し，借主が貸主に対し，これと同種，同等，同量の物を返還することを約することによっても成立する（587条の2）。これは，現実の授受（引渡し）ではなく授受の約束だけで契約が成立する諾成契約である。つまり，消費貸借は，要物契約（587条）と諾成契約（587条の2）の両方のタイプが存在するわけである。このうち諾成契約タイプは，軽率に契約を締結することを防ぐため，消費貸借の合意を書面によって行うことが必要とされている点に注意する必要がある。

2　準消費貸借

　民法588条は，準消費貸借について規定している。例えば，売買代金債務を消費貸借債務に改めるような場合である。

　準消費貸借は，その前提となる旧債務の不発生，消滅（無効，取消し，弁済など）のときは，これと運命を同じくする。当事者の意思を推測すれば，このような場合にまで，準消費貸借上の債務を残存させようとする意思はなかったであろうとみられるからである。準消費貸借が成立すると，旧債務は消滅するが，準消費貸借上の債務が何らかの理由によって有効に発生しない場合には，旧債務は消滅しない。

　また，新旧両債務は，原則として同一性を有する。したがって，旧債務に付随する抵当権や保証債務などの担保や同時履行の抗弁権は，新債務にも当然引き継がれる。

3　借主の義務

　借主は，借りた物と同種，同等，同量の物を返還時期までに返還しなければならない。返還時期の定めのないときは，貸主は，相当の期間を定めて返還の催告をすることができる（591条1項）。返還時期の定めの有無にかかわらず，借主は，いつでも返還することができる（同条2項）。

4　利　　息

　消費貸借は，原則として無利息であり，特約又は法律の規定（例えば，商法513条1項）がなければ，利息は発生しない（589条1項）。利息が発生する場合，利率は合意がなければ法定利率（404条）である。

　利率は，本来当事者の合意によって自由に定め得るものであるが，貸主と借主の経済的な力関係からすると，利率が高率に設定されかねない。そこで，利息制限法は，金銭の消費貸借では，利息，遅延損害金について次の上限を設けており，超過部分の利息契約は無効とされる（同法1条，4条1項）。

元　本	利　率	遅延損害金
10万円未満	年20％まで	年29.2％　（利率の1.46倍）まで
10万円以上100万円未満	年18％まで	年26.28％（利率の1.46倍）まで
100万円以上	年15％まで	年21.9％　（利率の1.46倍）まで

　ただし，営業的金銭消費貸借（利息制限法5条1号参照）の場合は，遅延損害金の上限は年20％である（同法7条1項）。

5　利息の天引き

　例えば，10万円について，年3割の利息3万円を控除して，7万円を現実に交付しながら，10万円について1年後に返還するとの約束をするというように，契約額から利息を控除して，残額を現実に交付することを「利息の天引き」という。これについて，利息制限法2条に特別の規定がある。この規定によれば，前記の例では，現実に受領した7万円を元本として，利息制限法1条1号の制限に従って，年2割の利率で計算された金額を超えるときは，その超過部分は元本の支払に充てたものとみなされる，したがって，前の例では，現実の交付額7万円の年2割に当たる1万4000円を超える天引額1万6000円を，元本10万円の支払に充てたものとみなし，8万4000円を1年後に返還することで足りる。

6　利息と遅延損害金

　実務上，貸金などの支払を求める訴訟で，原告は，「被告は，原告に対し，100万円及びこれに対する令和2年4月1日から支払済みまで年15パーセ

ントの割合による金員を支払え。」などと求めることが多い。このうち，100万円が貸金元金だとすると，貸付日から返済期日まで（両端の日が含まれる。）が利息契約に基づく利息，返済期日の翌日から支払済みまでが遅延損害金（遅延利息ともいう。）である。遅延損害金の法的性質は，貸金元本債権の履行遅滞に基づく損害賠償請求権である。

　利息契約がされなかった消費貸借の場合でも，遅延損害金は，債務者が遅滞の責任を負った最初の時点における法定利率で計算して支払を求めることが可能であるが（419条1項本文），利息を支払う約束がされた場合には，利息の利率が，法定利率よりも高く定められていれば，遅延損害金も利息の利率で計算をする（同項ただし書）。遅延損害金の率を，利息の利率と別に定めれば，その損害金の率によって計算することになる。この定めは，損害賠償額の予定（420条）としての意味を持つものである。

　約定利息と法定利息との区別は，利息の発生が，当事者間の約束によるか（約定利息），法律の規定によるか（法定利息）の区別である。法定利息の利率は，法定利率によるのであるが（404条），約定利息の利率は，当事者間で利率を定めている場合はその利率（約定利率）により，定めていない場合は法定利率による。

＊重利（複利）

　　重利（複利）とは，既に発生した利息が，元本に組み入れられ，その部分についても利息が生じる場合である。つまり，利息についての利息である。重利の特約があれば，利息に利息が生じるのであるが，特約がない場合には，民法405条の規定によらなければ利息に利息が生じることはない。

第5　使用貸借

　使用貸借とは，目的物を使用収益し，消費しないでその物自体を返還する契約であり，使用の対価としての賃料を支払わないものをいう（593条）。借主が一方的に利益を受ける契約なので，無償，片務の契約であり，目的

物の引渡しがなくても，意思表示だけで契約が成立するので，諾成契約である。無償契約であるから，貸主の引渡義務などについては贈与の規定（551条）を準用し（596条），契約期間も目的も定めなかった場合，貸主はいつでも契約を解除して目的物の返還を請求することができ（598条2項），書面による使用貸借契約を除き目的物の交付前であれば貸主は契約を解除できる（593条の2）など，無償で貸し渡す貸主に配慮した規定内容になっている。

第6　賃貸借

1　総　説

　　賃貸借とは，当事者の一方が，相手方に目的物の使用収益をさせ，相手方がその使用収益の対価として，賃料を支払うこと及び契約終了時には目的物を返還することを約することによって成立する契約である（601条）。使用貸借との基本的な違いは，使用の対価として賃料の支払が契約の要素となっていることである。

　　賃貸借では，貸主の物を使用収益させる義務と借主の賃料を支払う義務が対価関係にあるので，有償・双務契約であり，目的物の引渡しがなくても，意思表示だけで契約が成立するので，諾成契約である。

2　賃借権の性質

(1)　賃借権の本来の性質

　　賃借人が賃貸人に対して目的物を使用収益させるよう請求できる権利を，一般には賃借権と呼んでいる。民法は，賃借権を債権として構成する。物権のように物を直接に支配できるものとして構成されていないし，排他性もない。

　　賃借権が，物に対する直接の支配を有しないということは，賃借人の使用収益は，賃貸人の使用収益をさせる義務を介在として，つまり，間接的に物を使用収益できることを意味する。したがって，賃借権に基づいて，目的物の使用を妨害する者に対して妨害の除去を求める請求権と

いうような物権的請求権類似の権利を認めることはできないのが原則である。例えば，AがBに本を賃貸することを約束したが，まだBに引き渡さないうちに，CがAの手元からその本を持っていってしまったという場合に，Bは，無権利者Cに対して賃借権に基づいてその本の引渡しを請求することはできない。ただし，何らの救済手段がないわけではなく，債権者代位権の転用により，Bは，賃借権を保全するため，AがCに対して有している所有権に基づく返還請求権を代位行使することにより，Bは，Cに対してその本の引渡請求をすることができる。

　賃借権は，物権のように，排他性（優先的効力）を持たないため，賃借権の目的物について，新たに物権が発生すれば，その物権によって賃借権の効力が制約され，又は否定される。つまり，物権は債権に優先する結果として，「売買は賃貸借を破る」といわれる（p83参照）。例えば，AがBに，A所有の本を，賃貸期間1か月の約束で賃貸したが，Aがその本をCに売却し，Cがその所有権を取得して対抗要件（178条，184条）を備えると，Bの賃借権は，Cに対する関係では否定され，賃貸期間満了前であっても，CのBに対する返還請求に応じなければならない。

(2)　不動産賃借権の物権化

　賃借権は，民法上，債権として構成されるから，物権的効力は認められないところであるが，利用権である以上，誰からも邪魔されないで物を利用できる権能がなければならないはずで，その効力につき債権者と債務者の間の相対的効力しか持たないとするのでは不十分である。特に，社会生活，例えば，居住，営業，農耕などの生活が，他人の不動産の上に賃借権を有することによって営まれるようになると，不動産賃借権の効力が弱いものであっては，社会生活の安定を図ることができなくなる。

　AがBにA所有の建物を賃貸しBが居住を開始した後，AがCに，その建物を譲渡した場合を考えてみよう。賃借権が債権であるという構成からすれば，前に触れたように，Cの所有権（物権）は，Bの賃借権（債権）に優先するから，Bは賃借権をCに対抗することができないことに

なりそうである（つまり，家主が替われば，借家人は，その家から出て行かなければならない。「売買は賃貸借を破る」の原則）。これではBは安心して借家に居住することができない。先ほどの本の賃貸借の例と異なり，住居を失うBの被害は大きい。

　そこで，民法605条は，不動産の賃借権は登記をすればその不動産について物権を取得した者その他の第三者に対抗できるものとした。賃借権の登記は実際にはほとんどされていないが，不動産賃借権については，借地権につき地上建物の登記（借地借家法10条），建物賃貸借につき建物の引渡し（同法31条）など，賃借権の登記以外の方法で対抗要件を具備することが認められている。この事例の賃借人Bは，建物の引渡しを受けて居住しているから建物賃借権の対抗要件を備えている（同条）。したがって，賃借人Bは，譲受人Cに対し賃借権を主張でき，借家から出て行かなくてよい。このように，現在は，「売買は賃貸借を破る」の原則については，広く例外が認められている。

　また，不動産の賃借人がこれらの対抗要件を備えた場合は，賃借人の占有を妨害する第三者に対しては不動産賃借権に基づき妨害排除請求権を，目的不動産を占有する第三者に対しては同じく返還請求権を行使できる（605条の4）。所有権者による物権的請求権の行使とよく似ているが，物権的請求権と違って妨害予防請求権は認めていない。

(3)　賃借権の譲渡，転貸

　賃貸人の承諾がなければ，賃借権を他に譲渡し，又は目的物を転貸することができない（612条）。しかし，借地借家法14条は，建物所有を目的とする土地賃借権の譲渡又は転貸について，賃貸人が承諾を与えないときは，借地上の建物譲受人に，地上建物などの買取請求権を認めている。また，同法19条は，裁判所が，賃貸人の承諾に代わる許可の裁判ができる場合があることを認めている。これらによって，賃借権の譲渡・転貸（流通性）も，ある程度容易になろう。

(4)　短期賃貸借

　賃貸人が賃貸借契約を結ぶことは，本来，目的物を管理，利用することであり，処分行為ではないはずだが，長期の賃貸借契約の締結は実際上は処分行為に近い性格を持っている。このため，財産について管理能力はあるが処分権限のない者は，短期間に限り（例えば，宅地の賃貸借は5年，建物の賃貸借は3年），賃貸借をすることができるとした（602条）。

　民法の趣旨は，以上のとおりだが，短期賃貸借であれば抵当権設定登記後に登記されたものであっても，抵当権者に対抗できるとされていたこと（後記改正前の395条）を利用して，実務では，抵当権が設定された不動産の所有者が，抵当権による競売を妨害しようとして設定する濫用的短期賃貸借又は詐害的短期賃貸借などの事例が多かった。そこで，このような執行妨害を防止するため，平成15年改正による民法395条は，抵当権設定登記後に対抗要件を具備した短期賃貸借についても抵当権者に対抗することができないこととした（民事執行法59条2項参照。なお，平成15年改正後の395条は，一定の要件を具備した場合（同条1項1号，2号）には，短期賃貸借であるかどうかに関係なく，競売によって買い受けた者との関係において6か月間の明渡猶予期間を認めることとした。上記改正民法附則5条に注意すること。）。

3　賃貸借の効力

(1)　賃貸人の義務

ア　賃借人に使用収益をさせる義務

　これを分析すると，賃貸借の目的物を賃借人に引き渡す義務，賃借人の使用収益を妨害してはならない義務などということになる。

イ　修繕義務

　賃貸人には，目的物の使用収益に必要な修繕をする義務がある（606条1項本文）。例えば，賃貸建物に雨漏りがしたり，賃貸土地に浸水したとき，屋根を修理し，あるいは土盛りをするなどの義務である。賃貸人がこの修繕義務を履行せず，賃借物が一部滅失その他の事由によ

り使用収益ができなくなった場合，使用収益ができない部分の割合に応じて，賃料は減額される（611条1項）。ただし，賃借人の責めに帰すべき事由によってその修繕が必要となったときは，賃貸人は修繕義務を負わない（606条1項ただし書）。

　一方，賃借人は，目的物の処分権を有しないので原則として自らその修繕をすることができないが，例外として，①修繕が必要なことについて，賃借人が賃貸人に通知し又は賃貸人が知ったにもかかわらず，賃貸人が修繕義務を履行しないとき，②急迫の事情があるときは，自ら修繕をすることができる（607条の2）。

ウ　費用償還義務

　賃借人が，屋根のふき替えや壁の塗り替えなど，本来賃貸人の負担に属する費用を支出したとき，賃貸人は，これを償還しなければならない（608条）。民法は，必要費（例えば，雨漏り防止のため，従前の屋根瓦と同程度のものを使用して屋根のふき替えをした場合の費用）と有益費（例えば，塗り替えなくてもよいのに，美観のために壁を塗り替えた場合の費用）に分けて，その償還の時期，方法を定めている。

　なお，必要費や有益費は，一般に，その支出した費用によって取得された物（前の例では，新しい瓦やペンキ）は，賃貸建物と一体をなし，建物所有者の所有に属することになるので（242条），費用償還義務を認めることによって，賃借人が支出した費用を補てんしようとするものである。これに対し，賃借人が畳，建具を入れる場合のように，賃借人が，賃借物に付加した物の所有権を保留する場合には，その物について生じた費用は，民法608条の必要費，有益費にはならない。

(2)　賃借人の義務

ア　賃料支払義務

　賃料の支払時期については，民法614条に規定があり，動産，建物及び宅地の賃貸の場合には毎月末，宅地以外の土地の賃貸の場合は毎年末である。ただし，この規定は任意規定であり，これと異なる合意

がされることも実務上は多い。

　賃料は，賃借物の使用収益の対価であるから，賃借人の過失によらないで，十分な使用又は収益ができないときは，賃借人には，ある程度の賃料の減額を請求することが認められる。耕作又は牧畜を目的とする土地賃貸借における不可抗力による減収の場合，収益の額までの賃料減額請求をすることができ（609条），賃借物の一部滅失などのときは，既に述べたとおり，使用収益できない部分の割合に応じて賃料は減額される（611条1項）。減収が2年以上継続するときや賃借の目的を達することができないときは，賃借人に解除権が与えられる（610条，611条2項）。

　長期の賃貸借の場合，固定資産税や土地建物の時価などが上昇，下落して，約定の賃料が相対的に高くなったり低くなったりする場合が生じる。借地借家法は，この場合，賃料の適正化を図るため，賃貸人に賃料増額請求権，賃借人に賃料減額請求権（借地借家法11条，32条）を認めている。賃料増額請求権，賃料減額請求権は，いずれも形成権であり，当事者の一方的意思表示のみで，賃料が増額されたり減額されたりすることになる。相手方との間で増額又は減額の合意が成立しない場合には，増額又は減額を求める者は，賃料確認請求訴訟等を提起して裁判所が適正賃料額を定めることになる。

イ　敷　金

　敷金は，不動産，特に建物の賃貸借契約で，賃料債務その他の賃貸借に基づいて生ずる賃借人の賃貸人に対する金銭の給付を目的とする債務を担保する目的で，賃借人が賃貸人に交付する金銭である（622条の2第1項柱書）。いかなる名目によるかは問わず，上記の要件に該当するものであれば，当事者が「保証金」などの別の名称を付けていたとしてもこの規定の適用を受ける。敷金契約は，賃貸借契約に付随する契約ではあるが，賃貸借契約とは別個の契約であり，賃貸借契約の成立後に敷金契約がされても構わない。賃借人が賃料を滞納したり，

賃貸物を毀損して賃貸人に損害を与えたりして，賃貸借契約に基づい
て生じた金銭の給付を目的とする債務を履行しないときは，賃貸人は，
敷金をその債務の弁済に充てることができる（同条2項本文）。もっと
も，賃借人の方から敷金を未払債務に充当することを請求することは
できない（同項ただし書）。また，敷金を払い戻す時期は，賃貸借が終
了し賃借人が賃借物を返還した時又は賃借人が適法に賃借権を譲渡し
た時である（同条1項1号，2号）。

＊権利金

　　権利金にも，いろいろな種類があり得るが，次の3種に分けるのが
　一般である。一つは，賃借権の譲渡があったときに，賃借権の譲受人
　から前賃借人に支払われる場合であり，借地権，借家権の売買の代金
　という性格を持つ。もう一つは，賃借人から賃貸人に支払われる場合
　であり，一部賃料の一括前払の性格を持つ。他の一つは，賃借権設定
　の対価又は賃借権譲渡の承諾料として，賃借人から賃貸人に支払われ
　るものである。いずれも，交付者は，原則として，その返還を請求で
　きない性質のものと解される。

　　要は，名称にかかわらず，個々の当事者間の金銭の授受の趣旨を把
　握することが重要である。

ウ　賃借物保管義務等

　賃借人は，目的物を善良な管理者の注意をもって保管する義務があ
る（400条）。

　また，賃借人の使用収益は，賃貸借契約の内容又は目的物の性質に
よって定まった方法でされなければならない（616条，594条1項）。

エ　賃借物返還義務

　賃貸借が終了したとき，賃借人は，原状に復した上で目的物を返還
する義務を負う（601条，621条，622条，599条1項本文）。したがっ
て，土地の賃貸借の場合に，賃借人が，その地上に建物を築造してい
れば，これを収去して，賃貸人に返還しなければならないし，建物の

賃貸借の場合に，賃借人が，その建物に畳，建具などを入れ，あるいはガス工事，水道工事などをした場合には，これらのものを撤去して賃貸人に返還しなければならないことになる。しかし，附属させたものが分離できない場合や，分離するのに過分の費用を要する場合には，この限りではない（622条，599条1項ただし書）。また，その収去，撤去によって被る損失は，単に賃借人のみにとどまるものでなく，社会全体の損失といえるので，借地借家法13条，33条は，建物の買取請求権，造作買取請求権を賃借人に認めている。この場合，造作とは，前に掲げた畳，建具，ガス・水道設備などのように，その建物に付加されて，建物の一般的な利用価値を増すものであって，その所有権が賃借人に保留されているものをいう。

＊通常損耗と特別損耗

　　長期間にわたり賃貸不動産に住んでいれば，注意して生活していても，ある程度の汚れが生じることは不可避である。その原状回復費用を賃貸人と賃借人のどちらが負担すべきかが紛争になることは多い。平成29年改正により，通常の使用及び収益によって生じた損耗並びに経年変化（通常損耗）については賃借人の原状回復義務の範囲に含まれない（賃貸人の負担になる。）が，そうでない損耗（賃借人の故意・過失など通常の使用方法を超えるような使用による損耗。特別損耗。）はこの範囲に含まれるという旧法下の判例・通説が明文化された（621条）。例えばカーテンの日焼けやフローリングの細かい擦り傷などは通常損耗，タバコの焦げ跡や子どもの落書きなどは特別損耗とされるものと思われる。

オ　賃借権無断譲渡及び無断転貸の禁止

　賃借権の譲渡とは，賃借人としての法律上の地位を第三者に移転することであり，転貸とは，賃借人が，従前の契約上の地位を保持しながら，賃借物を第三者に賃貸又は使用貸しすることである。転貸があったというためには，第三者（転借人）が独立の占有を取得する場合

でなければならないから，賃借人が，親類や友人を一時的に賃借建物に宿泊させるような場合は，転貸に当たらない。

　無断譲渡・転貸があったとき，賃貸人は，解除権を取得する（612条2項）。この規定は，賃貸借が，賃貸人と賃借人の信頼関係を基調として構成される以上，無断譲渡・転貸をするような賃借人は，賃貸人の信頼を裏切るものといえるから，賃貸人は，契約を解除して，賃借人と手を切ることを認めたものである。民法541条に基づく解除の場合のように，催告を必要としない。

　しかし，住宅難から，主として宅地，住宅について，無断譲渡・転貸がしばしば行われるようになり，しかも，解除によって賃借人に立退きを求めるのが，不穏当である場合が現れるようになった。そこで，判例・学説は，信義則（1条2項）を理由に，背信行為と認めるに足りない特段の事情がある場合，つまり，無断譲渡・転貸に当たっても，それが背信性がないと認められる場合には，解除ができないとして，民法612条2項を制限的に適用することに努めている。賃借物のごく一部分の譲渡，転貸の場合や，賃借権の譲渡，転貸によっても賃借物の利用状況にほとんど変化がない場合などに，その適用が考えられる。

㈦　適法な転借人の義務

　適法な転貸について，賃貸人の権利（賃料債権など）を確保するため，転借人は，賃貸人に対し，賃貸人と賃借人との間の賃貸借に基づく賃借人の債務の範囲を限度として，転貸借に基づく債務を直接履行する義務を負うが（613条1項），転借人が賃貸人に対して直接権利を取得することはない。

㈧　建物買取請求権

　建物所有を目的とする土地賃借権の譲渡，転貸を賃貸人が承諾しないとき，賃借権譲受人又は転借人は，賃貸人に対し，時価で地上建物などの買取りを請求することができる（借地借家法14条）。

　建物買取請求権は，形成権であり，賃借権譲受人又は転借人の一方

的意思表示によって，賃貸人との間で，地上建物などについて代金額を時価とする売買契約をしたのと同じ効果が認められる。したがって，建物などは，その意思表示と共にその所有権が賃貸人に移転し，賃貸人は，時価相当額の代金債務を負担することになる。

　なお，建物などの引渡しは，その代金の支払と同時履行の関係にあり，また，代金債権は，その建物などに関して生じた債権である。したがって，その賃借権譲受人又は転借人は，同時履行の抗弁権（533条）や留置権（295条）によって，代金の支払を受けるまで，建物などを占有することができる。

4　賃貸借の終了

(1)　総　説

　賃貸借の終了原因は，①存続期間の満了（⇒(2)），②解約の申入れ（⇒(2)），③賃貸借についての特別規定による解除（⇒(3)），④債務不履行に関する一般規定による解除（⇒(4)），⑤合意解除，⑥賃借権の放棄，⑦賃借物の全部滅失など数多くある。

　このうち，①から④までについて説明する。

(2)　存続期間の満了，解約の申入れ

ア　存続期間の定めがある場合

　賃貸借は，存続期間の満了によって終了する。民法では，604条が，存続期間は50年を超えることができないとし，合意により更新することを認めている。これに関連して民法619条1項は，賃借人が期間満了後も賃借物の使用を継続し，賃貸人がこれを知りながら異議を述べなかったときは，同一の条件で賃貸借がされたものと推定するとしている（黙示の更新）。

　これに対して，次に述べる借地借家法5条2項は，ほぼ同じ要件の場合について，同一の条件の賃貸借がされたものとみなしている。借地借家法では，民法上の賃貸借の効力の存続を強める内容となっており，法定更新と呼ばれている。

イ　借地借家法が適用される場合

(ア)　建物所有を目的とする土地賃貸借について，期間の定めのないときには，30年存続するのを原則とする（同法3条）。

(イ)　存続期間の更新については，合意による契約更新（同法4条），賃借人の請求による契約更新（同法5条1項），使用継続による更新（同法5条2項），建物再築による延長（同法7条）が認められる。

(ウ)　借家では，1年未満の期間を定めても，期間の定めのない賃貸借として取り扱われる（同法29条）。したがって，期間を定めるからには，最短期は1年となる。

(エ)　借家では，存続期間が満了した賃貸借は，容易に更新される。

①　賃貸人が，期間満了前6か月から1年までの間に更新拒絶の通知（又は条件を変更しなければ，更新しない旨の通知）をしておくこと（同法26条1項）

②　この更新拒絶には，正当の事由が必要であること（同法28条）

③　期間満了後に，賃借人が建物の使用収益を継続する場合には，賃貸人が，遅滞なく異議を述べること（同法26条2項）

以上の一つでも欠けると，賃貸借は，自動的に更新される。更新された賃貸借は，期間の定めのないものとなる（同法26条1項ただし書）。

＊更新料

　　更新料とは，賃貸借の更新の際に賃借人から賃貸人に交付される金銭をいう。更新によって賃借人は，一定の期間目的物を利用できる利益を得ることになるので，更新料を支払うということが行われるようになった。特に，都市部の不動産賃貸借では，更新時期に，更新料の支払が通例化している地域も少なくない。ただし，更新料の額があまりに高額すぎる場合には，消費者契約法10条により無効とされる場合もあり得る（最判平成23年7月15日民集65-5-2269参照）。

ウ　存続期間の定めのない場合—解約の申入れ

　賃貸借に存続期間の定めのないときは，賃貸人は，民法617条の規定により，一定の予告期間を置いて，一方的意思表示（解約の申入れ）で，賃貸借を終了させることができる（なお618条，619条1項後段参照）。

　前記のとおり，期間の定めのない建物所有を目的とする土地の賃借権の存続期間は，30年である（借地借家法3条）。したがって，期間の定めのある賃貸借の効力と同じになる。

　他方，期間の定めのない建物の賃貸借の解約の申入れには正当の事由が必要であり（借地借家法28条），賃貸借の終了時期も民法から伸長されている（同法27条）。

⑶　**賃貸借についての特別規定による解除**

　民法上賃貸借につき，特別の規定を置いて，賃貸借の解除を認めている場合がある。賃借人の側に解除権を認めるものとして，民法607条，610条，611条2項があり，賃貸人の側に解除権を認めるものとして，同法612条2項がある。

⑷　**債務不履行に関する一般規定による解除**

　賃借人が，賃料支払義務，賃借物の保管義務などの自己の債務の履行を怠るときには，賃貸人は，原則として，民法541条の規定によって，賃貸借を解除することができる。ただし，賃貸借関係は，賃貸人と賃借人との間の信頼関係に基礎を置く継続的契約関係であるから，賃借人に賃料不払などの債務不履行があっても，滞納額が少額であり，それまで一度も賃料を延滞したことがないなど，賃貸人に対する信頼関係を破壊する背信行為と認められない場合には，解除は認められない。

⑸　**賃貸借終了の効果**

　賃貸借の解除は，将来に向かってのみ，効力を生じる（620条）。賃貸借契約において賃貸人は，目的物を利用可能な状態で貸し続ける債務を負うし，賃借人も期間中は賃料支払義務を負っているのであるから，賃貸借契約は継続的契約関係の典型例である。継続的な契約関係について，

解除の遡及効を認めることは，既に経過した期間についても原状回復義務を生じることになり（例えば，借主が目的物を使用収益した利益を金銭に換算して貸主に返し，貸主は，既に受領した賃料を借主に返すことになる。），法律関係が，いたずらに複雑となって，実益に乏しいことになる。したがって，賃貸借契約では，解除に遡及効を認めていない。

第7　雇　　用

雇用は，労働者が労務を提供すること，雇主がこれに対する対価としての報酬（賃金）を支払うことを約することによって成立する契約であり（623条），有償，双務，諾成の契約である。事業又は事務所に使用される者（労働基準法9条）には労働基準法などの特別法が適用されるので，民法が適用される雇用契約は，むしろ例外的になっているのが実情である。

第8　請　　負

請負は，請負人がある仕事を完成すること，注文者がこれに対して対価としての報酬を支払うことを約することによって成立する契約であり（632条），有償，双務，諾成の契約である。雇用は，単なる労働力の提供だけを目的とした契約だが，請負は，一定の仕事の完成が契約の目的になっている点で異なる。報酬の支払は，仕事の目的物の引渡しと同時履行の関係に立つ（633条）。

請負をめぐるトラブルで実務上相当の数にのぼるのは，仕事の目的物が契約の内容に適合しているかをめぐる争いである。仕事の目的物の契約不適合については，請負に特有の規定（636条，637条）もあるが，原則として売買の規定が準用される（559条）。

第9　委　　任

委任は，人に依頼して，法律行為をしてもらう契約である（643条）。事実行為を依頼する場合，この場合も委任契約として説明される場合もある

し，準委任契約と呼ばれることも多い。委任は，当事者の信頼関係を基礎としているものであり，受任者は，善良な管理者の注意義務をもって業務を遂行しなければならない（644条）。いわば，ベストを尽くすことは要請されているわけだが，請負のように，仕事の完成までは目的とされていない。

　委任の対価である報酬は，民法上は，原則として無償であるが（648条1項），その場合でも，委任事務を処理するために必要な費用については，委任者に請求することができる（650条）。もちろん，特約によって有償とすることもできる。

第10章　事務管理，不当利得

第1　契約以外の債権発生原因

　民法は，契約以外の債権発生原因として，事務管理，不当利得，不法行為を規定している。不法行為については第11章で説明し，ここでは事務管理と不当利得について説明する。

第2　事務管理

　事務管理とは，例えば，洪水の際に，頼まれてもいないのに，不在の隣家の家財道具を安全な場所まで運搬するとか，迷子を一時預かり，寝食の世話をするとかのように，義務なく他人のために事務を管理する場合をいう（697条1項）。委任なき事務処理という方がピンとくるかもしれない。もし，このような制度がないとしたらどうなるか，考えてみよう。誰も他人のことに手を出さず，社会における相互扶助の精神が失われてしまうであろう。すなわち，事務管理の制度は，共同生活における相互扶助の理想を，法律的に，合理的に調整しようとするものである。

　それでは，民法は，どのように調整したのか。まず，事務管理を始めた以上は，最も本人の利益に適合する方法で，本人が管理できる状態になるまで管理をしなければならない（697条1項，700条本文）。また，事務管理は，本人の意思に反してはならない（697条2項，700条ただし書）。事務管理者の支出した費用は，有益なものであれば本人に償還請求することができる（702条）が，報酬は請求できない。

第3　不当利得

1　意　義

　不当利得は，法律上の原因なく利益を受け，これによって他人に損失を及ぼした者に対し，利益の返還を命じる制度である（703条）。例えば，Aの所有する土地を，Bが勝手に月極駐車場としてCに貸し，駐車料金を取

得したとすれば，Bは法律上の原因がないのに利益を得ている反面，Aは
損失を被っている。そこで，その額に相当する金員をBからAに返還すべ
きことになる。

　不当利得の制度は，財産の変動があり，関係当事者間において財産上の
利益の帰属が不公平である場合に，その公平を図る制度である。

2　効　　　果

　不当利得の効果として，利得者は，損失者に対し，不当利得返還債務を
負う。善意の受益者は，現存利益を限度として返還義務を負う（703条）。
悪意の受益者は，受けた利益全部及びその利息を支払わなければならない
（704条前段）。また，不法行為の要件を満たす場合は，損害賠償義務も負
う（704条後段）が，これは当然のことを規定したにすぎない。

　なお，無効な行為（取り消されて無効とみなされた行為も含む。）に基づ
く債務の履行として給付を受けたものは，無効原因ないし取消原因につい
て善意であるか悪意であるかにかかわらず，原状回復の義務を負う（121条
の2）。

3　不法原因給付

　不法原因給付は，法律上の原因のない利益でも，例外的に不当利得返還
請求ができない場合として，特に規定されている場合である。不法の原因
でした給付は，返還請求ができないというもので（708条），公序良俗違反
の法律行為の規定（90条）と対になっている。例えば，賭博をして負けた
ら金銭を払うという契約は公序良俗違反で無効であり，負けても金銭を支
払う債務はないのだが，支払ってしまった場合，後になって裁判でこれを
取り戻そうとしても認められない（法は助力しない）というものである。

第11章　不法行為

第1　総　説

1　意　義

　　不法行為とは，他人に損害を与える違法な行為をいう（709条）。契約以外の債権発生原因として，最も重要な位置付けがされている。民法に規定されている不法行為に基づく損害賠償請求は，違法行為者に対して懲罰として科するものではなく，民事上の紛争解決方法として，損害のてん補又は損害の公平な分担を実現するための制度である。

2　不法行為と債務不履行

　　不法行為が成立するときには，加害者は，被害者に対して損害賠償義務を負担する（709条）。逆に言うと，被害者は，加害者に対して損害賠償請求権を取得する。

　　不法行為は，人の違法行為によって生じる点で，債務不履行と同じであるが，債務不履行の場合には，法律の規定又は契約によって債務が存在することを前提とし，その義務違反を違法と評価するのに対し，不法行為の場合には，加害者と被害者との間の債権債務関係の存在を前提とせず，広く一般的に，被害者の権利又は法律上保護される利益が侵害されることを，違法と評価する。

　　したがって，ある事実が債務不履行であるとともに，不法行為に該当する場合が考えられる。例えば，Aが，その所有建物をBに賃貸していたところ，Bが賃料を支払わないためにAが契約を解除したが，Bはその建物を明け渡すことなく，そのまま居座っている場合を考えてみよう。Bは，その建物を権原なく占有し，Aの所有権を侵害しているという点で，不法行為に当たると同時に，Bは，賃借人が，賃貸借終了の際，賃貸人に賃借物の返還をすべき義務を履行しないという点で，債務不履行に当たる。

　　このような場合，不法行為に基づく損害賠償請求権と債務不履行に基づく損害賠償請求権が競合し，先の例のAは，賃料相当の金額について，い

ずれの損害賠償請求権でも任意に選択して，Bに対し請求することができるとする考え方を請求権競合説という。これに対して，いずれか一方の請求権が優先するという見解（請求権非競合説とか法条競合説と呼ばれる。）があり，先の例の場合は，ＡＢ間に契約関係があるから，その関係に適用される特別法として契約法上の請求権が優先すると考える。通説は，請求権競合説である。

3　不法行為における過失責任主義

(1)　意　義

損害賠償責任の発生要件として，行為者（加害者）の故意又は過失を要求する原則を過失責任主義という。民法は，不法行為について，過失責任主義を採用している（709条）。これは，自由意思の尊重という近代法の理念から生まれたが，その実質的理由は，被害者の利益と加害者の利益をよく調和すると考えられるからである。無過失で行動した者が他人に損害を与えた場合に，損害賠償義務を負担することになれば，結果だけを見て事を論じることになり，行為者に酷になり，場合によっては，自由な行動を阻害するおそれも出てくる。そこで，過失なければ責任なしという原則を確立することによって，各人が自由に行為し得る範囲を保障するとともに，加害者と被害者との間の公平をよく保ち得るようにしたのである。

(2)　不法行為における過失責任主義の修正

しかし，近代社会の発展の結果，過失責任主義をあらゆる場合に押し通すことが必ずしも合理的ではないと認識されるようになった。そこで，種々の形で修正されている。

その修正の理論としては，次の二つが代表的である。

ア　危険責任

自己の利益のために，危険な施設，方法を講じるものは，これによって生じた損害に対し，危険な原因を与えたがゆえに，責任を負うべきであるとする考え方である（717条，718条，自動車損害賠償保障法

３条，鉱業法109条以下参照）。

イ　報償責任

特殊の施設又は操業方法により特別の利益を得ている者は，その利益のゆえに，その施設又は操業方法から生じる第三者に対する損害を負担すべきであるという考え方である（715条，労災保険などは，このような考え方を基礎に持つといえよう。）。

しかし，危険の存するところに損害を負担させるべきである（危険責任）とか，利益の帰するところに損害を負担させるべきである（報償責任）とかいうことで，過失責任主義から生じる不合理を全部修正できるとは考えられていない。今後の動向としては，社会政策の一環としての社会保障制度，損害保険制度の拡張強化によって，被害者の損害を適正，確実にてん補することが考えられることになろう。

第2　不法行為の一般的成立要件

1　加害者に責任能力があること

(1)　意　義

行為の責任を弁識するに足る精神的な能力を，責任能力という。その実質は，意思能力（３条の２）であり，不法行為において問題とされるときには，不法行為能力と呼ばれる。

(2)　内　容

ア　未成年者の責任能力（712条）

民法712条は，未成年者のうちその行為の責任を弁識するに足りる知能を具備しないときは，賠償責任を負わない旨規定している。法律行為における行為能力と異なり，一律に判断するのではなく，弁識能力の有無によって区別している。何歳くらいの知能を有するときに責任能力があるといえるかは，一概に論じることはできない。その不法な行為との相関関係によって決すべき問題である。

イ　精神上の障害により自己の行為の責任を弁識する能力を欠く状態

にある者の責任能力（713条）

判断能力が全く欠如している者は，責任能力がない。ただし，例え
ば，酒乱状態となることを知りながら，又はこれを知り得べくして飲
酒し，酒乱状態で，人を傷害した場合のように，故意又は過失によっ
て一時の心身喪失を招いた場合には，賠償責任がある。

2　加害者に故意又は過失があること

故意とは，自己の行為が，他人の権利又は法律上保護される利益を侵害
し，他人に損害を与えることを認識ないし認容することである。過失とは，
自己の行為が，他人の権利又は法律上保護される利益を侵害し，他人に損
害を与えることを予見できたのに，これを回避する行為義務を怠ったこと
である。

3　加害行為に違法性があること

(1)　意　義

判例は，かつて，権利を侵害した場合でなければ，不法行為は成立し
ないとしていたが，後に権利とはいえなくても，法律上保護されるべき
利益であれば，これを侵害する限り，不法行為の成立を認めるとした。
そして，平成16年改正において，このような判例の趣旨が条文上明確に
された。

(2)　違法性阻却事由

正当防衛，緊急避難（720条）が成立するときは，違法性が阻却され，
不法行為は成立しない。刑法の正当防衛（36条），緊急避難（37条）と
は，その要件がやや異なる。刑法の正当防衛は，加害行為者に対する反
撃についてのみ，その成立を認められる。これに対し，民法の正当防衛
は，加害行為者に対する反撃に限らず，第三者に対する加害についても，
成立が認められる。例えば，Aが，Bに殴られるのを避けようとして，
C所有の店のガラスを壊したという場合には，ガラスの破壊行為は，刑
法上は緊急避難に当たる行為であるが，民法上は正当防衛である。

また，民法上の緊急避難は，他人の物から生じた危難についてのみ認

められ，刑法上の緊急避難のように，他人の行為によって生じた危難については，認められないし（正当防衛になり得る。），危難の発生原因となった物に対する損傷行為だけが緊急避難とされる。例えば，他人の飼犬がかみつこうとしたときに，棒で打ち殺すことは，緊急避難になるが，この危難を避けるために，隣家の庭園を踏みにじった場合には，緊急避難にはならない。

　このほか，事務管理，正当な権利行使，被害者の承諾など，いずれも違法性を阻却する理由となる。

4　被害者に損害が生じたこと

損害が発生しなければ，不法行為による損害賠償請求権は生じない（709条）。

5　加害行為と損害の発生との間に因果関係があること

加害者の行為と損害との間に，因果関係があることが必要である。損害賠償請求権は，この因果関係がある損害についてのみ発生し，その因果関係は，相当因果関係に限定されるべきものである（判例・通説）。不法行為による損害賠償についても，債務不履行の場合の規定（416条）が類推適用され，特別の事情によって生じた損害については，加害者において，その事情を予見すべきであったときに限り，これを賠償する責任を負うと解すべきである。

第3　特殊の不法行為

1　責任無能力者の監督者の責任（714条）

民法712条や713条で規定する責任無能力者が違法行為をしても，被害者は，責任無能力者本人に対して損害賠償請求をすることができない。しかし，一般的にいって，このような責任無能力者（例えば，幼児）は，何人かの監督に服して行動しているのが通常であるから，その違法行為が発生することについて，監督者の監督不十分は非難を免れない。

　そこで，民法714条は，これら責任無能力者を監督する法律上の義務を

負う者（例えば，幼児について親権者，成年被後見人について成年後見人など）及び監督者に代わって監督をする者（例えば，幼稚園主，病院長など）が被害者に対して，損害賠償責任を負担するとした。これらの監督者は，自己が監督義務を怠らなかったこと又はその義務を怠らなくても損害が生ずべきであったことを証明すれば，責任を免れることができる。

2　使用者の責任

(1)　意　義

　　ある事業のために他人を使用する者は，被用者が，事業の執行について，第三者に加えた損害を賠償する責任を負う（715条１項）。使用者に代わって事業を監督する者も同様の責任を負う（同条２項）。ある事業とは，「仕事」というような意味であり，一時的，非営利，違法なものであっても構わない。

　　これは，主として，報償責任の考え方（利益の帰するところに損害を負担させようとするもの）によるものである。また，この場合は，民法714条の場合と異なり，現実に違法行為をした被用者自身も，同法709条により損害賠償義務を負担する。

(2)　問題となる要件

ア　民法715条による損害賠償義務者

　　ある事業のために他人を使用する者が賠償義務者である。使用者と被用者の関係は，雇用である場合が多い。例えば，電鉄会社と電車運転手の関係は，雇用である。その運転手が，運転中他人をけがさせれば，運転手に不法行為責任がある限り，原則として，会社も責任を負う。

　　しかし，雇用に限るのではなく，実質的な指揮監督関係の下に他人の労力を支配すれば，この要件を満たすものと解されている。例えば，請負人が，工事を下請させている場合に，元請負人と下請人の間に指揮監督の関係が存在すれば，形式的には請負関係であっても，その要件を満たすものといえる。

　　なお，民法716条は，通常の請負関係（注文者，請負人の間に指揮
監督の関係のない場合の請負関係）について，715条の適用がないこ
とを原則として認めたものである。

イ　使用者の事業の執行について

　　事業の執行について損害を与えたことが必要である。例えば，会社
の従業員が，私利を図るために第三者と取引をし，その第三者が，会
社との間で取引をしたものと考えて金銭をその従業員に交付し，その
ために損害を被ったというような場合，従業員の行為は，事業の執行
についてされた行為とはいえないとも考えられる。しかし，ここでい
う事業の執行についてというのは，違法行為者の主観的意図を除外し
て，専ら外形的，客観的に，事業の執行と見るのが妥当かどうかによっ
て決められる（外形標準説と呼ばれている。）。そのように，取引行
為による違法行為の場合には，被害者である取引の相手方が，被用者
の行為を，その使用者の行為として信頼するのが社会観念上当然だと
考えられる場合（つまり，客観的に見て，使用者の社会的活動の一端
といえる場合）には，事業の執行についてされた行為とみることがで
きる。

(3)　免　責

　　使用者及び使用者に代わって事業を監督する者は，自分が，被用者の
選任及び事業の監督につき相当の注意をしたこと，又は相当の注意をし
ても損害が生ずべきであったことを証明すれば，損害賠償義務を負担し
ない（715条1項ただし書，2項）。純然たる無過失責任でなく，また，
純然たる過失責任でもなく，その中間に位置する，中間責任である。

(4)　国家賠償法との関係

　　公務員の不法行為については，国又は公共団体が責任を負い，加害者
である公務員は，故意又は重大な過失があった場合にだけ，国又は公共
団体から求償権を行使される（同法1条）。この限りで，民法715条の適
用は，排除される（同法4条）。

3　土地の工作物等による損害についての責任

　民法717条が規定するものであるが，この責任の根拠は，他人に損害を生じさせる危険性をもった瑕疵ある工作物を支配している以上はその危険について責任があるとする危険責任に求めるのが多数説である。

　土地の工作物（例えば，塀，電柱，建物）又は竹木の設置保存に瑕疵があって，他人に損害を与えた場合には，第一次的には，その工作物や竹木の占有者が損害賠償義務を負担し，占有者が，同条1項ただし書の証明をしたときには，占有者は，免責されるが（中間責任），その工作物や竹木の所有者が第二次的に責任（無過失責任）を負担する。

4　動物の加害についての責任

　動物の占有者は，その動物が，他人に加えた損害を賠償する責任を負う（718条1項本文）。例えば，飼犬が他人にかみついた場合には，飼主は，本条により，賠償責任を負う。この責任は，無過失責任ではなく，占有者は，動物の種類及び性質に従い相当の注意をもって管理したことを立証すれば，責任を免れる（同項ただし書）。

5　共同不法行為

　民法719条は，数人が，共同の不法行為によって，他人に損害を加える場合（同条1項前段。狭義の共同不法行為），共同行為者のうち，誰が損害を加えたか分からない場合（同条1項後段），教唆者及び幇助者（同条2項）の3種の共同不法行為を認める。

　これらの者は，損害賠償義務を連帯して負担する。その連帯関係については，債務者間に，共同目的による主観的関連がないので，不真正連帯債務と解すべきである。

6　自動車運行供用者の責任

　特別法である自動車損害賠償保障法（自賠法）に基づき，強制加入の損害賠償責任保険（自賠責）により裏打ちされて認められた責任であり，自動車の運行による人身損害の賠償保障制度として果たす役割は大きい。自賠法3条により，運行供用者（自己のために自動車を運行の用に供する者）

は，人身損害が発生した場合，運行供用者の側で，

①　自己及び運転者の無過失

②　被害者又は第三者の故意・過失

③　自動車の構造上の欠陥又は機能障害の不存在

を立証しなければ，免責されないことになる。つまり，実際の運転者ではなく，自動車の保有者などの一定の範囲の者に，一種の無過失責任に近い厳しい責任を課している。

　また，一定の範囲で保険加入を強制することにより，損害のてん補が確実にされるよう保障している（自賠法5条）。

＊製造物責任

　　製造者から小売商などを通じて販売された商品（製造物）に欠陥（瑕疵）があるため，消費者や利用者などが損害を被ったときに，製造者などに賠償責任を認めようとするもので，これに関して，平成6年に製造物責任法が成立した（通称PL法）。この法律は，民法上の不法行為責任の特則と位置付けられる。

　　製造物の欠陥から他人の生命，身体又は財産を侵害したときにこれによって生じた損害につき製造業者などに賠償責任が課せられる。民法の過失責任からみると，帰責事由（故意・過失）を製造物の欠陥（通常有すべき安全性を欠いていること）に置き換えている点に特色があり，被害者は，製造業者などの過失を指摘しなくとも責任追及が可能となった。

　　例えば，テレビが火を吹いて火災になったという場合，民法の原則に従って過失を主張立証しなければならないとすると，製造業者の製造過程のこの工程で，これこれこういう不注意があったので，こういう不具合のある製品ができあがって，テレビが火を吹いたと主張立証すべきことになる。具体的な不具合の部分を特定するだけでも，専門的知識，労力，費用が必要であることが想像できよう。製造物責任法では，そうではなく，製造物の欠陥の主張立証で足りるとしたので，通常の使用方法なのにテレビから火が出たという程度の主張立証で足りることになる。

第４　不法行為の効果

1　総　　説

不法行為の効果は，損害賠償義務が生じる（709条）ことである。

賠償方法は，金銭賠償を原則とする（722条，417条）。例外として名誉毀損の場合には，裁判所は，新聞に謝罪広告を掲載させるなどの名誉を回復するのに適当な処分を命ずることができる（723条）。

2　損害賠償の範囲

財産上の損害と精神上の損害（慰謝料）の両者を含み，不法行為と相当因果関係の存する範囲の損害を賠償すべきことになる（709条〜711条）。

3　過失相殺

不法行為の過失相殺は，民法722条２項に規定されている。損害の分担を公平にしようという趣旨である点は，債務不履行の場合（418条）と異ならない。しかし，不法行為の場合には，賠償額を軽減できるが，債務不履行の場合のように，責任を否定することはできないし，また，債務不履行の場合と異なり，被害者に過失があっても，考慮しないことができる。ただし，実際上の運用に当たっては，両者の間に，大きな差異はないであろう。

4　胎児に関する特則

胎児は，権利能力を有しないのが原則であるが，不法行為に基づく損害賠償請求については，既に生まれたものとみなされ（721条），不法行為者に対する固有の損害賠償請求権を取得する。

5　消滅時効

民法724条は，不法行為の消滅時効期間を定める。同条１号は，被害者又はその法定代理人が損害及び加害者を知った時から３年間の短期の時効期間を定めている。その程度の期間が経過すれば，不法行為の要件である故意・過失の有無や損害額の判断が困難になること，及び被害者の感情も平静に戻るので後になってから紛争を顕在化させるのは適当でないこ

となどが，短期時効を定めた理由である。ただし，人の生命又は身体を害
する不法行為については，その結果の重大性を考慮し，時効期間は5年間
とされている（724条の2）。また，不法行為の時から20年を経過したと
きは，被害者などの認識の有無に関わらず，損害賠償請求権は時効により
消滅する（724条2号）。

資料1

催　告　書

埼玉県和光市南2丁目3番5号

　　　苅　田　承　市　殿

　　　令和3年2月6日

　　　　東京都文京区小日向4丁目5番6号

　　　　　　鐘　山　一　代　㊞

　時下，益々ご清祥のこととお慶び申しあげます。

　さて，令和2年7月1日苅田殿に貸し渡した金400万円について，その返済期である同年10月31日を3か月以上経過しているにもかかわらず，未だにその元利金の返済がありません。このまま，返済なき場合，法的措置をとらざるを得ません。

　つきましては，早急に元金400万円に約定の利息損害金を付加した金員を支払われるよう催告します。

　　　　この郵便物は，令和3年2月6日第10048号書留内容証明

　　　郵便物として差し出したことを証明します。

　　　日本郵便株式会社

　郵便認証司
　令和3年2月6日

資　　料

資料2

　　　　　　　　　　　　　　　　　　全部事項証明書　　　（土地）

表　題　部 （土地の表示）	調製	平成６年７月14日	不動産番号	0112000148899

地図番号	余　白		筆界特定	余　白	

所　　在	文京区千石三丁目		余　白

① 地　番	② 地　目	③ 地　積　㎡	原因及びその日付〔登記の日付〕
29番3	宅地	２１４：５０	29番2から分筆 〔昭和40年３月11日〕
余　白	余　白	余　白	昭和63年法務省令第37号附則第２条第２項の規定により移記 平成６年７月14日

権　利　部 （甲区）	（所有権に関する事項）

順位番号	登　記　の　目　的	受付年月日・受付番号	権　利　者　そ　の　他　の　事　項
1	所有権移転	昭和42年５月25日 第10253号	原因　昭和42年５月25日売買 所有者　文京区千石３丁目29番３号 　　菊　池　　顕 順位２番の登記を移記
余　白	余　白	余　白	昭和63年法務省令第37号附則第２条第２項の規定により移記 平成13年７月14日

権　利　部 （乙区）	（所有権以外の権利に関する事項）

順位番号	登　記　の　目　的	受付年月日・受付番号	権　利　者　そ　の　他　の　事　項
1	抵当権設定	令和２年４月30日 第7432号	原因　令和2年4月26日金銭消費貸借同日設定 債権額　金2,000万円 利息　年６％（年365日の日割計算） 損害金　年10％（年365日の日割計算） 債務者　府中市四谷１丁目２番３号 　　菊　池　靖　弘 抵当権者　神奈川県鎌倉市由比ガ浜２丁目23番22号 　　株式会社あじさい銀行 　　（取扱店　白山支店） 共同担保　目録（さ）第4864号

これは登記記録に記録されている事項の全部を証明した書面である。
（東京法務局管轄）
令和２年６月４日
さいたま地方法務局　　　　　　　　　　登記官　　　　　　後　楽　　円　　[印]

※　下線のあるものは抹消事項であることを示す。　整理番号　D52083　（1/1）　　　　　　1/1

資料3

東京都文京区千石３丁目29－3　　　　　　　　　　　　　　全部事項証明書　　（建物）

表　題　部 (主である建物の表示)		調製	平成６年７月14日	不動産番号	0112001137217
所在図番号	余　白				
所　　在	文京区千石三丁目　29番地3			余　白	
家屋番号	29番3			余　白	

① 種　類	② 構　造	③ 床 面 積　　　㎡	原因及びその日付〔登記の日付〕
居宅	木造瓦葺２階建	1階　　　6 2：3 5 2階　　　4 2：4 5	昭和42年10月15日新築
余　白	余　白	余　白	昭和63年法務省令第37号附則第２条第２項の規定により移記 平成６年７月14日
所　有　者	文京区千石３丁目29番３号　菊　池　　顕		

権　利　部　（甲区）　　（所 有 権 に 関 す る 事 項）			
順位番号	登　記　の　目　的	受付年月日・受付番号	権　利　者　そ　の　他　の　事　項
1	所有権保存	昭和42年10月25日 第19503号	所有者　文京区千石３丁目29番３号 　　菊　池　　顕 順位１番の登記を移記
余　白	余　白	余　白	昭和63年法務省令第37号附則第２条第２項の規定により移記 平成６年７月14日

権　利　部　（乙区）　　（所 有 権 以 外 の 権 利 に 関 す る 事 項）			
順位番号	登　記　の　目　的	受付年月日・受付番号	権　利　者　そ　の　他　の　事　項
1	抵当権設定	令和２年４月30日 第7432号	原因　令和2年4月26日金銭消費貸借同日設定 債権額　金2,000万円 利息　年６％（年365日の日割計算） 損害金　年10％（年365日の日割計算） 債務者　府中市四谷１丁目２番３号 　　菊　池　靖　弘 抵当権者　神奈川県鎌倉市由比ガ浜２丁目23番22号 　　株式会社あじさい銀行 　　（取扱店　白山支店） 共同担保　目録（さ）第4864号

　これは登記記録に記録されている事項の全部を証明した書面である。
（東京法務局管轄）
令和２年６月４日
さいたま地方法務局　　　　　　　　　　登記官　　　　　後　楽　　円　　[印]

※　下線のあるものは抹消事項であることを示す。　　整理番号　D52084　　（1/1）　　　　　　　1／1

資料4

令和○年第777号

債 務 弁 済 契 約 公 正 証 書

　公証人○○○○は，後記嘱託人の嘱託により，その

法律行為に関する陳述の趣旨を次のとおり記録して，

この証書を作成する。

第1条〔借受金債務の確認及び利息の約定〕

　1〔借受金債務〕　債務者乙川くみ子（以下，乙とい

う。）は，債権者甲野太郎（以下，甲という。）か

ら，次の「借受金債権一覧」に記載のとおり，3回

に分けて合計金700万円を借り受けたことを確認

する。───────────────────

　〔借受金債権一覧〕───────────────

　　(1)　令和2年6月30日　　　　　金3,000,000円

　　(2)　令和2年7月6日　　　　　金3,000,000円

　　(3)　令和2年8月23日　　　　　金1,000,000円

　2〔利息支払約束〕　乙は甲に対し，本日，第1項の

借受金債務金700万円について，本日から年2パー

セントの割合による利息を支払うことを約束し，甲

はこれを承諾した。───────────────

第2条〔債務弁済契約〕─────────────

1〔分割弁済〕　乙は甲に対し，第1条の借受金債務

元金700万円及び利息を次のとおり分割して支払

う。

(1)　令和3年7月末日限り，内金100万円及び残元

金に対する同日までの利息を支払う。

(2)　令和3年9月末日限り，内金200万円及び残

元金に対する同日までの利息を支払う。

(3)　令和4年1月末日限り，残金400万円及び残

元金に対する同日までの利息を支払う。

2〔振込先〕　第1項の各分割金は，いずれも次の預

金口座に振り込んで支払う。

　　〔金融機関〕　　○○銀行目黒支店

　　〔種　　類〕　　普　通　預　金

　　〔口座番号〕　　0000000

　　〔口座名義〕　　甲　野　太　郎

第3条〔期限の利益喪失による一括返済と損害金〕

1〔期限の利益喪失〕　乙が第2条第1項の分割金の

返済を1回でも怠ったときは，第2条第1項に定め

る期限（分割弁済）の利益を当然に失う。

2〔一括返済〕　乙は甲に対し，期限の利益を失った

ときは，第2条第1項の元金及び利息の未払額全額

並びにこの未払元金に対する期限の利益喪失の翌日か

らその完済まで，年5パーセントの割合による遅延

損害金を即時に支払う。——————————

第4条〔執　行　受　諾〕　乙は，本証書記載の金銭債

務を履行しないときは，直ちに強制執行に服すると

陳述した。——————————

本　　旨　　外　　要　　件

住所（省略）

職業省略

債　権　者　　　甲　野　太　郎

昭和30年12月生

上記は，印鑑登録証明書の提出により，人違いでな

いことを証明させた。

住所（省略）

職業省略

債　務　者　　　乙　川　く　み　子

昭和40年11月生

住所（省略）

職業省略

　　　上記代理人　　　　　平　田　研　一　郎

　　　　　　　　　　　　　昭和３５年１０月生

　　上記は，運転免許証の提示により，人違いでないこ

とを証明させた。

　　上記代理人の提出した委任状は，本人の印鑑登録証

明書の提出により真正なことを証明させた。

　　この証書は令和３年〇月〇〇日，本公証人役場で作

成し，列席者に閲覧させたところ，各自その正確なこ

とを承認し，次に署名押印する。

　　　　　　　　　　　　　甲　野　太　郎

　　　　　　　　　　　　　平　田　研　一　郎

東京都品川区上大崎２丁目１７番５号

　　　東京法務局所属

　　公　証　人　　　　〇　　　〇　　　〇　　　〇

――――――――――――――――――――――

　　この正本は，嘱託人甲野太郎の請求により，上記証

書作成の日に本公証人役場で原本に基づいて作成した。

東京都品川区上大崎２丁目１７番５号

　　　東京法務局所属

　　公　証　人　　　　〇　　　〇　　　〇　　　〇

《事 項 索 引》

事 項 索 引

民法概説（五訂版）

2021年6月　第1刷発行
2023年2月　第2刷発行
2023年8月　第3刷発行

監　　修　　裁判所職員総合研修所
発 行 人　　松　本　英　司
発 行 所　　一般財団法人 司　法　協　会
　　　　　　〒104-0045 東京都中央区築地1-4-5
　　　　　　第37興和ビル7階
　　　　　　出版事業部
　　　　　　電話（03）5148-6529
　　　　　　FAX（03）5148-6531
　　　　　　http://www.jaj.or.jp

印刷製本／中和印刷(株) (2)

ISBN978-4-906929-89-4　C3032　¥3000E